法官职业道德

王立 ◎ 著

知识产权出版社
全国百佳图书出版单位
—北京—

图书在版编目（CIP）数据

法官职业道德／王立著．—北京：知识产权出版社，2021.7
ISBN 978-7-5130-7582-4

Ⅰ.①法… Ⅱ.①王… Ⅲ.①法官—职业道德—研究—中国 Ⅳ.①D926.17

中国版本图书馆 CIP 数据核字（2021）第 190072 号

责任编辑：齐梓伊　　　　　　　　　责任校对：潘凤越
封面设计：瀚品设计　　　　　　　　责任印制：刘译文

法官职业道德

王立　著

出版发行：知识产权出版社有限责任公司	网　　址：http：//www.ipph.cn
社　　址：北京市海淀区气象路 50 号院	邮　　编：100081
责编电话：010-82000860 转 8176	责编邮箱：qiziyi2004@qq.com
发行电话：010-82000860 转 8101/8102	发行传真：010-82000893/82005070/82000270
印　　刷：天津嘉恒印务有限公司	经　　销：各大网上书店、新华书店及相关专业书店
开　　本：720mm×1000mm　1/16	印　　张：16
版　　次：2021 年 7 月第 1 版	印　　次：2021 年 7 月第 1 次印刷
字　　数：220 千字	定　　价：68.00 元
ISBN 978-7-5130-7582-4	

出版权专有　　侵权必究
如有印装质量问题，本社负责调换。

目　　录

引　言 ·· 1

第一章　法官职业道德概说 ··· 5
第一节　范畴与概念 ·· 5
一、道德 ·· 5
二、职业道德 ·· 9
三、法官职业道德 ··· 11
第二节　新时代中国特色社会主义法官职业道德体系 ········ 16
一、法官职业道德规范的意义 ··· 17
二、法官职业道德规范体系的内容 ··································· 21

第二章　法官职业道德历史回顾 ····································· 30
第一节　中国古代的法官职业道德 ································· 31
一、中国古代典籍中与法官职业道德有关的法律规定 ·········· 31
二、古代官箴中所体现的法官职业道德 ····························· 33
第二节　中国近现代的法官职业道德 ······························ 39
一、中国近现代法官职业道德出现的背景 ·························· 40
二、法官任职资格条件中的法官职业道德要求 ···················· 41
三、其他法律文件对法官具体行为的约束 ·························· 45

第三节　人民民主政权时期的法官职业道德 …… 52
　　一、具备良好素质 …… 53
　　二、坚持司法为民 …… 56
　　三、贯彻群众路线 …… 57
　　四、维护司法公正 …… 61

第四节　中华人民共和国的法官职业道德 …… 64
　　一、法官职业道德的雏形 …… 65
　　二、法官职业道德的基础 …… 67
　　三、法官职业道德的正式形成 …… 69

第三章　忠诚司法事业 …… 71

第一节　忠诚司法事业与法官职业 …… 71
　　一、忠诚司法事业的政治根本 …… 72
　　二、忠诚司法事业的思想基础 …… 76
　　三、忠诚司法事业的具体要求 …… 80
　　四、忠诚司法事业的前提条件 …… 86

第二节　忠诚司法事业与法官职业使命 …… 87
　　一、维护宪法权威，坚持和维护中国特色社会主义司法制度 …… 88
　　二、弘扬社会主义核心价值观，促进全社会不断提高社会主义核心价值观的建设水平 …… 92
　　三、坚持司法为民，努力让人民群众在每一个司法案件中都感受到公平正义 …… 96

第四章　保证司法公正（上）…… 97

第一节　保证司法公正与人民法院依法独立行使审判权 …… 98
　　一、保证司法公正与人民法院依法独立行使审判权基本问题 …… 98

二、保证司法公正与人民法院依法独立行使审判权
　　　　应当遵循的原则 …………………………………………… 103
第二节　保证司法公正与提高审判执行效率 ……………………… 105
　　一、保证司法公正与提高审判执行效率的理论价值 ………… 105
　　二、保证司法公正与提高审判执行效率要遵循的原则、
　　　　要求和具体做法 …………………………………………… 115

第五章　保证司法公正（下） …………………………………… 121
第一节　保证司法公正与司法公开 ………………………………… 121
　　一、司法公开 …………………………………………………… 121
　　二、司法公开的主要内容 ……………………………………… 127
第二节　保证司法公正与法官具体行为规范 ……………………… 136
　　一、司法公正是法官具体行为规范的基础 …………………… 136
　　二、司法公正在法官具体行为规范中的体现 ………………… 138

第六章　确保司法廉洁 …………………………………………… 143
第一节　中国古代官员清正廉洁的传统 …………………………… 143
　　一、清正廉洁是中国古代官员必备品德之一 ………………… 143
　　二、中国古代惩治腐败行为的法律规定 ……………………… 145
第二节　确保司法廉洁的基本要求 ………………………………… 149
　　一、树立廉洁理念，做忠诚、干净、担当的高素质法官 …… 149
　　二、确保司法廉洁的具体要求 ………………………………… 150

第七章　坚持司法为民 …………………………………………… 159
第一节　坚持司法为民是中国特色社会主义司法制度的
　　　　显著特征 …………………………………………………… 159
　　一、坚持司法为民的理论和实践基础 ………………………… 159

二、法官职业道德中坚持司法为民的理念贯穿于诉讼
　　　　过程始终 ………………………………………………… 162
　　三、坚持司法为民是党的群众路线在司法工作中的
　　　　具体体现 ………………………………………………… 165
　第二节　坚持司法为民的具体要求 ……………………………… 168
　　一、牢固树立以人为本、司法为民的理念 ……………… 169
　　二、坚持党的领导，自觉维护人民群众的合法权益 …… 171
　　三、不断提升工作能力，提高司法公信力 ……………… 175
　　四、积极服务大局，努力实现法律效果、政治效果与
　　　　社会效果的统一 ………………………………………… 178
　　五、创新和落实便民利民措施，增强司法为民的
　　　　实际效果 ………………………………………………… 180

第八章　维护司法形象 ……………………………………………… 184
　第一节　加强自身修养，维护法官形象 ………………………… 184
　　一、提高政治素质和业务素质 …………………………… 185
　　二、遵守社会公德和家庭美德 …………………………… 189
　第二节　遵守司法礼仪，提升法院司法公信力 ………………… 192
　　一、遵守司法礼仪 ………………………………………… 192
　　二、遵守司法文明用语规范 ……………………………… 196
　　三、严格执行人民法院审判制服着装管理办法 ………… 203

附　　录 …………………………………………………………… 205
　附录1　中华人民共和国法官职业道德基本准则 ……………… 205
　附录2　法官行为规范 …………………………………………… 209
　附录3　人民法院文明用语基本规范 …………………………… 228
　附录4　中华人民共和国人民法院法庭规则 …………………… 235

- 附录 5 领导干部干预司法活动、插手具体案件处理的记录、通报和责任追究规定 ………………………… 240
- 附录 6 司法机关内部人员过问案件的记录和责任追究规定 ……………………………………………… 243
- 附录 7 关于进一步规范司法人员与当事人、律师、特殊关系人、中介组织接触交往行为的若干规定 ……… 246

引　　言

　　法官职业道德作为职业道德的重要组成部分，直接关系、影响乃至决定着司法审判领域国家治理能力和治理水平。法官基于国家赋权，依法担当社会关系调整的裁判者，其职业道德建设程度对社会道德水平、国家整体职业道德水平都具有很大的影响，甚至可以说，它的关联性、引领性、示范性直接影响社会各个方面、各行各业职业道德水平的提升或沉滑。在国家治理体系的若干职业中，特别是整个司法领域的职业中，法官职业道德建设应当抓得更严、建得更全、管得更紧、做得更好。

　　法官职业道德是一种由法官职业队伍承载并通过法官体现出来的新时代法官的从业品德和职业精神。法官作为国家司法工作人员的一个重要构成，是党和国家司法事业的宝贵财富和中流砥柱，也是社会职业里的"关键少数"，对国家职业道德全局建设的影响举足轻重。加强法官职业道德建设，从本质上讲，是一项"关爱工程"。这项"关爱工程"所关爱的，一是党和国家的司法事业，二是党的司法人才队伍，三是法官个人的政治和职业使命。法官职业道德建设这项"关爱工程"对党和国家司法事业和法官队伍建设的极端重要性，牢牢扎根于道德与法官职业关系这两个逻辑起点上。

　　2020年11月，中央全面依法治国工作会议正式提出"习近平法治思想"。习近平法治思想内涵丰富、思想深刻，对新时代全面依法治国工作有着重要的指导意义。习近平法治思想的核心要义是坚持党对全面依法治国的领导；坚持以人民为中心；坚持中国特色社会主义法治道路；坚持依宪治国、依宪执政；坚持在法治轨道上推进国家治理体系和治理能力现代化；坚持建

法官职业道德

设中国特色社会主义法治体系；坚持依法治国、依法执政、依法行政共同推进，法治国家、法治政府、法治社会一体建设；坚持全面推进科学立法、严格执法、公正司法、全民守法；坚持统筹推进国内法治和涉外法治；坚持建设德才兼备的高素质法治工作队伍；坚持抓住领导干部这个"关键少数"。习近平法治思想是法官职业道德建设的理论基础，也是法官职业道德建设的行动指南，为法官职业道德建设指明了前进的方向。

一、德定根基，法官职业道德始终决定干事业的基础和方向

全面推进依法治国，建设一支德才兼备的高素质法治队伍至关重要。我国专门的法治队伍主要包括在人大和政府从事立法工作的人员，在行政机关从事执法工作的人员，在司法机关从事司法工作的人员。全面推进依法治国，首先要把这几支队伍建设好。[①]

"才者，德之资也；德者，才之帅也。"有才无德会败坏党和人民事业，但有德无才也同样会贻误党和人民事业。[②]

社会有了专业化发展和职业化分工以来，行业或职业的从业人员队伍建设和发展始终离不开道德建设。行业或职业的兴废存亡，在很大程度上取决于道德建设。当前推进党风廉政建设锻造过硬法官队伍目的就是要打造一支能胜任党的司法事业的法官队伍。胜任事业，有两个基本要素，一是路线，二是干部。当路线确定之后，干部就是第一位的。胜任事业的干部要具备两个基本要素，一个是德，另一个是才，就是德才兼备。历史上叫修齐治平：修身为本，就是修德；齐治平为用，就是用才。另一种说法是"又红又专"[③]：红是德，德为本；专是才，才为用。不论何时，道德都排在第一位。

[①] 2014年10月23日，习近平在十八届四中全会第二次全体会议上的讲话，参见中共中央文献研究室编：《习近平关于全面依法治国论述摘编》，中央文献出版社2015年版，第103页。

[②] 2014年1月7日，习近平在中央政法工作会议上的讲话，参见中共中央文献研究室编：《习近平关于全面依法治国论述摘编》，中央文献出版社2015年版，第101页。

[③] 参见毛泽东：《关于农业问题》，载《毛泽东文集》第七卷，人民出版社1999年版，第309页。

党的干部队伍,特别是为党和国家把守司法审判关口的法官队伍,更要德才兼备。德是品格操守,才是司法才干,相辅相成,缺一不可,正确把握德与才的辩证关系,既是理解和贯彻德才兼备、以德为先用人标准的前提,也是坚持党的路线、干好党的事业的前提。德为根本,决定着才的作用方向;才为辅弼,影响着德的作用的程度。对于法官职业而言,德才兼备应当被作为法官的司法人格构成来对待。在这个司法人格构成中,德定根基,是决定根本和基础的大事,也是培塑新时代中国特色法官职业的精神底蕴和作风底线。

二、德固根本,法官职业道德始终保证法官事业之树常青

全面推进依法治国,必须着力建设一支忠于党、忠于国家、忠于人民、忠于法律的社会主义法治工作队伍。要加强理想信念教育,深入开展社会主义核心价值观和社会主义法治理念教育,推进法治专门队伍正规化、专业化、职业化,提高职业素养和专业水平。要坚持立德树人,德法兼修,创新法治人才培养机制,努力培养造就一大批高素质法治人才及后备力量。[1]

孔子曾经说过:"德薄而位尊,智小而谋大,力小而任重,鲜不及矣。"[2]这句话把道德摆在事业人生的决定性位置上来看待,可以说道德决定着事业人生的健康发展。

职业对于法官来说,是事业与人生的交汇契合,一定程度上说,人生追求是事业,从就职时就已经开始了二者的"遇见",往后越来越高度契合;事业成就是人生,事业越有成就职业越稳定。所以说,法官的职业道德问题既是一个爱护法治事业的课题,也是法官的事业人生课题。于公关乎党的事业,于私关乎个人人生。

---

[1] 2018年8月24日,习近平在中央全面依法治国委员会第一次会议上的讲话,参见习近平:《论坚持全面依法治国》,中央文献出版社2020年版,第231页。

[2] 参见《周易·系辞下》,载《十三经注疏》,中华书局1980年版影印本,第88页。

三、德立境界，法官职业道德始终校准法官立场作风基点

理想信念就是共产党人精神上的"钙"，没有理想信念，理想信念不坚定，精神上就会"缺钙"，就会得"软骨病"。[①]

坚定的理想信念是政法队伍的政治灵魂。必须把理想信念教育摆在政法队伍建设的第一位，不断打牢高举旗帜、听党指挥、忠诚使命的思想基础。[②]

首先，修德能够更好地奠定法官队伍的政治立场根基，从根本上确保法官职业"四问"得到坚定回答，即一问如何坚持以习近平新时代中国特色社会主义思想为指导；二问如何认真贯彻落实中央精神；三问如何深入推进人民法院党风廉政建设和反腐败斗争；四问如何健全审判权力运行监督制约机制。在政治立场问题上，道德基础是鉴别坚定派与"两面人"的试金石。其次，修德能够校准法官队伍的能力根基，以打铁先得自身硬的姿态有力推进坚持全面"三从严"，即从严治党、从严治院、从严管理。再次，修德能够夯实高级法官的事业品行根基，正确回答锻造过硬法官队伍的"四个凭什么"问题，即凭什么让党放心、凭什么让人民满意、凭什么忠诚可靠、凭什么清正廉洁。最后，修德能够筑牢法官队伍的精神动力根基，为坚持目标、把准首位、守住主线不动摇提供不竭的奋斗动力，确保人民司法事业紧紧围绕"努力让人民群众在每一个司法案件中感受到公平正义"这一目标，始终把党的政治建设摆在首位，坚持司法为民、公正司法工作主线。

[①] 2012年11月17日，习近平在十八届中共中央政治局第一次集体学习时的讲话，参见《习近平谈治国理政》，外文出版社2014年版，第15页。

[②] 2014年1月7日，习近平在中央政法工作会议上的讲话，参见中共中央文献研究室编：《习近平关于全面依法治国论述摘编》，中央文献出版社2015年版，第99页。

第一章 法官职业道德概说

第一节 范畴与概念

为了更好地讨论法官职业道德问题,本章先通过几个相关概念的界说,进一步明确我们研究问题的基本范畴。

一、道德

道德既是抽象的,也是具体的。它在精神层面的高度抽象性,恰恰建立在认识与实践相统一的具体性上,因而,道德实践在其中具有极端重要性。一方面,只有通过道德实践,道德认知和道德情操才能抽象出来并升华为道德精神,获得普遍的心灵约束能力;另一方面,道德精神只有在指导、约束人们行为的社会实践中才能发挥和实现其精神力量。道德实践具有无限丰富性,道德情感具有无限变易性,道德体验具有无限深刻性,道德认知具有无限层次性,但一旦脱离了具体的社会实践,任何坐而论道必定是苍白无力的。正如人类的正常认识能力已经不能穷尽对道德的认识一样,人类文明关于对道德的认识也已然不能穷尽。因此,本章尽量以说明的方式来说清楚道德,而非以定义的方式对其严谨界定,我们探讨道德的目的在于推进法官职业道德建设,而并非定义道德,因而对前人的认知成果保持相对开放的接纳,则更有利于我们全方位、多视角探讨法官职业道德问题,加强新时代中国特色法官职业道德建设。

法官职业道德

(一) 道德的重要性

心灵物化的力量无疑是令人震撼的。古往今来,许多先贤都认识到这个过程的重要作用。其实,这个过程就是辩证唯物主义历来强调的意识的能动功能,即意识对物质的能动作用。在意识对物质能动作用的广泛运用中,道德又居于神圣的选择、指引、导向、约束和规制地位。康德曾说:"有两种东西,我们愈时常、愈反复地加以思索,它们就愈是给人的心灵灌注了时时翻新,有加无减的赞叹和敬畏,那就是:头上的星空与心中的道德法则。"①

道德与人的生活、职业和社会关系紧密关联,无时无刻不在对人发挥着约束作用。人们常说,做人要有底线。在说这句话的时候,人们对这个"底线"是什么并不深究,不同的人,可以作出不同的解释,许多人甚至把它当作口头禅,经常在讲,却又从来都说不清、道不明。其实,"底线"也是一种用以约束自己行为的道德准则。"道德"一词,在汉语中可追溯至先秦思想家老子所著的《道德经》一书②,不过在老子那里是先说"德"后说"道"的。在西方文化中,"道德"(morality)一词起源于拉丁语的"mores",意为风俗和习惯。不管是东方还是西方,人们对"道德"的研究与论述,可以说是汗牛充栋,涉及哲学、伦理学、社会学、人类学、教育学、心理学、法学、政治学、文学、史学和艺术,几乎可以涵盖全部的社会科学范畴,还涉及管理学、工学、理学、生物学、医学和地质学、环境科学等学科和遗传、基因、克隆等科学技术领域,这既说明道德对人与社会的无比重要性,也说明人们对道德的感悟、认知、研究由来已久,日益深化。

(二) 道德的作用

比较抽象地看,道德作为人类社会意识形态而存在、发展和变化,由每个时代所特有的社会经济基础所决定,是社会经济关系的反映,并为社会经

---

① 语出康德墓志铭。
② 中国社会科学院语言研究所词典编辑室编:《现代汉语词典》,商务印书馆1979年版,第217页。

济基础服务。也就是说，现实的道德都是时代的道德，道德体现着强烈的时代感，因其时代性特征而在特定时代里发挥作用。因而，它涉及特定社会里人们共同生活及行为的观念、准则和规范。不同的时代、不同的阶级、不同的国家、民族和社会组织，往往具有不同的道德观念、准则和规范。从发挥作用的形态上看，道德主要通过社会舆论对社会生活起约束作用，在特定的行业、社会组织和群体中，也可以通过形成一定的准则、守则和规范而对特定的对象产生作用。并且，道德是对社会经济关系的反映，但它并不是简单的、消极的、被动的，而是以自己特有的能动方式作用于人类社会，从而引导、约束和规范人们行为的社会实践活动。

那么，什么是道德的作用呢？讨论道德的作用，离不开道德的功能，二者之间，功能是第一性的，作用是第二性的。作用问题实质上是功能问题的衍生物，事物具备一定的功能，才能发挥相应的作用。道德的作用也是这样，它是道德发挥其功能、实现其社会影响、形成其社会效果的运作过程和机制。简言之，道德的作用就是道德的功能发挥的必然社会后果。因此，这种作用也就是道德的社会作用。道德的社会作用可以从不同的社会存在形态上表现出来，但从总体上看，它还是属于意识的能动作用，归根结底是意识对存在的反作用，这种作用主要表现在六个方面：①对除道德自身之外其他社会意识形态的影响作用；②改造精神世界，转变、触动和完善人格的媒介作用；③评价、衡量自我或人际关系，形成相处态度的度量作用；④对社会秩序培塑、形成和发展的影响作用；⑤对科学技术和生产力发展的反作用；⑥对立各方斗争的武器作用。简单来说，就是对社会生活全方位地发挥自律与他律的规范约束作用。相对于纯粹他律的法律来说，"法律是道德的底线"不无道理。实际上，道德在哲学范畴也被看作道德律或道德法则。从规则这个意义上讲，道德和法律在社会生活中是共同发挥规范作用的，道德离开了法律的保障就陷入了丛林，法律离开了道德引领就走进了黑暗。法律和道德双重作用，社会才会规制有序。

· 7 ·

(三) 道德的功能

深化和加强对道德的作用及其重要性的认识，应当建立在对道德的功能的全面认识和准确把握之上。然而，道德的功能又是什么，有哪些呢？笔者认为，道德的功能是指道德通过判定、评价、引领激励与约束抑止等方式，指导和修正人们抑恶扬善的知行实践活动，从而在协调人与自我以及人际关系上所具备的能力与功效。道德作用的发挥有赖于道德功能的实现。归纳起来，道德具有七个方面的主要功能：一是鉴别功能，即道德引导人们辨别善恶，止于至善的功能，它引导人们认知自我，形成内在道德标准并通过相应行为体现其价值；二是培育功能，即道德培育人们良知意识、善行操守，择善而行，立起道德标尺，提升品性境界；三是评价功能，即道德作为一种强大的群体精神、人文力量，可以借由内在意志品评社会现象和人们行为的善恶属性与程度；四是激扬功能，即形成一种内化动力，激发、奖励、调动人们自觉提高品行层次；五是防卫功能，即给人们的思见识行提供符合道德准则的理由，形成防卫他人责难的道德武装；六是校准功能，即通过群体意见、社会习惯、共同信念等形态，依托善恶标准，规范人们的行为；七是同化功能，即提供好坏、对错、善恶、真伪等是非判断标准，通过规制人们的思想意识，从而达到约束人们行为的目的，这种约束虽然不具有强制力，但在普遍意义上可以优先于法律约束。

(四) 道德与法官职业

《法治社会建设实施纲要（2020—2025年）》指出：坚持依法治国和以德治国相结合，把法律规范和道德规范结合起来，以道德滋养法治精神。道德对于法官，就是心灵的"紧箍咒"。因而在讨论道德和法律的意义时没有什么领域比司法领域更为重要了。道德和法律作为维系社会秩序的两大基本手段，在司法领域表现得淋漓尽致，并且，二者可以通过对法官的约束，改进司法审判工作作风，实现依法治国方略和构建和谐社会。法官应集法律素养和道德素养于一身，其道德水准越高就越能依法办案，越是依法办案其道德水准就越高。法官秉持道德是崇敬法律的前提和基础，反之，崇敬法律则是法官秉持道德的基本底线和最后防线。故而，道德，特别是职业道德，对于法官的必要性和重要性，远甚于其他任何领域、任何职业。

在司法领域，道德具有职业属性、官德属性和社会属性三重属性。从职业属性上说，它依托法官职业彰显职业道德；从官德属性上说，它通过法官职业道德承载和彰显新时代的官德；从社会属性上说，它通过法官职业的司法行为和法官作为官员的政府治理行为双重作用，依托具体案件的裁判活动，实现法官职业道德外化于社会，示范、引领新时代社会道德向更高水平层次前行。

二、职业道德

正如道德是以人为主体或承载者而发挥其拘束力一样，职业道德是以特定的从业人员为主体或承载者的道德。职业道德是与特定职业紧密相关的道德准则，属于道德范畴，具有道德的共同特征，但同时也具备鲜明的职业特征。恩格斯指出："每一个阶级，甚至每一个行业，都各有各的道德。"[①]

职业道德是由职业衍生出的道德要求。这种道德要求高于一般社会道德，以一般社会道德为基础，在一般社会道德之上又增加了特定的职业要求，从而成为从业人员在职业生涯中必备的基本道德。换言之，它是社会一般道德在职业中的具体体现。从适用范围上讲，它存在于特定职业范畴内，对全体从业人员一体产生作用，通过全体从业人员的共同遵循来维系特定职业在社会中的地位、作用和形象，如职业品德、职业操守、职业纪律，以及职业光荣感、使命感、责任感等，均属于职业道德范围。从表现形式上看，它可以通过职业公约、职业守则等对全体从业人员一体要求、一体规范、一体适用。

（一）职业道德的特征

一般而言，职业道德是人们在职业活动中所必须遵循的特殊道德，由道

[①] 《马克思恩格斯全集》（第4卷），人民出版社1965年版，第236页。

德准则、道德情操与道德品质构成，它既是从业人员在其职业活动中的行为要求，也是特定职业所必须对社会承担的道德责任和义务。

职业道德具有六个典型的特征：一是时间的阶段性特征。由于任何职业都具有在一定历史时期存在的特点规律，因而职业道德也具有时间性特征，与职业相伴产生、相伴存在、相伴消亡。二是空间的区间性特征。由于它是职业的道德，是有限的职业空间相对于广泛的社会空间表现出的业内道德，所以其作用效力只及于业内从业人员，从而表现出空间上的相对性。三是主体的有限性特征，即职业道德适用于特定职业的从业人员。四是约束力的有限性特征，即职业道德对某一行业的人员的言行具有一定的约束力，虽然违反职业道德要受到相应的惩戒，但其惩戒的程度是有限的，从业人员还可以通过离职来脱离惩戒的拘束。五是内容的稳定性特征。特定职业范围内形成的道德意识、道德理念、是非观念、行为规范和职业习惯，在职业存续期间，具有较强的稳定性。六是演进的时代性特征。职业道德的形成是一个历史的过程，其内容从核心层面上看相对稳定，但是随着社会政治、经济、文化的发展变化，职业道德可以在不同的时代自觉或不自觉地吸纳一些时代所必需的元素，并不断地吐故纳新和充实完善。

（二）职业道德与职业伦理

道德，往往与伦理是互相关联的，它们从各自不同的角度阐述人际关系规则。所以，人们通常也把道德说成伦理道德，把伦理说成道德伦理。伦理是指人与人之间相处的各种道德准则。作为职业道德的一个方面，职业伦理的重要性不可低估。这一点，法国著名伦理学家爱弥尔·涂尔干见解独到，他认为："职业伦理的每个分支都是职业群体的产物，那么它们必然带有群体的性质。一般而言，所有事物都是平等的，群体的结构越牢固，适用于群体的道德规范就越多，群体统摄其成员的权威就越大。群体越紧密地凝聚在一起，个体之间的联系就越紧密、越频繁，这些联系越频繁、越亲密，观念和情感的交流就越多，舆论也越容易扩散并覆盖更多的事物。显然这就是大量事物都能各就其位的缘故……所以我们可以说，职业伦理越发达，它们的作用越先进，职业群体自身的组织就越稳定、越合理。"①

三、法官职业道德

如前所述，职业道德实质上就是某种职业从业人员共同遵循的道德。法官职业道德是由职业道德中派生出来的一种具体的法律职业范畴中司法审判职业从业者的道德。它同时具有道德的普遍特征和职业道德的共性特征，并在此基础上结合自身的司法职业特点而产生了特定职业从业人员道德规则。在这样的道德范畴中，职业是道德的特定性质取向，从业人员是特定道德的主体或承载者。离开了职业的特殊性，道德仍然是抽象的共同道德；离开了从业人员，职业道德对职业的拘束力无从附着，仍然游离于职业之外，无法自动地与职业结合。

（一）法官职业

1. 法官职业的提出

什么是法官职业？定义和理解法官职业道德，首先要对法官职业作出适当的界定。由于法官职业本身可以有狭义和广义两种界定，所以法官职业道德也可以从狭义和广义两个层面进行理解。

长期以来，在我国并没有产生"法官职业"这一提法，人们使用的说法是司法战线、司法系统、法院系统等说法，我们并没有认真地研究法官是否可以成为一种独立的职业，或有无作为职业存在的可行性和必要性。因此，"法官职业"这个说法，到21世纪初仍然是个有争议或可探讨的、模糊的、边界不清的概略性提法。在法院内部，这个说法仍显得有些底气不足；对社会职业而言，这个说法的内涵和外延都有商榷的余地。比较持之有据的说法，最早出现在21世纪初。一是2001年10月18日，最高人民法院制定和颁布

---

① [法] 爱弥尔·涂尔干：《职业伦理与公民道德》，渠东、付德根译，上海人民出版社2001年版，第9-10页。

法官职业道德

了《中华人民共和国法官职业道德基本准则》（以下简称《法官职业道德基本准则》），在"序言"部分明确指出："……法官具有良好的职业道德，对于确保司法公正、维护国家法治尊严至关重要。为规范和完善法官职业道德标准，提高法官职业道德素质，维护法官和人民法院的良好形象，根据《中华人民共和国法官法》和国家其他有关规定制定本准则。"这是我国较早正式使用"法官职业""法官职业道德"等词的官方文件。二是2002年7月18日，最高人民法院发布了《关于加强法官队伍职业化建设的若干意见》，这个文件及其提出的主概念本身的性质、意义、价值和作用，本书暂不讨论。但这个文件提出了"法官职业化"这个概念，并将"法官职业化"作为一个高频词汇，把在其9个月之前最高人民法院颁布的《法官职业道德基本准则》中以"法官职业道德"为基调引出的"法官职业"一词，再次以"法官职业化"的方式推现于公众视野里。至于"法官职业化"的个中就里，则是其他方面讨论的问题，本书不予触及。在当时的情形下，刚刚出现不久的"法官职业"一词还没直接站立在社会职业的舞台上，就成为"法官职业化"的派生和附属用语而存在和被认知。但无论如何，毕竟这一文件又一次正式提出并通过对"法官职业化"规范使用而规范了"法官职业"在中国的语境。至少，从那个时候起，"法官职业"一词成为一个独立的存在，并逐步走进了学术界和社会的视野。

2. 法官职业与其他职业的区别

从逻辑上讲，法官职业与其他职业是有所区别的，主要表现在以下四个方面。

首先，法官职业是否有别于社会一般职业？这个问题的答案毋庸置疑。法官行使国家审判权，是其他职业无可替代的。

其次，法官职业是否有别于司法职业内的其他职业，如有别于检察官、司法行政人员等？答案当然也是肯定的。检察官属于法律监督序列，司法行政人员属于行政序列，性质上不能混淆。

再次，法官职业是否有别于审判系统内的其他从业人员，审判系统内的其他从业人员是否也有自己独立的职业归属？对此，《中华人民共和国法官法》（以下简称《法官法》）已经给出了明确回答。按照法律规定，法官是《法官法》规范的唯一对象。至于法院内的其他从业人员，相对司法审判业务而言，都是从属、附属和参与性质的。所以，严格地讲，他们既不是《法官法》的约束对象，也不是法官职业道德准则的适用对象。所以，对法院内的其他从业人员职业道德的规范，如行政人员和法警，只能参照《法官职业道德基本准则》执行。

最后，法官职业是否有别于同样担负司法审判职能的其他人员？这个问题的答案也是由法律直接明确规定的。在我国，担负司法审判职能的其他人员，就是指人民陪审员，他们在履行审判职能时，具有与法官完全相同的诉讼主体地位。但同时也应当看到，人民陪审员不是一种独立的职业，他们只是在从事其他职业的同时，受人民法院邀请参加有关案件的审判工作。所以，法官职业道德应当是有条件地适用于人民陪审员，即人民陪审员依法履行审判职责期间，应当遵守《法官职业道德基本准则》。

3. 法官职业的范畴

基于上述分析，不难对狭义的法官职业范畴给出一个较为准确的表述。从狭义上讲，法官职业指的是在人民法院从事以司法审判为基本业务活动的工作岗位。广义上的法官职业实际上是狭义的法官职业所派生出来的概念，它指的是包括法官岗位在内的司法审判业务及相关业务的人民法院工作岗位。法院的工作岗位类别繁多，除法官之外，还有书记员、法警、行政人员、后勤人员等，他们都可以通过各自从事的工作与法官密切关联，都可能影响法官的司法审判工作。从保证司法审判的客观公正的角度上讲，把他们纳入法官职业的范畴，应当说是有一定道理的。只是如此表述，法官职业就具有了较大的包容性，其中包含着许多其他的职业类别，所以应当把它看作是狭义的法官职业的一个延伸概念。

法官职业道德

然而不管是从狭义上讲还是从广义上讲，法官职业都无法准确涵盖"人民陪审员"这个角色。这是由于人民陪审员并不以从事审判业务为其基本职业，也就是说，从事审判业务活动并不是他们赖以谋生的手段，他们并非职业的，而是偶一为之的，他们可能从事其他任何方面的职业，并不受司法审判活动的制约或限制。由此看来，担任人民陪审员的人员在其职业选择上其实与法官职业无涉，不能属于一般意义上的法官职业的从业人员。那么，人民陪审员与法官职业的关联又表现在什么地方呢？这种关联是实际存在的。当我们把法官职业作为职业生涯的完整性来看待时，人民陪审员不同于法官，他们并不以此为职业，但是，任何职业从业人员的职业时间都不是全时段的，例如法官，并不是所有法官一生的职业，而是担任这个职务的时间阶段上的职业，因此，职业的全时段性并不意味着从业人员职业生涯的全时段性，相反，它所意味的是从业人员职业上的时限性，即从业人员有着全时段从业和时限性从业的区别，法官职业的从业人员可以是职业生涯全时段的从业人员，也可以是一定时间阶段的从业人员。人民陪审员和在法院工作一定时间的工作人员，就是这种时限性从业人员，也就是说，他们是在特定的时限上的从业人员，他们必须在特定时限上受法官职业道德的拘束。正因为如此，法律明确规定了人民陪审员在诉讼中的地位和职能与法官的一致性，事实上，他们在诉讼活动中不仅与司法相关，而且直接关联到司法审判活动的公正和效率。所以，虽然他们并非法官职业从业人员，但在诉讼活动中必须遵循与法官同等的职业要求，包括受到法官职业道德规范的约束和制约。

综上所述，对法官职业和职业道德作较为宽泛的表述，把法官、法院其他人员和人民陪审员一体纳入法官职业道德的约束，是符合我国现阶段基本国情的。

（二）法官职业道德概述

法官职业的特殊性决定了法官职业道德的特殊性和独立存在的意义。

基于前述对法官职业特殊性的分析，笔者认为，可以这样定义法官职业道德：

法官职业道德是保证法官职业从业人员正确履行法律赋予职责的特定道德要求。具体而言，它是法官职业从业人员在本职工作和业外活动中逐渐形成的基本道德观念、基本行为规范和良好职业习惯的总称。法官职业道德为法官职业从业人员的职业活动提供着从业约束行为，调节从业人员之间的相互关系和法官职业与社会之间的关系，并作为基本判断标准发挥评价从业人员职业行为正确与否的作用，对从业人员具有普遍约束力，并通过这种普遍约束力来维系司法公正，维护法律尊严。

正确理解和准确把握法官职业道德，应当着重关注以下几个方面的问题。

1. 法官职业道德适用主体

法官职业道德的适用主体，就是法官职业道德的承载者，也是受法官职业道德约束的该特定职业的从业人员。这个问题通俗地讲，就是法官职业道德是管谁的问题。法官职业道德的适用主体有三类：一是法官，二是法院其他工作人员，三是人民陪审员。法官代表国家行使审判权，自然属于法官职业道德的适用主体，也是法官职业道德的主要约束对象。法院其他工作人员，如法警、书记员、行政人员、后勤人员等，虽然不是审判人员，但却是这个职业的相关从业人员。他们的言行与司法公信力的确立有着密切的联系，他们的工作是为审判工作提供服务保障，与法官的审判工作存在着必然联系，因而随时可能影响司法审判活动，所以，也必然成为法官职业道德的主体。同时，作为社会主义国家，人民当家做主在司法制度上的重要体现就是人民群众参加审判活动，主要表现形式就是人民陪审员制度。法律保障人民陪审员在审理案件过程中，始终与法官享有同等的权利，始终与法官承担同等的义务。

2. 法官职业道德适用客体

法官职业道德规范的适用客体，属于法官职业道德规范的事项范围，即从业者应当遵守哪些职业道德规则。简言之，就是法官职业道德是管什么事的问题。法官职业道德规范的适用客体主要包括两类事项或行为：一是法官职业从业人员的履职行为；二是法官职业从业人员的非履职行为。履职行为是履行司法职务的行为，最主要的就是履行审判工作，代表国家行使审判权，维护司法的公平正义和法律权威。由于这项行为直接体现法官职业的核心价值，因此法官职业道德主要针对审判活动作出道德规范的设置。非履职行为强调的侧重点在于非履行职务时的其他行为，如参加法律咨询、外出授课、著书立说、婚姻家庭生活等，这些行为中皆可能存在着对法官职业形象的影响因素，在一定条件下甚至可能影响司法公信力，以职业道德对其进行约束不仅对从业人员个人是必要的，对维系法官职业队伍的形象也是必需的。

3. 法官职业道德适用范围

法官职业道德规范的适用范围，简言之，就是法官职业道德在多大范围管事的问题。法官职业道德规范的适用范围主要包含两大类：一是行为规范；二是道德理念。行为规范是对从业人员业内和业外行为进行规范的各种要求的总称，道德理念是一系列与法官职业美德紧密相关的观念总称。法官职业道德理念，如忠诚、公正、廉洁、为民，对法官职业从业人员的业内和业外行为起着决定性的作用，并通过从业人员具体的业内和业外行为表现出来。法官职业道德理念体现的是法官职业道德的主要价值取向，法官业内和业外行为则是法官职业道德的外在表现。同时，由于行为规范包含业内和业外活动，因此，从业人员的8小时以外的活动，也应当置于职业道德的约束之下。

第二节　新时代中国特色社会主义法官职业道德体系

司法权并非社会治理形态出现之初就出现的，而是经历了漫长的政权合一形式之后才出现的。在法官职能附属于行政官的时代，法官之德是官德的组成部分,与官德融为一体。法官职业分离出来之后,法官职业道德在各个不同时代通过其时代特性呈现其职业道德共性。新时代法官职业道德主要通过成文化的一系列规则,形成新时代法官职业道德规范。目前,这些规范主要通过《法官职业道德基本准则》以及与之相配套的《法官行为规范》《人民法院文明用语基本规范》《中华人民共和国人民法院法庭规则》(以下简称《人民法院法庭规则》)等文件形成规范体系。

一、法官职业道德规范的意义

法官职业道德规范的制定是与时俱进的需要,也是法官职业化建设的重要内容。法官职业道德规范的制定主要有以下几方面原因。

(一)满足社会司法需求

1997年9月,中国共产党第十五次全国代表大会在北京召开,江泽民同志做了题为《高举邓小平理论伟大旗帜,把建设有中国特色社会主义事业全面推向二十一世纪》的报告,提出了"依法治国""建设社会主义法治国家"的基本方略,标志着我国的法治建设进入了一个要求更高的阶段。

从党的十一届四中全会到2002年9月,全国人民代表大会及其常务委员会共制定了法律和有关法律问题的决定430件,国务院制定了行政法规800余件,地方人大制定的地方性法规多达8000余件,宪法及其相关法、民法、商法、行政法、刑法、诉讼法等部门法中的基本的主要的法律大多制定出来[1],中国特色社会主义法律体系的框架基本形成。随着普法宣传的深入,人民群众法律意识不断提高,司法需求也在不断增长,各类纠纷激增,人民法院案件数量逐年增加。在2002年,全国法院一、二审,执行,再审案件达800余万件。[2] 形势决定任务,人民群众日益增长的司法需求要求人民法院加

---

[1] 苏泽林:《中国法官职业化建设的理论与实践》,载苏泽林主编:《法官职业化建设指导与研究》(2003年第1辑),人民法院出版社2003年版,第17页。
[2] 苏泽林:《中国法官职业化建设的理论与实践》,载苏泽林主编:《法官职业化建设指导与研究》(2003年第1辑),人民法院出版社2003年版,第14页。

强法官职业化建设，高质量完成审判工作。

（二）应对"入世"司法需求

2001年11月，中国加入世界贸易组织（WTO），这给我国司法审判工作也带来了冲击和挑战。

一是国内相关法规上与WTO规则相一致的客观需求。"入世"后我国涉外法律法规、行政规章和最高人民法院所作的有关司法解释及各种有司法解释效力的文件，都要进行全面的梳理。为此，我国法律法规的立、改、废工作不断推进，全国人民代表大会及其常务委员会在2000年和2001年先后对《中华人民共和国专利法》《中华人民共和国中外合作经营企业法》《中华人民共和国外资企业法》《中华人民共和国中外合资经营企业法》《中华人民共和国著作权法》《中华人民共和国商标法》进行了修改，陆续还有一批涉外或含有涉外条款的法律法规出台。这些新制定和新修订的法律法规的专业性内容十分丰富，而且与WTO协定中有关规定相衔接。为了正确理解和运用这些新近制定和修订的法律法规处理我国"入世"后的各种涉外案件，法官必须具有较高的法律知识和国际经贸知识水平、较强的外语能力以及比较熟练的司法技能。

二是"入世"后形成的全方位、多层次、宽领域对外开放新局面，使人民法院受理的各类案件呈现迅速增多的态势，案件类型和案情也愈见新异复杂，例如，因为管辖争议、适用法律复杂和执行难等问题而使案件难以顺利审结，讼争标的金额巨大的涉外民商事、海事或知识产权案件日益增多。法官在民商事审判中遇到许多新的困难，人民法院的司法水平和能力将受到新的考验。

三是WTO规则的实施与我国执法环境、司法秩序的现状将会发生碰撞。在我国现实的执法环境和司法秩序中适用WTO规则的一些基本原则，如最惠国待遇和国民待遇，难免会遇到地方和部门保护主义的阻碍，会与计划经济时期遗留的陈旧的管理观念和管理方式相冲突。这些问题如果没能妥善解决，会给我国"入世"后的国际形象带来不良影响,甚至可能引起对我国不利的贸易冲突。

四是我国法官队伍整体素质与公正、高效地审理好涉外案件的要求还有明显差距。专家型法官数量不多,不能满足"入世"后各领域涉外审判工作的需求,难以为我国融入世界经济主流,在更大范围参与国际竞争与合作提供坚强有力的司法保障。①

在这样的形势下,与时俱进,制定法官职业道德规范的时机和条件都比较成熟。

(三) 重塑法官社会形象的需要

有较长一段时间,群众针对司法不公乃至司法腐败②现象提出了较为尖锐的批评。在这样的大背景下,法学理论界和实务界都从各自的角度对提高法官队伍素质进行了一些探索研究,提出了各种见解,以及一些比较有见地的改进措施。至此,现实问题的存在、为解决问题而做的宣传和相应的理论也已准备充分,加强道德约束,重塑法官形象的契机已经出现。那个时期,针对法官职业研究中较有代表性的意见、建言主要集中在以下问题上。

1. 合格法官数量不足

由于我国在特定时期内放弃了政法院校法律教育的模式,使得在恢复法治建设之后的相当长的一个时期,全国法官队伍中受过高等教育的人员比例偏低,合格法官数量严重不足,法官队伍的整体知识结构也存在着明显缺陷。有统计数据显示,截至2000年,全国法院系统工作人员总数已经高达28万人,但整体素质不容乐观,其中具有大专及以上文化程度的工作人员约占总数的70%,本科及以上学历的仅有5万余人,约占总数的18%;硕士研究生及以上

---

① 肖扬:《论入世后的司法保障》,载万鄂湘主编:《中国司法评论》(2002年春之卷),人民法院出版社2002年版,第3-5页。

② 当时主要表现有:少数法官特权思想严重,工作作风粗暴;有的法官滥用审判权和执行权,有法不依,执法不严,裁判不公,久拖不执或者违法执行,甚至贪赃枉法。参见肖扬:《2001年最高人民法院工作报告》,载《中华人民共和国最高人民法院公报》2001年第2期。

学历的仅有 1600 余人，仅约占总数的 6‰。而且，大专以上学历人员大多来源于成人教育培养，受过正规政法院校培养的极少。总体上看，法官队伍人员情况基本上可以说是经验型的多，知识型的少；单一型的多，复合型的少。①

2. 法官选任标准偏低

当今世界，各主要国家对法官选任都设置了比较高的标准，甚至是比较苛刻的条件。各国对法官任命通常有两种模式。一种是英式的中央任命模式。英国法院的所有法官均由最高法院大法官提名，英王委派或任命；美国所有联邦系统的法官都是总统提名，参议院批准。另一种是日式考试优选模式。日本选任法官不仅要求完成法学专业学习，还必须参加及格率通常在 2%—3% 的司法考试，并再经司法训练、法学研究所学习之后另行考试合格，至于其最高法院的法官则要求从年龄在 40 岁以上，担任过高等法院院长、法官、律师、检察官、大学教授或副教授共计 20 年以上的人员中任命。许多国家采取类似于这两种模式的办法选任法官。相较而言，我国法官的选任条件就相对偏低。1995 年公布的《法官法》对法官的资格条件仅规定为：具有中华人民共和国国籍、年满 23 周岁及专科学历等要求。法官的选任标准过低，也就使得担任法官的人员庞杂，未经过严格考核，严重地影响了法官队伍的专业素质，进而引发人们对法官群体职业素养的质疑。

（四）法官队伍职业化建设的需求

法官职业化，即法官以行使国家审判权为专门职业，并具备独特的职业意识、职业技能、职业道德和职业地位。要根据审判工作规律和法官职业特点，采取一系列措施，培养法官的职业素养，提高法官队伍整体素质。②

1. 培养法官职业道德的需求

在人民法院推动法官队伍职业化建设的同时，培育法官的职业道德就成

---

① 邓基联：《我国法官管理体制的改革与完善》，载万鄂湘主编：《中国司法评论》（2002 年春之卷），人民法院出版社 2002 年版，第 51 页。
② 参见最高人民法院 2002 年 7 月 18 日颁布的《关于加强法官队伍职业化建设的若干意见》第 4 条。

为法院的一项重要工作。法官必须具备从事法官职业的素质和品格，牢固树立马克思主义世界观、人生观和价值观，牢固树立正确的权力观、地位观、利益观，牢固树立为人民服务的宗旨意识，自觉抵制金钱、人情和关系对审判工作的侵蚀和影响，使法官职业道德成为其生命和灵魂的一部分。

2. 培养法官职业意识的需求

去行政化的困难是法官队伍职业化建设面临的一大问题，也是制定法官职业道德规范的原因之一。我国法院法官的管理还是借鉴行政管理的办法，并没有形成具有职业特色的管理模式。法官套用行政级别，职务等级和工资也按行政级别套定，较高级别的法官与较低级别的法官形成事实上的领导与服从关系。这种法官队伍的非职业化，淡化了法官的专业化要求，这种实际状况无法适应司法工作的现实需要。当然，这种法官内部管理的行政化趋势，自然会影响到审判工作的组织协调，不可避免地要采用等级审批、首长负责的行政工作方式。①

时不我待，只有下大力气推进法官职业化建设，才能增强法官的职业意识，特别是政治意识、大局意识、司法公正意识、司法效率意识、自尊意识、司法文明意识、司法廉洁意识等，提升法官的职业神圣感和使命感，依法独立行使审判权，不受行政机关、个人和团体的干涉。

二、法官职业道德规范体系的内容

新时代法官职业道德规范体系由《法官职业道德基本准则》这一核心规范，以及与其相关的一系列专门规则共同构成。

（一）《法官职业道德基本准则》

1. 地位作用

《法官职业道德基本准则》是法官职业道德规范体系的核心规范，于

---

① 刘会生：《关于人民法院管理体制改革的几点思考》，载万鄂湘主编：《中国司法评论》（2002年春之卷），人民法院出版社2002年版，第27页、29页。

法官职业道德

2001年10月18日由最高人民法院颁布，2010年12月6日修订，共7章，30条；该准则对法官职业道德的若干基本范畴和主要内容作出了一般性规定，同时也为其他相关专门性规则提供了基准、范式和效力基础。

《法官职业道德基本准则》的核心作用还表现在，它奠定了法官这一特定社会职业的道德根基，使其从一般性职业道德中脱离出来，成为独立的职业道德领域，取得高于且示范、引领社会道德和一般性职业道德的特殊地位。

《法官职业道德基本准则》的出现，对于法官队伍和法官职业的建设与发展，对于司法权行使的职业要求和限定，对于社会专业化分工前提下新时代职业道德体系的健全完善，都发挥着十分重要的作用。

2. 制定目的

制定《法官职业道德基本准则》的目的是：规范和完善法官职业道德标准，提高法官职业道德素质，维护法官和人民法院的良好形象。一支政治坚定、业务精通、作风优良、清正廉洁、品德高尚的法官队伍，是依法治国、建设社会主义法治国家的重要条件，是人民法院履行宪法和法律职责的重要保障。法官具有良好的职业道德，对于确保司法公正、维护国家法治尊严至关重要。

3. 主要内容

一是确立法官职业道德的核心是忠诚、公正、廉洁、为民。二是明确规定法官职业道德的基本要求是忠诚司法事业、保证司法公正、确保司法廉洁、坚持司法为民、维护司法形象。

（二）《法官行为规范》

1. 地位作用

《法官行为规范》是法官职业道德规范体系的重要规范，于2005年11月4日由最高人民法院发布试行，2010年12月6日修订后正式施行；共10部分，96条；对法官职业行为的若干重要问题和主要内容作出了具体规定，是《法官职业道德基本准则》对法官行为要求的具体化。

《法官行为规范》的作用在于，它为法官这一特定社会职业提供了行为依据和差别标准，使职业道德要求成为可以执行的德行准则，将法官职业行为从社会一般职业行为中标识开来，成为具备自身特色职业行为的实践遵循。

《法官行为规范》对于法官行为作出了操守要求和限定，对于树立法官形象、纯洁法院风气、提振法院声誉意义重大，影响深远。

2. 制定目的

制定《法官行为规范》的目的是：大力弘扬"公正、廉洁、为民"的司法价值观，规范法官基本行为，树立良好的司法职业形象。

3. 主要内容

该规范的第一部分为一般规定，规定了法官行为规范应遵循的基本原则：忠诚坚定、公正司法、高效办案、清正廉洁、一心为民、严守纪律、敬业奉献、加强修养；第二至第八部分，分别规定了立案、庭审、诉讼调解、文书制作、执行、涉诉信访处理、业外活动各阶段对法官行为的基本要求和行为注意事项；第九部分为监督和惩戒，第十部分是附则。

(三)《人民法院文明用语基本规范》

1. 地位作用

《人民法院文明用语基本规范》是法官职业道德规范体系的重要组成部分，于2010年12月6日由最高人民法院发布。该规范是对法官在法庭进行司法活动时用语作出的具体规定，是《法官职业道德基本准则》对法官行为的要求在用语行为上的进一步细化，在法官职业道德规范体系中居于专项规范的地位。

《人民法院文明用语基本规范》的作用在于，它为法官这一特定社会职业提供了在特定工作场合使用特定用语的行为依据和具体标准，将法官职业用语从社会一般职业用语中标识开来，成为具备自身特色职业行为的语言实践遵循。

《人民法院文明用语基本规范》的制定，进一步对法官行为作出了语言上的操守要求和限定，它既是《法官行为规范》的深化，也与《法官行为规范》一道，共同从"言""行"两个方面发挥职业道德的规范约束作用，从而把职业道德操守要求引向了一个更新、更高、更严的范畴。

2. 制定目的

制定《人民法院文明用语基本规范》的目的是：规范法院工作人员工作用语，提高文明司法水平，树立法院工作人员良好职业形象，维护人民法院司法公信力。

3. 主要内容

一是规定了使用文明用语的基本要求：法院工作人员在诉讼过程的各个环节上要自觉、规范使用文明用语，做到称谓恰当、语言得体、语气平和、态度公允。二是规定了法院工作人员在诉讼环节中，如接待来访、立案、庭外调查、庭审、诉讼调解、执行、安全检查、送达法律文书时使用文明用语的要求，并给出参考使用的文明用语。

（四）《人民法院法庭规则》

1. 制定时间

《人民法院法庭规则》是法官职业道德规范体系的重要组成部分。于1993年11月26日由最高人民法院审判委员会第617次会议通过并自1994年1月1日起施行。根据2015年12月21日最高人民法院审判委员会第1673次会议通过的《最高人民法院关于修改〈中华人民共和国人民法院法庭规则〉的决定》修正，于2016年4月13日由最高人民法院发布，自2016年5月1日起施行，共27条。

2. 制定目的

制定《人民法院法庭规则》的目的是：维护法庭安全和秩序，保障庭审活动正常进行，保障诉讼参与人依法行使诉讼权利，方便公众旁听，促进司法公正，彰显司法权威。

3. 主要内容

从权利保障、庭审规则公平、保障法庭安全、规范法庭秩序、庭审活动公开、司法礼仪等方面，对庭审活动进行规范。

(五) 其他相关规定

1. 《关于规范法官和律师相互关系维护司法公正的若干规定》

该规定是根据《法官法》《中华人民共和国律师法》（以下简称《律师法》）等有关法律、法规而制定的规范性文件。于2004年3月19日由最高人民法院和司法部联合发布，共17条。制定目的是加强对法官和律师在诉讼活动中的职业纪律约束，规范法官和律师相互关系，维护司法公正。

2. 《人民法院法官袍穿着规定》

该规定于2002年1月24日由最高人民法院审判委员会第1208次会议通过。该规定为增强法官的职业责任感，进一步树立法官公正审判形象，对法官袍的穿着和保管作出了规定。

3. 《人民法院法槌使用规定（试行）》

该规定于2001年12月24日由最高人民法院审判委员会第1201次会议通过。该规定为维护法庭秩序，保障审判活动的正常进行，对法槌的使用作出了详细而具体的规定。

4. 《人民法院工作人员处分条例》

该条例是根据《中华人民共和国公务员法》和《法官法》制定的条例，于2009年12月31日由最高人民法院颁布。制定目的是规范人民法院工作人员行为，促进人民法院工作人员依法履行职责，确保公正、高效、廉洁司法。人民法院工作人员因违反法律、法规或者该条例规定，应当承担纪律责任的，依照该条例给予处分。

5. 《人民法院审判制服着装管理办法》

该办法是根据最高人民法院有关规定，结合人民法院实际情况，对人民法院实行统一着装作出的明确具体的要求。于2013年1月23日由最高人民法院颁布。制定目的是规范人民法院工作人员着装行为，树立和维护人民法院的良好形象。

6. 《关于进一步改进司法作风的六项措施》

该措施于 2012 年 12 月 13 日由最高人民法院发布。从坚持司法为民、密切联系群众，推进司法公开、接受群众监督，加强民意沟通、扩大司法民主，精简会议活动、切实改进会风，精简文件简报、切实改进文风，改进调研工作、增强调研实效 6 个方面进一步改进司法作风。

7. 《关于新形势下进一步加强人民法院纪律作风建设的指导意见》

该指导意见于 2014 年 1 月 2 日由最高人民法院发布。意见指出：人民法院队伍在思想政治、司法能力、纪律作风等方面还不同程度地存在一些问题，特别是在纪律作风方面，少数干警背离宗旨、脱离群众，纪律松弛、精神懈怠，情趣低下、贪图享受，个别干警甚至徇私舞弊、贪赃枉法、腐化堕落，严重影响了法院形象和司法公信力，人民群众对此反映强烈。最高人民法院要求各级人民法院要结合开展党的群众路线教育实践活动，按照中央《建立健全惩治和预防腐败体系 2013—2017 年工作规划》和中央教育实践活动领导小组《关于开展"四风"突出问题专项整治和加强制度建设的通知》提出的各项要求，持之以恒地推动中央八项规定精神在各级人民法院的贯彻落实，坚决整治法院队伍在纪律作风方面存在的突出问题，以铁的纪律培育好的作风、树立好的形象，以清正廉洁保障公正司法、维护公平正义。

8. 《关于"五个严禁"的规定》

该规定于 2009 年 1 月 8 日由最高人民法院颁布施行。具体内容是：严禁接受案件当事人及相关人员的请客送礼；严禁违反规定与律师进行不正当交往；严禁插手过问他人办理的案件；严禁在委托评估、拍卖等活动中徇私舞弊；严禁泄露审判工作秘密。人民法院工作人员凡违反上述规定，依纪依法追究纪律责任直至刑事责任。从事审判、执行工作的，一律调离审判、执行岗位。

9. 《保护司法人员依法履行法定职责规定》

该规定于 2016 年 7 月 28 日由中共中央办公厅、国务院办公厅印发。制定该规定是为了贯彻落实《中共中央关于全面推进依法治国若干重大问题的决定》有关要求，建立健全司法人员依法履行法定职责保护机制。

10.《关于切实践行司法为民大力加强公正司法不断提高司法公信力的若干意见》

该意见于 2013 年 9 月 6 日由最高人民法院发布。制定该意见是为了深入贯彻落实党的十八大关于加快建设社会主义法治国家的重大部署和习近平总书记关于法治建设的重要论述，积极回应人民群众对于新时期人民法院工作的新要求和新期待，切实践行司法为民，大力加强公正司法，不断提高司法公信力，充分发挥人民法院的职能作用。全文共 9 个部分，45 条，几乎涵盖人民法院执法办案、队伍建设等所有工作领域。

11.《关于依法切实保障律师诉讼权利的规定》

该规定于 2015 年 12 月 29 日由最高人民法院发布。制定该规定是为深入贯彻落实全面推进依法治国战略，充分发挥律师维护当事人合法权益、促进司法公正的积极作用，切实保障律师诉讼权利，根据《中华人民共和国刑事诉讼法》（以下简称《刑事诉讼法》）、《中华人民共和国民事诉讼法》（以下简称《民事诉讼法》）、《中华人民共和国行政诉讼法》（以下简称《行政诉讼法》）、《律师法》和《最高人民法院、最高人民检察院、公安部、国家安全部、司法部关于依法保障律师执业权利的规定》，对保障律师诉讼权利作出的详细规定。

12.《关于司法公开的六项规定》

该规定于 2009 年 12 月 8 日由最高人民法院发布。制定该规定是为进一步落实公开审判的宪法原则，扩大司法公开范围，拓宽司法公开渠道，保障人民群众对人民法院工作的知情权、参与权、表达权和监督权，维护当事人的合法权益，提高司法民主水平，规范司法行为，促进司法公正。根据有关诉讼法的规定和人民法院的工作实际，按照依法公开、及时公开、全面公开的原则，制定该规定。该文件将司法公开的内容规定为 6 个方面：立案公开、庭审公开、执行公开、听证公开、文书公开、审务公开。

13.《人民法院规范执行行为"十个严禁"》

该文件于2017年4月19日由最高人民法院发布并实施，制定目的是解决人民法院系统"灯下黑"问题，让人民群众切实感受到执行工作的新气象。"十个严禁"对消极执行、选择性执行、乱执行、执行不廉、作风不正、有令不行等行为的具体表现形式进行了列举。这些行为是执行工作的十条"高压线"，人民法院工作人员凡触碰高压线的，将依纪依法严肃追究纪律责任直至刑事责任。

14.《关于人民法院通过互联网公开审判流程信息的规定》

该规定于2018年2月12日由最高人民法院审判委员会第1733次会议通过，自2018年9月1日起施行。为贯彻落实审判公开原则，保障当事人对审判活动的知情权，规范人民法院通过互联网公开审判流程信息工作，促进司法公正，提升司法公信，根据《刑事诉讼法》《民事诉讼法》《行政诉讼法》《中华人民共和国国家赔偿法》等法律规定，结合人民法院工作实际，制定该规定。该规定全文共17条，就审判流程信息公开的基本原则、审判流程信息公开平台的定位、诉讼参与人身份信息的采集与核对、特殊情况下的公开规则、通过互联网公开的审判流程信息的范围、依托审判流程信息公开平台进行电子送达的规则与效力、已公开审判流程信息的更正与撤回、审判流程信息公开工作督导机制等内容作出了明确、具体的规定。根据该规定，除涉及国家秘密以及法律、司法解释规定应当保密或者限制获取的审判流程信息以外，人民法院审判刑事、民事、行政、国家赔偿案件过程中产生的程序性信息、处理诉讼事项的流程信息、诉讼文书、笔录等4类审判流程信息，均应当通过互联网向参加诉讼的当事人及其法定代理人、诉讼代理人、辩护人公开。此外，还明确了中国审判流程信息公开网作为"人民法院公开审判流程信息的统一平台"。

15.《领导干部干预司法活动、插手具体案件处理的记录、通报和责任追究规定》

该规定于 2015 年 3 月 18 日由中共中央办公厅、国务院办公厅发布。规定要求司法机关依法独立公正行使职权,不得执行任何领导干部违反法定职责或法定程序、有碍司法公正的要求;对领导干部干预司法活动、插手具体案件处理的情况,司法人员应当全面、如实记录,做到全程留痕,有据可查。

16.《司法机关内部人员过问案件的记录和责任追究规定》

该规定于 2015 年 3 月 26 日由中央政法委员会第十六次会议审议通过。为贯彻落实《中共中央关于全面推进依法治国若干重大问题的决定》有关要求,防止司法机关内部人员干预办案,确保公正廉洁司法,根据宪法法律规定,结合司法工作实际,制定该规定。规定要求司法机关内部人员应当依法履行职责,严格遵守纪律,不得违反规定过问和干预其他人员正在办理的案件,不得违反规定为案件当事人转递涉案材料或者打探案情,不得以任何方式为案件当事人说情打招呼;对司法机关内部人员过问案件的情况,办案人员应当全面、如实记录,做到全程留痕,有据可查。

17.《关于进一步规范司法人员与当事人、律师、特殊关系人、中介组织接触交往行为的若干规定》

该规定于 2015 年 9 月 21 日由最高人民法院、最高人民检察院、公安部、国家安全部、司法部联合印发,制定目的是规范司法人员与当事人、律师、特殊关系人、中介组织的接触、交往行为,保证公正司法。规定明令严禁司法人员与当事人、律师、特殊关系人、中介组织接触交往的 6 种行为;强调了司法人员在案件办理过程中,严格执行回避的有关规定;重申司法人员离任后不得担任原任职单位办理案件的诉讼代理人或者辩护人。

第二章 法官职业道德历史回顾

一般来说，许多学者认为中国的法官职业化建设始于20世纪90年代末至21世纪初，当时中国的司法改革进入一个新的阶段，法官职业道德就是这一时期的产物。从对当代意义上的法官职业道德研究，或是对当代法官职业化的研究上看，这些观点的确有一定道理。但是，如果我们囿于眼前，就法论法，就会显得因过于功利而失之公允。① 法官职业道德同其他任何法律规范一样，作为独立法律规范以来的历史绝不能与司法制度史等量齐观。② 因此，我们还应当历史地、审慎地，从法文化的角度来对待和研究法官职业道德。任何今天的法，都是昨天的规则和见解在今天的逻辑演绎与法律延续，昨天的那些见地、思想、智能、规则和散见于其他法中并不被称作法官职业道德的规范则是很早就存在并发生过作用的，这种文化传承往往是一脉相继的。在这个问题上，梅因早在1851年就说过："我们的法律科学所以处于这样不能令人满意的状态，主要由于对这些观念除了最肤浅的研究之外，采取了一概加以拒绝的草率态度或偏见。"③ 就法官职业道德研究的现状而言，梅因的观点同样适用，在今天看来仍然是如此的尖锐、精辟和深邃。

回首几百年甚至几千年前的法律规范，我们发现原来"法官职业道德"

---

① 英国功利主义法学派代表人边沁于1776年在其代表作《政府片论》中认为：功利原理是分析国家的基本原理，并认为功利原理不需要由更高的原理也没有更高的原理能够推导而出（参见[英]边沁：《政府片论》，商务印书馆1996年版）。

② 笔者认为，遵循辩证唯物主义和历史唯物主义的观点，任何事物都有着发生、发展和消亡的运动发展过程，任何就事论事的观点都脱不了形而上学的机械论干系。

③ [英]梅因：《古代法》，沈景一译，商务印书馆1959年版，第2页。

已经悄然存在，无论是在法律制度中还是在人们的理念中，只是囿于当时的认知水平和司法实践现状，尚未出现"法官""法官职业"和"法官职业道德"这样明确的法律概念而已。从事物发展的逻辑上讲，任何法言法语中的法律名称，其实都是这个法律本身出现之后才被加冕了一个名称，唯其如此，我们对不同司法文化背景下的法官职业道德问题的研究和对话才有了共同认知的前提和基础。

第一节 中国古代的法官职业道德

事实上，中国古代历来都很重视法官职业道德要求。在中国古代的官职设置中，并没有专门的法官职业，法官的职责由行政官员来履行，这也就是我们常说的行政官员兼理司法，或司法与行政合二为一。因此，对行政官员职业素养、业务水平的要求，有许多与当代法官职业道德的基本要求不谋而合。在漫长的中国古代社会，法官职业道德体现在官德之中，并成为官员道德操守的重要构成。

一、中国古代典籍中与法官职业道德有关的法律规定

（一）《尚书》中相关记载

《尚书》是中国古代儒家经典之一，其中的《吕刑》记载了西周时期的刑法适用原则、处罚方式等重要的司法制度。其中，涉及法官职业道德的内容有以下几种。

1. "非佞折狱，惟良折狱，罔非在中"

"非佞折狱，惟良折狱，罔非在中"[①]，是西周时期法官的选任标准。这

---

① 《十三经注疏·尚书·吕刑》，中华书局1980年版影印本，第250页。

句话的意思是不要选择花言巧语、巧言令色的人来审理案件，而是要用善良的人来审理案件，目的就是要达到合理公正的效果。

2. "五过之疵"

《吕刑》中有记载，官员在审理案件处理问题时必须避免"五过之疵"，即惟官、惟反、惟内、惟货、惟来。① 即官员在审案时应避免依仗权势、私报恩怨、家属牵制、勒索财贿、贪赃枉法这五种弊病。

3. "哀敬折狱""狱货非宝"

"哀敬折狱"是要求法官审案时必须具有怜悯敬畏之心，才能做到"明启刑书胥占"，从而达到"咸庶中正"。②

同时，也提醒法官"狱货非宝"，而是"惟府辜功，报以庶尤"。③

(二)《睡虎地秦墓竹简》中相关记载

1975年，在湖北省云梦县睡虎地秦墓中发现了大量竹简。这些竹简中有许多涉及从战国后期到秦朝建立初期的法律规定，为后世对秦始皇统一六国前后时期的法律制度的研究提供了宝贵的史料。睡虎地秦墓竹简中有不少关于官吏任职条件和职业操守的规定，主要包括以下几种。

1. 明确了官吏德才兼备的条件：熟悉法律，廉洁公正

"凡良吏明法律令，事无不能殹（也）；有（又）廉絜（洁）敦？而好佐上；以一曹事不足独治殹（也），故有公心；有（又）能自端殹（也），而恶与人辨治，是以不争书；恶吏不明法律令，不智（知）事，不廉絜（洁），毋（无）以佐上，繻（偷）随（惰）疾事，易口舌，不羞辱，轻恶言而易病人，毋（无）公端之心……"④

2. 确定了官吏必备的品德素质：廉洁、正直、谨慎、公正

"凡为吏之道，必精絜（洁）正直，慎谨坚固，审悉毋（无）私，微密

---

① 《十三经注疏·尚书·吕刑》，中华书局1980年版影印本，第249页。
② 《十三经注疏·尚书·吕刑》，中华书局1980年版影印本，第250页。
③ 《十三经注疏·尚书·吕刑》，中华书局1980年版影印本，第251页。
④ 睡虎地秦墓竹简整理小组编：《睡虎地秦墓竹简·语书》，文物出版社1978年版，第19页。

戳（纤）察，安静毋苛，审当赏罚。"①

3. 肯定了官吏的最佳品行表现："五善"

"吏有五善：一曰中（忠）信敬上，二曰精（清）廉毋谤，三曰举事审当，四曰喜为善行，五曰龚（恭）敬多让。五者毕至，必有大赏。"②

二、古代官箴中所体现的法官职业道德

宋代许月卿、元代张养浩、清代汪辉祖等一干官员"良吏"结合自己的亲身经历作出一些对官员履行法官（司法审判）职能方面的职业道德上的归纳和分析，很有价值，对今天仍然有意义。特别值得一提的是宋代许月卿所撰《百官箴》中的"大理箴"，其中专门阐发了作为法官在审理案件时应当持有的态度和做法，可以说是在历朝历代大量"官箴"中对古代官吏职业伦理抑或是法官私德梳理总结方面的集大成者。

"千载称贤，汉张廷尉，仁哉文帝，故能用之。为政在人，取人以身，移风易俗，黎民孔醇，几致刑措，岂无所自，考释之语，恶刀笔吏，曰亟疾苛察，秦是以亡，恻隐之实，过失不闻，举措击风化，不可不谨。帝善其言，进进吾仁。故其为廷尉，不以天子喜怒易，其平天下无冤民，岂惟释之贤！能用释之，文帝之功。张汤、杜周，彼胡能忍。武帝其原，其原帝心。尧、舜率天下以仁，民偃如风。桀、纣率天下以暴，民应如响。其所令反其所好，而民不从，未闻尧、舜而喜恶来，未闻桀、纣而用皋陶。向使桀、纣令其臣以恤刑，彼从其意，不从其令。夫子不云乎，听讼吾犹人，必也使无讼。盖亦反诸心，物格知至，意诚心正，身修家齐，国治天下平。尧、舜好仁，天下景从，尚焉用讼，允也无刑。一念之差，上仅萌芽，下以寻丈，诛不胜诛，

---

① 睡虎地秦墓竹简整理小组编：《睡虎地秦墓竹简·为吏之道》，文物出版社1978年版，第281页。
② 睡虎地秦墓竹简整理小组编：《睡虎地秦墓竹简·为吏之道》，文物出版社1978年版，第283页。

欲齐其末，逾勤寝遐卿臣司士，敢告扫除。"①

归纳起来，中国古代官员在履行法官（司法审判）职能方面的职业道德大致有以下几个方面。

（一）加强自身修养以强固官德

正如孔子所说："为政在人，取人以身，修身以道，修道以仁。"② 这是古代任官的标准，也是履行法官职责应当具备的道德品质。只有身修，才能家齐，进而国治，达到天下平。

官吏的私德，通过履行司法审判职能表现在以下几个方面。

1. 爱人之仁，即要对老百姓有怜悯之心

这是公正审理案件必须要有的态度，只有这样才能将案件审理的结果做到法律效果和社会效果的统一。元代名臣、名列"三俊"的张养浩在其《牧民忠告》中将这一态度称为"存恕"。他对此的解释是："人之良，孰愿为盗也，由长民者失于教养，冻馁之极，遂至于此，要非其得已也。尝潜体其然，使父饥母寒，妻子愠见，徵负旁午，疹疫交攻，万死一生，朝不逮暮，于斯时也，见利而不回者，能几何人？其或因而攘窃，不原其情，辄置诸理，婴笞关木，彼固无辞，然百罹丛身，孰明其不获已哉！古人谓：'上失其道，民散久矣。如得其情，则哀矜而勿喜。'呜呼！人能以是论囚，虽欲惨酷，亦必有所不忍矣。"③"民之有讼，如己有讼；民之流亡，如己流亡；民在缧绁，如己在缧绁；民陷水火，如己陷水火。凡民疾苦，皆如己疾苦也，虽欲因仍可得乎？"④

清代乾嘉时期的良吏、学者和藏书家汪辉祖则将这一态度总结为："准

---

① （宋）许月卿撰，肖建新校注：《百官箴校注》，安徽师范大学出版社2015年版，第156 - 158页。
② 《十三经注疏·礼记正义·中庸》，中华书局1980年版影印本，第1629页。
③ （元）张养浩著，司马哲编著：《为政忠告·牧民忠告》，中国长安出版社2009年版，第67页。
④ （元）张养浩著，司马哲编著：《为政忠告·牧民忠告》，中国长安出版社2009年版，第35页。

情而用法，庶不干造物之和。""余昔佐幕，遇犯人有婚丧事，案非重大，必属主人曲为矜恤，一全其吉，一愍其凶。多议余迂阔。比读《辍耕录》'匠官仁慈'一条，实获我心。故法有一定，而情别千端。准情有用法，庶不干造物之和。"① 这也符合古代儒家的任官标准："宽则得众，信则民任焉，敏则有功，公则说。"②

2. 明察之智，即要耐心地查明案情，分辨是非

张养浩还提出了"察情"之论："人不能独处，必资众以遂其生。众以相资，此讼之所从起也。故圣人作《易》以'《讼》'继'《师》'，其示警固深矣。夫善听讼者，必先察其情，欲察其情，必先审其辞。其情直，其辞直；其情曲，其辞曲。正使强直其辞，而其情则必自相矛盾，从而诘之，诚伪见矣。《周礼》以五声听狱讼，求民情，固不外乎此。然圣人谓：'听讼，吾犹人也。必也使无讼乎！'盖听讼者折衷于已然，苟公其心，人皆可之。无讼者救过于未然，非以德化民，何由及此？呜呼！凡牧民者，其勿恃能听讼为德也。"③

3. 公正之义，即办案要坚持原则，保持中立立场，不能有偏见

汪辉祖对中立立场作过深入的探讨，他提出："办事以见解为主。呈状一到，要识得何处是真，何处是伪，何处是起衅情由，何处是本人破绽，又要看出此事将来作何结局，方定主意，庶有把鼻。事件初到，不可先有成心。及至办理，又不可漫无主意。盖有成心，则不能鉴空衡平，理必致偏枯。无主意，则依回反覆，事多两歧，词讼蜂起。"④

明代著名的思想家、文学家、哲学家、军事家，阳明心学创立者王阳明在其《传习录》中对办案中立立场问题也有深入的讨论："有一属官，因久

---

① （清）汪辉祖著，司马哲编著：《官箴》，中国长安出版社2009年版，第126页。
② 《十三经注疏·论语注疏·尧曰》，中华书局1980年版影印本，第2535页。
③ （元）张养浩著，司马哲编著：《为政忠告·牧民忠告》，中国长安出版社2009年版，第30页。
④ （清）汪辉祖著，司马哲编著：《官箴》，中国长安出版社2009年版，第135页。

听讲先生之学，曰：'此学甚好，只是簿书讼狱繁难，不得为学。'先生闻之，曰：'我何尝教尔离了簿书讼狱悬空去讲学？尔既有官司之事，便从官司的事上为学，才是真格物。如问一词讼，不可因其应对无状，起个怒心；不可因他言语圆转，生个喜心；不可恶其嘱托，加意治之；不可因其请求，屈意从之；不可因自己事务烦冗，随意苟且断之；不可因旁人譖毁罗织，随人意思处之。这许多意思皆私，只尔自知，须精细省察克治，惟恐此心有一毫偏倚，杜人是非。这便是格物、致知。簿书讼狱之间，无非实学。若离了事物为学，却是着空。'"① 特别是王阳明从心学的视角把办案立场与官员道德紧密结合的论述，随着阳明心学传播至今，对近代和现当代的影响犹在。

（二）公正审理案件

在纲常礼教时代，忠义仁爱在官员私德中居于至高无上的地位。"君使臣以礼，臣事君以忠"②，"生，亦我所欲也，义，亦我所欲也，二者不可得兼，舍生而取义者也"③。官吏的品德修养在履行司法审判职能上体现得尤为充分。

1. 谨慎办案，重视重大疑难案件和诉讼翻译

汪辉祖对理案听审体察颇深，他分析案情的方法放在今天也大可借鉴。一是重大案件要特别慎重。"办重案之法，一人治一事，及一事止数人者，权一而心暇，自可无误。鞫事难专断；或案关重大，牵涉多人，稍不静细即滋冤抑。"④ 二是疑难案件要理清端绪。"遇此等事须理清端绪，分别重轻，可以事为经者，以人纬之；可以人为经者，以事纬之。自为籍记，成算在胸，方可有条不紊，不堕书吏术中。"⑤ 三是要重视不同语言的在诉讼中的翻译问

---

① （明）王阳明撰，邓艾民注：《传习录注疏》，上海古籍出版社2012年版，第193页。
② 《十三经注疏·论语注疏·八佾》，中华书局1980年版影印本，第2468页。
③ 《十三经注疏·孟子注疏·告子章句上》，中华书局1980年版影印本，第2747页。
④ （清）汪辉祖著，司马哲编著：《官箴》，中国长安出版社2009年版，第129页。
⑤ 《十三经注疏·孟子注疏·告子章句上》，中华书局1980年版影印本，第2747页。

题。"其土音各别,须有通事者。一语之讹毫厘千里,尤宜慎之又慎。"①

2. 要忠于法律,恪尽职守,耐心听审,注重对供词的审查

良吏忠于法律,其尽职尽责的品德很容易从理案治狱上得到检验。一看能否及时初审。"狱问初情,人之常言也。盖狱之初发,犯者不暇藻饰,问者不暇锻炼,其情必真而易见,威以临之,虚心以诘之,十得七八矣。少萌姑息,则其劳将有百倍厥初者,故片言折狱圣人惟与乎子路,其难可知矣。"二看能否不拘卷宗。"在狱之囚,吏案虽成,犹当详谳也。若酷吏锻炼而成者,虽谳之囚,不敢异辞焉。须尽辟吏卒,和颜易气,开诚心以感之,或令忠厚狱卒,款曲以其情问之,如得其冤,立为辩白,不可徒拘阁吏文也。"②三看能否分清诉讼双方的强弱,不听取谗言。"世俗之情,强者欺弱,富者吞贫,众者暴寡,在官者多凌无势之人。听讼之际,不可不察。"③ "健讼者理或不胜,则往往诬其敌尝谤官长也。听之者当平心易气,置谤言于事外,惟核其实而遣之,庶不堕奸民计中矣。"④四看能否全面认真地勘验尸体。"故事,承检尸之牒,则划时而行,重人命也。其或行焉而后时,时焉而不亲莅,亲焉而不精详。罪皆不轻也。其检之之式,又当遍考,筮仕者不可以不知。"⑤

(三)努力做到息讼服判

古代中国尚德尚和,倡导天下大同,和谐美好,对诉讼持鄙视乃至厌恶的文化姿态,厌讼、贱讼的观念影响国人长达数千年之久。《易经》中讼卦

---

① 《十三经注疏·孟子注疏·告子章句上》,中华书局1980年版影印本,第2747页。
② (元)张养浩著,司马哲编著:《为政忠告·牧民忠告》,中国长安出版社2009年版,第68-69页。
③ (元)张养浩著,司马哲编著:《为政忠告·牧民忠告》,中国长安出版社2009年版,第33页。
④ (元)张养浩著,司马哲编著:《为政忠告·牧民忠告》,中国长安出版社2009年版,第32页。
⑤ (元)张养浩著,司马哲编著:《为政忠告·牧民忠告》,中国长安出版社2009年版,第69-70页。

的卦辞说"有孚,窒惕,中吉,终凶。"①"舜耕历山,历山之人皆让畔;渔雷泽,雷泽上人皆让居。"② 古人宣扬圣王德化,遂用"让畔"称颂其德政。孔子最早提出"无讼"一语:"听讼,吾犹人也,必也使无讼乎。"③

1. 努力做到无讼

无讼可以说是孔子为中国古代官员缔造的案件审理最高目标和最佳职业标准,成为几千年来官员治理地方的金科玉律,也是那个时代在司法审判上的最终追求。

对这个诉讼价值目标,在古代官员职业道德认同上看几乎是铁律,在理案听审实践中给出"理由"的,有两种比较具体的说法。其一可谓之"免致党和差欲"说。"词讼之应审者,什无四五。果能审理,平情明切,譬晓其人,类能悔悟,皆可随时消释。间有准理,后亲邻调处,吁请息销者。两造既归辑睦,官府当予矜全。可息便息,宁人之道,断不可执持成见,必使终讼,伤同党之和,以饱差房之欲。"④ 其二可谓之"杜绝狡黠渔利"说。"起讼有原书,讼牒者是也。盖蚩蚩之氓,音于刑宪。书讼者,诚能开之以枉直,而晓之以利害,鲜有不愧服、两释而退者。惟其心利于所获,含糊其是非,阳解而阴嗾,左纵而右擒,舞智弄民,不厌不已。所以厥今吏案,情伪混淆,莫之能信者,盖职乎此也。大抵一方之讼,宜择一二老成练事者使书之,月比而季考,酌其功过而加赏罚焉。若夫殴詈假质,凡不切之讼,听从宜谕遣之;谕之而不伏,乃达于官;终无悛心,律以三尺。如此则讼源可清,而民间浇薄之俗,庶几乎复归于厚矣。"⑤

2. 亲族之讼宜缓

"亲族相讼,宜徐而不宜亟,宜宽而不宜猛。徐则或悟其非,猛则益滋

---

① 《十三经注疏·周易正义·讼》,中华书局1980年版影印本,第24页。
② (汉)司马迁:《史记·五帝本纪》,中华书局1959年版,第33-34页。
③ 《十三经注疏·论语注疏·颜渊》,中华书局1980年版影印本,第2504页。
④ (清)汪辉祖著,司马哲编著:《官箴》,中国长安出版社2009年版,第138页。
⑤ (元)张养浩著,司马哲编著:《为政忠告·牧民忠告》,中国长安出版社2009年版,第31页。此段文字由笔者重新点校。

其恶。第下其里中开谕之，斯得体矣。"①

漫长的农耕时代，中国古人以其独特的人生智慧和社会治理经验，在官德修养上形成了自己的体系，体现出官德的时代特征，为人类社会治理贡献了宝贵的东方经验和中国特色模式。官的作用是社会治理，"为政以德"被奉为基本执政理念，"为政以德，譬如北辰，居其所而众星共之"②。公、善、慎、廉，是官德的集中体现。修身立德，正己正人，是官德在治世活动中的实践范式，"政者，正也。子帅以正，孰敢不正？"③"其身正，不令而行；其身不正，虽令不从。""苟正其身矣，于从政乎何有？不能正其身，如正人何？"④ 勤政为民，尽心竭力，是官员忠义品格在处理公务中的道德信条，"以听官府之六计，弊群吏之治：一曰廉善，二曰廉能，三曰廉敬，四曰廉正，五曰廉法，六曰廉办。"⑤ "内化于心，外化于行"，更是官德、私德在实际工作和生活中的自觉反映，通过社会治理活动影响并决定"官"这个职业的道德水准和社会公德质量水平。

第二节　中国近现代的法官职业道德

由于传统社会的治理体系和结构功能在相当漫长的封建时代，实行行政司法合一，直到近代，司法体系及其组织功能才走出行政主导状态，裁判者成为身份地位独立的官员，裁判机构取得独立于行政机构之外的地位和功能。从司法职业这个意义上讲，中国现代意义上的法院出现在近代，同样，中国

---

① （元）张养浩著，司马哲编著：《为政忠告·牧民忠告》，中国长安出版社2009年版，第33页。
② 《十三经注疏·论语注疏·为政》，中华书局1980年版影印本，第2461页。
③ 《十三经注疏·论语注疏·颜渊》，中华书局1980年版影印本，第2504页。
④ 《十三经注疏·论语注疏·子路》，中华书局1980年版影印本，第2507页。
⑤ 《十三经注疏·周礼注疏·天官·小宰》，中华书局1980年版影印本，第654页。

法官职业道德

现代意义上的法官也出现在近代。它们都是社会治理结构从传统模式走向现代职业分工过程中的产物，从出现之日起，就打上了职业化的烙印，为职业化管理、职业化建设、职业化发展准备了组织形态基础，也同时赋予了职业道德建设的内生性需求。在中国司法史上，这个转型具有划时代的意义，严格地讲，法官队伍建设和法官职业道德建设从此拉开序幕，与中国社会同步进入近现代时期。

一、中国近现代法官职业道德出现的背景

客观地讲，法院和法官从传统的国家机构和职业中分离出来，这一转变并非出自社会统治集团的自觉，而是迫不得已面临的宿命——变法与革命。

（一）"变法"：法院和法官被分离出来

为了大清王朝的苟延残喘，变法成为王朝回应社会民意而迫不得已作出的交待，体系性解构中华法系，推行新的法律体系，从法律形式上给予社会下层象征性的民权，期以缓和日益加剧的社会矛盾，清末法律改革在整体改制各级官衙形式的同时，把法院和法官从行政序列中分割出来。清末"刑部为司法之行政衙门，徒名曰刑，犹嫌结绞漏，故改为法部……""……大理院平反重辟，审决狱成，为全国最高之法院。"[①] 这一举措改变了中国延续几千年的传统做法，将司法行政与审判业务彻底分离。1906年，清政府颁布的《大理院审判编制法》第6条规定："自大理院以下，及本院直辖各审判厅、局，关于司法裁判，全不受行政衙门干涉，以重国家司法独立大权，而保人民身体财产。"这进一步明确了法院从行政机构中独立出来，成为专门从事审判工作的机构。至此，现代意义上的法官[②]职业也从行政官

---

① 《考察政治馆厘定阁部院官制节略清单》（光绪三十二年），参见中国第二历史档案馆编：《中华民国史档案资料汇编》（第一、二辑），凤凰出版传媒集团、凤凰出版社1991年版，第90-91页。

② 民国初年，对法官职业的称谓并不完全统一，从民国政府颁布的法律、法令中就可以看出，当时的法官有多种称谓，如"推事""司法官""法官""知事"等，但这些称谓都是指从事审判业务的人员，与我们今天所说的法官职业范围是一致的。

员中分离出来，有了具体的从业标准和规范，并在以后的中华民国南京临时政府、北洋政府和南京国民政府时期都得到了确立和发展。

（二）"革命"：法官职业道德初现端倪

辛亥革命推翻旧制，建立资产阶级政权，在推翻封建皇权建立新的政权的过程中，形式上否定了君权而推行民权，但从实质上仍然继承了旧政权的法律规定。同时，进一步提升了司法地位，发展了司法职能，把法院地位和法官职业提升到一个全新的政权结构高度，为法官职业队伍发展营造了新的空间，客观上也为法官职业道德建设提供了向好发展的前景和可能。但事实上，由于其政权性质和并不具备服务于全体人民的立政宗旨及受其阶级本质所限，其法官职业道德不仅没有向好发展，还走上了从属或抄袭行政公务员职业道德的道路，从根本上背离了人民。民国时期，尽管法官职业得到了整体性的确立和外延式的发展，但在法官职业道德建设方面有所建树的阶段主要集中在民国初年，特别是1911年至1935年这一时期，主要体现为其在微观的技术层面要求比较具体、规范。1935年南京国民政府颁布的《法院组织法》，对法官职业道德的要求与对公务员的要求基本趋同，从法官职业属性上看，已丧失职业规定性和司法针对性，作为特定职业道德规范存在的价值和意义几乎可以忽略不计。

二、法官任职资格条件中的法官职业道德要求

这一时期，社会管理层的认识水平已经触及了政权建设职业化和包括法官职业在内的相关职业群体的职业道德问题。从当时的一些规定来看，法官成为社会治理体系中的一个职业门类，法官职业道德问题已经引起一定的关注，成为法官任职资格规定的重要组成部分。

（一）通过法定业务素质规定体现法官职业道德资格条件

民国时期，审检合署，法官和检察官的任用条件是一样的。担任法官必须具备一定的业务素质，除接受过法律专业的学习并通过国家规定的考试外，还要有一定时间的法院工作经验。按照《法院编制法》（1910年颁布）的规定，担任法官必须具备的业务素质有以下几点。

1. 经过法律专业的学习

"凡在法政、法律学堂三年以上，领有毕业文凭者，得应第一次考试。其在京师法科大学毕业及在外国法政大学或法政专门学堂毕业经特定考试合格者以经第一次考试合格论。"① 按照当时法规，法科学习期间必修包括道德伦理课程在内的法科教学课程。②

2. 在实务部门工作学习达到一定的时间

"第一次考试合格者分发地方审判厅检察厅学习以二年为期满。"③ "凡在地方审判厅学习满一年以上者，得由该厅监督官派令掌理特定司法事务，但不得审判诉讼并管理登记及其他非讼事件。在地方检察厅学习满一年以上者，得由该厅检察官派令掌理特定检察事务，但除第一百一条所载外。"④

3. 应由所在单位出具品行性格鉴定

"学习推事应受该管地方审判厅长之监督，学习检察官应受该管检察长之监督。其品行性格分别由该监督官届时出具切实考语，京师迳详司法部，各省送由高等审判厅长、检察长详报司法部，覆定鉴别之其劣者得随时免罢。"⑤

4. 实务工作期满后经过第二次考试合格者方能被任命为法官

"学习人员期满后应受第二次考试，其合格者，始准作为候补推事、候

---

① 《法院编制法》第107条，参见司法部参事厅编：《（增订）司法例规》，司法部1917年铅印本，二册，第50页。
② 中国第二历史档案馆编：《中华民国档案资料汇编》，江苏古籍出版社1991年版，第111页。
③ 《法院编制法》第108条，参见司法部参事厅编：《（增订）司法例规》，司法部1917年铅印本，二册，第50页。
④ 《法院编制法》第110条，参见司法部参事厅编：《（增订）司法例规》，司法部1917年铅印本，二册，第50页。
⑤ 《法院编制法》第109条，参见司法部参事厅编：《（增订）司法例规》，司法部1917年铅印本，二册，第50页。

补检察官分发地方审判厅、检察厅听候补用。"①

如果"领有第一百七条所载之文凭充京师及各省法政学堂教习或律师历三年以上者得免其考试作为候补推事、候补检察官。"②

由此可见，法官职业道德在当时不仅被列为从事司法审判职业的法定资格条件，而且在法定资格条件中占有相当大的权重。特别是要求在实践锻炼期间必须由所在机构出具品行鉴定，并明令"其品行性格分别由该监督官届时出具切实考语，京师迳详司法部，各省送由高等审判厅长、检察长详报司法部，覆定鉴别之其劣者得随时免罢"。说明当时对司法审判职业从业者的职业道德要求很严：一是作为这个职业的入门要求，显示法官职业具有职业道德的"法定门槛"；二是要求"学习推事应受该管地方审判厅长之监督"，表明品行考核必须由法定机构做出；三是规定"由该监督官届时出具……"体现出品行考核者必须是合格的法定责任主体；四是明确对"其品行性格……出具切实考语"，表明考核结论必须具备法定形式要件，只能通过书面方式作出；五是明定报送机关和途径，进一步避免弄虚作假，同时指出最终报送司法部，更体现法定层次高、权威性强；六是规定了权威机关对鉴定瑕疵的法定处理权力和处理方式，即明确规定"覆定鉴别之其劣者得随时免罢"，即可随时取消其从业资格。

（二）除业务素质外，法官的任用条件还有其他要求

《法院编制法》规定了法官任用的限制性条件，即具有下列情况的人不可担任法官：

（1）不具有选举权和被选举权："因褫夺公权丧失为官吏之资格者"；

（2）受过刑事处罚："曾处三年以上徒刑或监禁者"；

（3）有破产欠债记录："破产未偿债务者"；③

---

① 司法部参事厅编：《（增订）司法例规》，司法部1917年铅印本，二册，第50页。
② 司法部参事厅编：《（增订）司法例规》，司法部1917年铅印本，二册，第51页。
③ 《法院编制法》第115条，参见司法部参事厅编：《（增订）司法例规》，司法部1917年铅印本，二册，第52页。

法官职业道德

(4) 身体健康状态欠佳:"推事及检察官如因精神衰弱,不能作事,各省由高等审判厅长、检察长详报司法部呈请退职;京师由各审判衙门、检察厅长官报明司法部呈请退职。"①

(三) 法官要勤勉敬业

法官要积极履职,不得敷衍塞责,也不得无故拖延。《司法官惩戒法》明确规定了法官"违背或废驰职务",要予以惩戒处分。② 对于这一职业道德,民国初期,各相关部门颁布了大量的规章制度以完备其要求。

1. 审理案件应当认真负责,切忌粗疏潦草,任意延期

民国初期,针对清末司法腐败、拖延诉讼的弊病,有一系列法令被颁布,目的是革除积弊,给司法环境带来新面貌:"……审理诉讼既贵敏捷,尤忌粗疏。倘专顾审限,草率结案,必有顾此失彼之嫌。殊非本部告诫之本意。嗣后,审检各员暨兼理司法之县知事办理案件务须矢勤矢慎,毋得藉口审限,潦草塞责;亦毋得托词慎重任意延期。"③

对于法官在审理案件中的态度和表现加强监督和检查:"凡推检各官治事未当、狱失其平,立予按法惩戒;其积案不办、托词玩忽者,亦须切实稽查随时督责。"④

2. 法官要严格遵守工作时间

为了保证法官按时保质审理案件,也为了祛除萎靡积习,民国政府于1913年3月31日颁布了《拟定勤务时间表式通令》,规定了法官在不同季节

---

① 《法院编制法》第122条,参见司法部参事厅编:《(增订)司法例规》,司法部1917年铅印本,二册,第53页。

② 《司法官惩戒法》第1条规定:"司法官有左列行为之一者依本法惩戒之:(一) 违背或废驰职务;(二) 有失官职上威严或信用。"参见司法部参事厅编:《(增订)司法例规》,司法部1917年铅印本,二册,第223页。

③ 《办理案件毋得草率饬》(其一通饬,1915年6月5日),参见司法部参事厅编:《(增订)司法例规》,司法部1917年铅印本,二册,第272页。

④ 《策励司法官通饬》(1915年5月6日),参见司法部参事厅编:《(增订)司法例规》,司法部1917年铅印本,二册,第199-200页。

的上下班时间，并严格考勤："……所有各该处厅所等职员每日勤务时间兹定为自九月至十月，以上午九时半至十二时半，下午一时半到五时为率；自十一月至翌年二月，以上午十时半至十二时，下午一时半到五时为率；自三月至六月，以上午九时半到十二时，下午一时半到五时为率；自七月至八月，除审判厅休假组织另行规定外，以上午八时半至十二时为率。但有特别事故或事务不能中止时，不在此限。除咨行大理院外，合行将职员勤务时间表式三纸发交该处厅所，依式制表切实奉行。凡在职各员应将每日到署及散值时间分别填注并按月汇计。"①

三、其他法律文件对法官具体行为的约束

（一）坚持独立公正审判案件

民国初期，民国政府颁布了一系列法规，对法官的具体行为进行约束，以保证法官公正审理案件。

1. 法官不得参加政党

"法官不党"，这是民国初年为了标榜贯彻西方"司法独立"原则而作出的规定。南京临时政府司法部于民国元年12月间曾以训令第16号令规定京外司法官不得参加政党："法官入政党，先进各国大多引为深戒，诚以职在平亭，独立行其职务，深维当官而行之义重，以执法不挠之权，若复号称为党人奔走于党事，微论纷心旁骛，无益于政治，抑恐遇事瞻顾，有损于公平。党见棋竖，百从之，非所以重司法也查法院编制法第一百二十一条，推事及检察官在职中不得为政党员、政社员及中央议会或地方议会之议员。条文深切著明，规定至为严密，乃者京外政党林立，颇有现充法官，置身党籍者，现在国会召集，为期不远，非仅勉符约法定限，遂谓责任已完。本大总统迭次谆谆告诫之苦心，尚望我国民三复致意，此日之重选举，将来之共济艰难，

---

① 司法部参事厅编：《（增订）司法例规》，司法部1917年铅印本，二册，第200－201页。

国利民福之前途，实深倚赖焉。特此布告。"①

此后，民国政府多次发布命令，重申法官不得入党的规定。

1914年2月14日发布的《严查法官入党令》：要求法官不得"藉政党之名以行其营私之实""严行禁止嗣后法官概不得加入政党，其行经名列党籍者并应一律脱党"②。

1915年1月10日发布的《县知事及上诉机关审理词讼各员不得入党令》：要求"各省县知事暨各道暂设审判上诉机关审理词讼各员""概不得加入政党，其行经列名党籍者，应即一并脱党"。③

1920年9月1日发布的《法官不得列名政党长官不得干预审判令》规定："责成司法部通饬京外法官，自奉令之日始，无论何种结合凡具有正常性质者概不得列名；其已列名党籍者，即行宣告脱离，仍由部随时考察。如敢阳奉阴违，立予分别惩处。并令行各该管长官除依照法令规定得行使监督权外，所有审判案件不得违法干预。"④

南京国民政府于1935年开始实施《法院组织法》，对法官职业道德的要求基本与公务员服务法及职务监督命令大体相似，对法官参加政党的限制已没有明确规定。

2. 法官不得从事干扰审判事务的工作

为了保证法官公正、独立地行使审判权，及时处理各类诉讼，民国政府明确规定法官不得从事影响或干扰审判事务的工作。《法院编制法》第121条规定："推事及检察官在职中不得为左列事宜：一、于职务外干预政事。二、为政党员、政社员及中央议会或地方议会之议员。三、为报馆主笔及律师。四、兼任非本法所许之公职。五、经营商业及官吏不应为业务。"⑤

---

① 司法部参事室编：《改订司法例规》（上），1922年，第316页。
② 司法部参事室编：《改订司法例规》（上），1922年，第337页。
③ 司法部参事室编：《改订司法例规》（上），1922年，第338页。
④ 司法部参事室编：《改订司法例规》（上），1922年，第337页。
⑤ 司法部参事厅编：《（增订）司法例规》，司法部1917年铅印本，二册，第52页。

（二）保持廉洁自律的形象

法官在审判案件中要保持廉洁，注意法官形象。民国伊始，南京临时政府即发公告予以强调："民国甫立，经纬万端，司法改良尤为重要，京师自大理院、总检察厅以及高等、地方、初级各司法官俱已从新任命，虽机关改组固为理势之所当然，而资格从严实为怨谤之所丛集，又况中央审判系中外之观瞻，所有推检各员务宜守法，尚廉勤、慎将事，以保人民之权利，而为全国之楷模，否则徒事更张，毫无实济，匪但学不适用，致违改革之初心同，窃恐始谋不臧，反聊阻后来之进步，瞻望前途，忧心如。本总长德薄能鲜，忝司监督，当兹改良伊始，故不惮推诚相告，愿我院推检诸君，互相劝勉，尊重法官之名誉，维持独立之精神，庶神圣法权将历久而弥固，斯国民幸福，自继长而增高，凡我同人增其勉一。特此通告。"①

1916年10月9日发布《告诫司法官通令》："司法官审判民刑诉讼，为人民生命财产之所托。宜如何精心听断，以求两造之平，乃司民命者。不此之务往往酒食徵逐、宾主献酬，甚或荡检（足俞）闲、不顾风纪。社交之途既广，审判之弊随之。本总长为保司法官之威严起见，用特苦口告诫：务期崇尚风节，摒绝纷华，壹志澄心为民造福。本总长耳目所寄，视听必周，激浊扬清，引为己任，尚勉旃勿忽。此令。"②

为了使法官保持廉洁，公正地处理案件，民国政府还对法官职业道德作出了以下具体规定。

1. 任职回避

1914年3月，《司法官回避办法》明确规定了法官的任职回避：

（1）各省高等审判检察厅司法官不得以本省人士充之。

（2）各省地方初级审判检察厅司法官不得以该地方厅管辖区域内人士充之。

---

① 《司法部致大理院暨京师各级审判检察厅通告》，载《政府公报》第129期，民国元年9月出版，第569-570页。转引自蔡炯燉：《法官伦理规范与实践》，五南图书出版公司2014年版，第29页。
② 司法部参事厅编：《（增订）司法例规》，司法部1917年铅印本，二册，第200页。

(3) 各省各级审判检察厅司法官与本厅或该管上级厅长官有四亲自内血族或三亲等内姻族之关系者，应自行声请回避。

(4) 各省任用在前之司法官有不合前三项办法者，由司法总长以次分别酌量调用。其现任实缺司法官其未经任用以前一律暂改为署任。①

针对"各省各级审判检察厅司法官与本厅或该管上级厅长官有四亲自内血族或三亲等内姻族之关系者，应自行声请回避"的情形，1919年10月14日又发布了《法官与长官有姻亲关系者应声请回避令》，进一步强调了任职回避的重要性："本部于民国三年曾订有《司法官回避办法》四条。第三条内开各级审判检察厅司法官与本厅或该管上级厅长官有四亲等内血族或三亲等内姻族之关系者应自行声请回避等语，业经呈准通行在案。此项办法意在屏绝嫌疑，保持公允，至关重要。该厅长检察长有监督属僚之责，允宜奉行，免滋物议。嗣后，该两长对于任用法官务须随时注意勿得亲为具文并仰转令所属各厅一体遵照。此令。"②

2. 法官应当注意公众形象，珍惜法官名誉

(1) 不得从事商业经营

这是民国政府针对东省特别行政区③的法官、检察官所做的规定，但是对于全国法官、检察官具有普遍约束力。"凡在东省特别区域法院推检及书记官、翻译官人员不得兼营商业及买空卖空事务。本部激浊扬清，惩处必严，

---

① 司法部参事室编：《改订司法例规》（上），1922年，第155–156页。
② 司法部参事室编：《改订司法例规》（上），1922年，第316页。
③ 中华民国的一个特别行政区，位于黑龙江、吉林两省里面，原为中东铁路附属地的区域。1896年与1898年，俄国通过《中俄密约》和《中俄会订条约》，取得在中国东北境内修筑与经营铁路的权利。中华民国成立后，北洋政府逐渐收回铁路附属地的管辖权。1920年3月中东铁路工人大罢工后，中国军队解除铁路沿线俄军武装，接管路务。10月31日北京政府收回司法权，颁布《东省特别区法院编制条例》，规定中东铁路附属地改称东省特别区。载360百科 https://baike.so.com/doc/262292-2769551.html，访问时间2018年8月24日。

责任攸在,倘经发觉,决不姑宽,仰转令所属一体懔遵此令。"①

(2) 不得沾染不良嗜好

法官不得沾染不良嗜好,不得有酗酒、赌博、嫖娼等行为。"司法官吏首重操履清严,尤不宜沾染嗜好。近来,外间饮博冶游漫无检饬,酬应征逐视为故常。多一刻之酣嬉即少一刻之勤务,且此心一经放逸收束为难,况因此费用增奢,虽保不从滋诸弊。须知法官为人民生命财产所寄托,即使朝夕从公,犹恐百密一疏,似此荒废无度扪心清夜何以自安。各该员等应顾念所居地位,亟宜痛加儆惕早日惕除。倘仍有意玩违,一经查实,定即依法惩戒。京外各厅长官身先表率,应即切实稽察。"②

(3) 杜绝不必要的应酬

法官等人员应当杜绝不必要的应酬,原因有三:"法官职司审检案牍劳形,已有日不暇给之势,倘不屏除社交,专心听断,则一人精力有限,外物之投接无穷,旁骛既多,精神颓败,势必致公私交迫,玩视职务,与审判事宜不无重大影响。此为慎重诉讼起见,宜杜绝酬应者一也;近来,各地生活程序日渐增设,法官薪俸之远非他界可比,节减犹虞不给,挥霍何自而来?何况消耗之品日益繁多,虚縻之端因而日甚。无谓之周旋既广,无形之痛苦实多。倘因供不逮求或致改变常度,官邪失德由此而生,审判前途不堪设想。此为顾全法官身家名誉起见,宜杜绝酬应者二也;审判事件既须敏速,尤贵公平。在职各员宜如何壹志澄心谨慎将事,若复酒食逐以私害公其甚者,或且联络军政要人营营役役遑论迎合干荣有损威信,抑恐遇事瞻顾不能持平。须知法官一职责在亭平交游,既多请托踵至严词拒绝则情所难堪,迁就徇私则法所不恕,进退维谷,势难两全。此种困难情形要非无因而至,此为预防

---

① 《推检等官不得兼营商业令》,参见司法部参事室编:《改订司法例规》(上),1922年,第338页。

② 《司法官吏不得沾染嗜好令》(1920年8月21日),参见司法部参事室编:《改订司法例规》(上),1922年,第339-340页。

干涉司法起见，宜杜绝酬应者三也。"①

（4）要遵守司法礼仪，维护司法形象

①《法官举止应格外严肃令》（1919年5月3日）

"法官地位尊严，为人民观瞻所系。举止稍有不慎，足以启慢易之。嗣后，闻庭之际应格外严肃，一举一动务须不损法庭之威重，免贻人民以口实。仰即转饬所属厅员一体遵照此令。"②

②《法官服制应一律遵守饬》（1914年10月20日）

"司法部为通饬法官制服既有定式，自应遵守奉行。近闻京外各厅对于此项制服往往藉口简便制造多不如式，即如袖宽尺寸不遵图注，任意改用窄袖之类，既乖体制又失壮严。本厅仰各该长官等随时督察。凡查有不如式之冠服一律迅饬、更正、改造。至于检察官除莅庭外执行职务观瞻所系。虽不必据用制服，亦岂宜便服从公？嗣后，各厅检察官于莅庭外执行职务时，均一律穿用甲种或乙各礼服，以昭郑重。仰即遵照并分别饬遵。此饬。"③

（5）要处理好与律师的关系

①《法官不得与律师来往或同居一所令》（1920年12月31日）

"查法官与律师所司职务同属司法范围，平日倘多接近遇案难免徇情。是以本部于民国四年四月间通饬各厅法官不得与律师来往同居一所在案。④该区域（东省特别区域）充当律师兼有俄人。闻从前俄国法官多与律师接近成为风气，即滨江厅亦不免传染。须知律师为营业性质，各雇其承办之案希冀胜利，此中外人情之常。为法官者，但使稍与周旋，即于不知不觉之间有所轻重，审判不公平之结果由此而生。法界名誉所关至为重要。该区域法官

---

① 《推检及审理员宜杜绝应酬令》（1921年5月7日），参见司法部参事室编：《改订司法例规》（上），1922年，第341页。
② 司法部参事室编：《改订司法例规》（上），1922年，第339页。
③ 司法部参事厅编：《司法例规续编》，司法部1915年铅印本，第229页。
④ 司法部参事室编：《改订司法例规》（上），1922年，第199页。

创设伊始,对于本部前饬尤宜切实奉行,示之模楷有厚望焉。此令。"①

②《法官兼任教员应回避律师充任职员学校通饬》(1915年4月19日)

"为通饬事:法官在职于公余之暇兼充各校教员原为法所不禁。然执法亭平实处尊严地位,即或兼任教务亦不宜漫无抉择,即如法官之与律师所行职务多有关连,虽不能杜绝往来亦未容过于接近。颇闻京外公立私立各校往往有律师充任校长或教务长,而其管辖区域内之在职法官即在校内充教员者。此种事实究易招尤。该长官等耳目较近查察宜周,应转饬推检各员如有上开情事,应将教席即行辞退。嗣后,并不得再蹈前辙。至于寻常酬酢,该在职法官等亦宜检点,不得与律师往还过密,致妨职务。仰一并查察详报。此饬。"②

③《查察贿嘱情求各弊通饬》(1915年6月19日)

"为饬知事、法官与律师应远嫌引避,迭经通饬遵照在案。查官吏服务各有责成,贿嘱情求法所必禁。嗣后,律师处理诉讼事件及其他非讼事件,有直接或间接向法官或监督司法行政衙门之官吏托请通意间得有利益之效果者,除所犯事实应受刑律制裁别予惩治外,其接受请托之法官或官吏应即据实详报该管长官。由该长官通知地方检察长或迳由该长官移付律师惩戒会予以相当处分。至该法官或监督司法行政衙门之官吏,有因自己及姻亲朋好诉讼或其他非讼事件而为请托者,经发觉后亦应由该管长官按其情节予以惩戒处分;其有接受请托而匿不举发者,亦同。务期弊绝风清,渐臻上理。各该厅长、检察长对于所属各职员有监督之责,应即随时查察认真办理,并仰转饬所属一体遵行,毋稍徇隐。此饬。"③

---

① 司法部参事室编:《改订司法例规》(上),1922年,第339页。
② 司法部参事室编:《改订司法例规》(上),1922年,第338页。
③ 司法部参事室编:《改订司法例规》(上),1922年,第339页。

第三节　人民民主政权时期的法官职业道德

　　1921年7月，中国共产党成立，中国革命进入了一个崭新时期。中国共产党成立之初即确定了革命目标是推翻旧政权，建立人民当家做主的新政权。新政权的建立和巩固，离不开法律保障。建立新型司法制度，巩固革命胜利成果，体现人民群众意志和利益，也自然成为新民主主义革命的一个重要内容。因此，建立人民司法制度在中国共产党成立之初，便被提到了日程上来。1922年6月15日，《中国共产党第一次对于时局的主张》明确指出："改良司法制度，废止死刑，实行废止肉刑。"[①] 1923年6月，中国共产党第三次全国代表大会通过的《中国共产党党纲草案》进一步强调："改良司法，废止肉刑及死刑，免除一切诉讼手续费。"[②] 这两个文件的发布，反映出在新民主主义革命时期，变革旧司法制度，建立人民司法制度成为革命的重要内容之一，也为人民司法制度的萌芽奠定了思想基础。可以说，建立人民司法制度也同样是中国共产党建党的"初心"。尽管当时没有形成专业的法官队伍，也没有专门的法官职业道德规定，但透过保留下来的一些文献可以看出，随着人民司法制度的萌芽、建立和发展，法官职业道德也初现端倪。

　　正如习近平总书记指出："文化自信，是更基础、更广泛、更深厚的自信。在5000多年文明发展中孕育的中华优秀传统文化，在党和人民伟大斗争中孕育的革命文化和社会主义先进文化，积淀着中华民族最深层的精神追求，

---

　　① 张希坡编著：《革命根据地法律文献选辑（第一辑）》，中国人民大学出版社2017年版，第4页。

　　② 张希坡编著：《革命根据地法律文献选辑（第一辑）》，中国人民大学出版社2017年版，第5页。

代表着中华民族独特的精神标识。"① 革命文化中的司法文化,上承中国优秀传统文化,下启社会主义先进文化,是中国共产党人在革命实践中形成的文化精华,至今仍有着重要的价值和意义。植根于革命文化背景下的法官职业道德则是中国共产党不忘初心,司法为民的真实写照。弘扬这一优良传统,继承革命司法文化传统,提高司法公信力,坚定"四个自信",才能真正实现让人民群众在每一个案件中都感受到公平正义。

一、具备良好素质

法官要具备良好的素质,这是由法官职业的重要性所决定的。革命战争年代,为了巩固革命成果,保护人民群众合法权益,实现司法为民的初心和使命,这一职业道德要求就更为重要且关键。

(一)政治素质

革命时期,司法工作要坚持正确的政治方向,也就是司法工作的开展既要保障革命工作的顺利开展,也要保障人民群众当家做主的权利,更要保障老百姓的合法权益不受反动政府、土豪劣绅的侵犯,因此,提高对司法人员政治素质的要求,就凸显其重要性。在当时特殊的历史条件下,对司法人员需要具备的素质有以下几点要求。

1. 应选正直而有革命历史的同志担任司法人员

要"建立并健全裁判部的组织",要认识到"司法机关是非常尊严的,应选正直而有革命历史的同志负担,建立他的独立工作,不得随便以人兼任,尤其是由县区保卫局长兼裁判部长。保卫局是侦察反革命提出公诉的机关,裁判部是判决一切民刑事件的机关,两者混一,是非常不好的,应急纠正。"②

---

① 2016年7月1日,习近平在庆祝中国共产党成立95周年大会上的讲话,参见《习近平谈治国理政》第二卷,外文出版社2017年版,第36页。
② 《中央司法部训令》(第一号),载艾绍润主编:《陕甘宁边区法律法规汇编》,陕西人民出版社2006年版,第379页。

随着革命工作的深入开展，对司法人员的选拔有了更明确的要求：要能够忠实于革命事业；要能够奉公守法；要能够分析问题，判别是非；要能够吃苦耐劳，积极负责；要能够看懂条文和工作报告。①

2. 司法人员的选任要注意阶级成分，以保证司法队伍的阶级性和纯洁性

人民民主政权已经认识到司法工作者的阶级不纯、思想不纯是司法工作发生错误的主要原因，因此，必须检讨司法政策、司法工作、司法工作者的思想和作风，认真检查司法工作者的阶级成分，以保持司法队伍的阶级性和纯洁性。②

（二）理想信念

习近平总书记指出：理想信念就是共产党人精神上的"钙"，没有理想信念，理想信念不坚定，精神上就会"缺钙"，就会得"软骨病"。作为掌握革命政权"刀把子"的司法人员，必须要有坚定的理想信念，要有为中国人民谋幸福，为中华民族谋复兴的初心，才能真正做到司法为民，保证红色政权各项工作的开展。

抗日民主政权时期，人民司法制度的代表性人物、"马锡五审判方式"的创始人马锡五同志就是因为具有坚定的理想信念，坚持党的实事求是，一切从实际出发的思想路线，在审判实践中取得了"胜败皆服"的效果，被人民群众称为"马青天"。马锡五曾说：司法干部必须要有宽大的胸怀，冷静的头脑，艰苦的作风。③

（三）专业知识

司法审判工作是一项专业性极强的工作，司法人员除了具备良好的政治

---

① 林伯渠：《陕甘宁边区政府一年工作总结——在边区政府委员会第四次会议上的报告》（1944年1月），载张希坡、韩延龙主编：《中国革命法制史》（上），中国社会科学出版社1987年版，第426页。

② 《陕甘宁边区高等法院指示信》（字第二号），载艾绍润主编：《陕甘宁边区法律法规汇编》，陕西人民出版社2006年版，第360页。

③ 张希坡：《马锡五与马锡五审判方式》，法律出版社2013年版，第191页。

素质、坚定的理想信念和个人修养外，还需要具备一定的专业知识。尽管在战争年代，人们的文化水平有限，对法律专业知识的掌握也有限，但是，革命政权仍然确定了司法人员要具备一定专业审判知识这样的标准。

1. 司法人员要"努力学习裁判工作"

"裁判是保障民主利益，巩固人民政权的主要任务之一，他的工作，并不容易，须要懂得法理，懂得政治懂得人情，这种专门人才，我们尚少；但是也并不是难学，只要时时注意，每个案件每个判决，都可以给我们很多知识，比如判一个三个月苦工，未判之先，可开会研究，一面研究犯罪的原因和事实，一面可照以前判决例子作比较，继判决之后，又研究怎样执行，执行的结果怎样，这些都是我们学习的材料，我们的裁判干部，应以这样过程锻炼出来。此外在可能时，开办短期司法训练班，或召集以县以省为单位的裁判人员联席会议，于培养干部也有很大的帮助。"①

2. 要认识到司法工作是一门技术

由于司法工作是专门技术，是科学的、革命的，是深刻奥妙的。所以，"司法工作要像个医生，刑事案的犯人，就是有病的人，对一个刑事案件的判决，就是给他们治病……改造人犯即是改造社会的责任。要做好这件工作，就得有很好的技术，长期的专门经验，才能完成任务。"②

3. 对新选拔的司法人员实行强迫教育制度

中华苏维埃共和国临时中央政府明确规定，对一切从事裁判工作的人员"注意他们的训练，实行强迫教育……以养成技术较高的专门人材"③。

---

① 《陕甘宁边区高等法院指示信》（字第二号），载艾绍润主编：《陕甘宁边区法律法规汇编》，陕西人民出版社2006年版，第381页。

② 《司法政策及任务》，载艾绍润主编：《陕甘宁边区法律法规汇编》，陕西人民出版社2006年版，第363页。

③ 《中华苏维埃共和国司法人民委员部对裁判机关工作的指示》（1933年5月30日），载韩延龙、常兆儒主编：《革命根据地法制文献选编》（第三卷），中国社会科学出版社1981年版，第301页。

二、坚持司法为民

与中国共产党的政治宗旨相一致，司法人员要牢记"为人民服务"的宗旨。在此基础上，"马锡五审判方式"的推广、"便利人民群众诉讼，便利人民法院审判"的"两便"原则的确立，就是这一要求在人民司法制度中的具体反映。这一要求投射在法官职业道德上则表现为以下几点。

（一）要树立司法为民的理念

司法工作者对于人民司法工作的若干基本问题有了一致的认识，才能把人民司法的意义逐步地向人民普及，否则想要在人民中有一致的认识也是不可能的。[①] 这就要求法官从事审判工作时必须做到从人民群众的角度出发。司法工作方针是要团结人民，教育人民，保护人民的正当权益。越是能使老百姓邻里和睦，守望相助，少打官司，不花钱，不误工，安心生产，这个司法工作就算越做得好。[②]

（二）不当"官"和"老爷"

"司法工作者，既是为老百姓服务，就应该站在老百姓中间，万不能站在老百姓头上。中国这个社会，老百姓怕'官'，怕'老爷'，是见惯了的（'官'和'老爷'也喜欢老百姓怕他们）。但在我们这里，假如有一个司法人员，仍然是'断官司''过堂'板起面孔，摆起架子，叫人家一看他，是个'官'，是个'老爷'，那就很糟糕。如果说，要怕的话，就只能是对于敌人汉奸是如此的，对于一般老百姓，我们是用和蔼的态度耐心地说服。当一方有意见，有冤屈向你上诉时，应该细心地听，等到他讲完了，然后根据实际的情况，慢慢地向他解释。绝不能未调查，未研究，在主观上首先对于某一方面，就存有了一种成见。这种存有成见的做法，往往只看到表面，看不

[①] 董必武：《要重视司法工作》，载《董必武法学文集》，法律出版社2001年版，第41页。

[②] 习仲勋：《贯彻司法工作的正确方向》，载中共中央党史研究室编：《习仲勋文集》（上），中共党史出版社2013年版，第29页。

到实质，会把案情搞错。所谓秉公处理，不仅限制于观点上，尤应孜孜讲求于对人的态度。"①

（三）要站稳人民的立场

"司法工作是人民政权中的一项重要工作，和其他行政工作一样，是替老百姓服务的。这样，就要一心一意老老实实把屁股放在老百姓这一方面，坐得端端的。"② "人民司法工作者必须站稳人民的立场，全心全意地运用人民司法这个武器；尽可能采取最便利于人民的方法解决人民要求我们解决的问题。一切这样办了的，人民就拥护我们，不然人民就反对我们。"③

三、贯彻群众路线

群众路线是中国共产党的三大优良传统之一，司法工作也必须贯彻群众路线，才能切实保证人民司法制度的本质特征。因此，司法人员在审判案件时，必须贯彻群众路线，把对人民群众的感情融入具体的司法实践中，体现红色政权依靠人民、信任人民、服务人民的宗旨。

（一）司法人员要树立群众观点，为人民服务

人民司法基本观点之一是群众观点，与群众联系，为人民服务，保障社会秩序，维护人民的正当权益。④

司法工作"就是不要专以听断为能事，而是要以能替诉讼人解决实际纠

---

① 习仲勋：《贯彻司法工作的正确方向》，载中共中央党史研究室编：《习仲勋文集》（上），中共党史出版社2013年版，第28页。
② 习仲勋：《贯彻司法工作的正确方向》，载中共中央党史研究室编：《习仲勋文集》（上），中共党史出版社2013年版，第28页。
③ 董必武：《论加强人民司法工作》，载《董必武法学文集》，法律出版社2001年版，第153页、154页。
④ 董必武：《对参加全国司法会议的党员干部的讲话》，载《董必武法学文集》，法律出版社2001年版，第45页。

纷问题，从事调解。使得双方当事人平气息争。减少讼累为主要任务"①。

(二) 坚持实行陪审员制度和合议制度

早在中华苏维埃共和国时期，吸引和依靠广大人民群众参与案件的审理过程，实行陪审员制度和合议制度，是人民司法有别于其他政权在司法制度上的显著区别。

1. 实行陪审员制度

陪审员制度的实行是法官职业道德建设中贯彻群众路线在司法审判实践中的具体体现之一。《中华苏维埃共和国裁判部的暂行组织及裁判条例》第13、14、15条规定：法庭须由三人组织而成，裁判部长或裁判员为主审，其余二人为陪审。陪审员由职工会、雇农工会及其他群众团体选举出来，每审判一次得掉换二人。主审与陪审员在决定判决书时，以多数的意见为标准，倘若争执不决时，应当以主审的意见来决定判决书的内容。如陪审员之某一人有特别意见，而坚决保留自己的意见，可以用信封封起，报到上级裁判部去，作为上级裁判部对于该案件的参考。②

陪审员制度在抗日战争时期，进一步得到了发展和完善。为当下人民陪审员制度的形成提供了宝贵的经验。

2. 实行合议制度

同陪审员制度一样，讨论案件的处理时实行合议制度，有不同意见时，要坚持民主集中制原则。

民主集中制是指民主基础上的集中和集中指导下的民主相结合的制度，是党的根本组织制度和领导制度，也是马克思主义认识论和群众路线在党的生活和组织建设中的运用。将民主集中制运用到审判实践中去，也是法官职

---

① 《陕甘宁边区高等法院指示信——令各高等分庭及各地方法院、县司法处实行调解办法改进司法工作作风减少人民讼累由》(字第三号)，载艾绍润主编：《陕甘宁边区法律法规汇编》，陕西人民出版社2006年版，第339页。

② 张希坡编著：《革命根据地法律文献选辑》（第一辑），中国人民大学出版社2017年版，第1037页。

业道德中贯彻群众路线的具体体现之一。

在第一次国内革命战争时期,中国共产党领导的农民运动遭到土豪劣绅和反革命分子的仇视和破坏,破坏农民运动和屠杀农会干部的事情时有发生。为了惩治土豪劣绅和其他反革命分子,保障农民的生命安全和合法权益,许多地区成立了惩治土豪劣绅和其他反革命分子的机构,其中,以湖北省和湖南省惩治土豪劣绅委员会影响最大。这两个委员会都颁布了相关法律,明确审判过程中要坚持实行民主集中制原则:

县、省审判委员会之公开审判须有过半数委员出席,其审判结果须有过半数出席委员同意,始得判决之。①

各委员会之审判,第一审须委员二人(共三人),第二审须委员四人(共五人)之同意,始得判决之。②

合议制度则保留至今,《人民法院组织法》第 29 条第 1 款明确规定:人民法院审理案件,由合议庭或者法官一人独任审理。同样,民主集中制在以后的人民民主政权中也一直作为司法审判的基本原则存在,至今仍然发挥着应有的作用。我国法院的合议庭在讨论案件的处理有不同意见时,仍然实行少数服从多数的民主集中制原则。《人民法院组织法》第 31 条规定:合议庭评议案件应当按照多数人的意见作出决定,少数人的意见应当记入笔录。评议案件笔录由合议庭全体组成人员签名。

(三)密切联系群众,不拘形式进行审判,教育群众

1. 重视群众意见

《对裁判机关工作的指示》指出:解决任何案件,要注意多数群众对该案件的意见。③

---

① 《湖北省审判土豪劣绅委员会暂行条例》第六条,参见张希坡编著:《革命根据地法律文献选辑》(第一辑),中国人民大学出版社 2017 年版,第 162 页。

② 《湖南省审判土豪劣绅特别法庭组织条例》第九条,参见张希坡编著:《革命根据地法律文献选辑》(第一辑),中国人民大学出版社 2017 年版,第 160 页。

③ 张希坡编著:《革命根据地法律文献选辑》(第一辑),中国人民大学出版社 2017 年版,第 1065 页。

2. 加强对群众的宣传教育

《中华苏维埃共和国裁判部的暂行组织及裁判条例》第 11 条规定："各级裁判部可以组织巡回法庭，到出事地点去审判，比较有重要意义的案件，可以吸收广大的群众来场旁听。"①

中华苏维埃共和国的巡回法庭"是流动的，是到出事地点或群众聚焦的地方审判案件，使广大的群众来参加旁听审判，借某种案件以教育群众，在群众面前揭破反革命的各种阴谋，这是在司法工作中教育群众的一种方式"②。

"在审判案件之先，必须广泛地贴出审判日程，使群众知道某日审判某某案件，吸引广大群众来参加旁听审判。既审之后，应多贴布告，多印判决书，以宣布案件的经过，使群众明了该案件的内容。裁判部应时常派代表到各种群众会议上去做报告，引起群众对于裁判部的工作的注意。多组织巡回法庭到出事地点去审判，以教育群众。"③

3. 不拘形式，就地审判，普及民间调解

在当时的许多司法文件和领导讲话中都明确指出："司法工作，如果不从团结老百姓、教育老百姓方面着眼，只会断'官司''写判决书'的话，即使官司断得清楚，判决书写得漂亮（实际上不可能办到），则这个'断官司'和'判决书'的本身，仍将是失败的，因为它和多数人民的要求相差很远。要达到上述目的，必须普及民间调解运动。我们司法工作人员，必须有走出'衙门'，深入乡村的决心（但这不是说到乡村去睡觉，而是从思想上工作上去深入）。必须如此，才能把我们的司法政策贯彻得好，才能使司法工作同人民取得密切联系……这样就不会对司法工作有棘手、忙迫或枯燥之感。千百事件整天发生在人民中，最适当的解决办法，也就在人民中。只有

---

① 张希坡编著：《革命根据地法律文献选辑》（第一辑），中国人民大学出版社 2017 年版，第 1065 页。

② 《中央司法人民委员部一年来的工作》，载张希坡编著：《革命根据地法律文献选辑》（第一辑），中国人民大学出版社 2017 年版，第 1050 页。

③ 《对裁判机关工作的指示》，载张希坡编著：《革命根据地法律文献选辑》（第一辑），中国人民大学出版社 2017 年版，第 1065 页。

通过人民，都会解决得最快、最正确。如果不发挥人民本身力量，孤独地依靠我们司法干部去处理，那就需些年月！我们不要以为自己比老百姓高明，其实不然，新的创造要在老百姓中找寻。"①

"裁判不只是裁判人，而且是教育人民，不只是教育被告，而且是教育群众，凡有教育意义的案件，可组织公审，号召广大群众参加，群众可自由发表对案件的意见。或组织巡回法庭，在某地方有意义的案子，提到那里公审，因该地群众了解这案件，他们的的印象就愈深。就是平常裁判也应先贴出审判日程，吸收群众旁听……"②

"各级司法工作人员应坚持法官下乡，就地帮助调解和进行审判的工作制度或工作方法，实质上就是群众观点和群众路线的方法。因为只有如此，才能实事求是地进行调查研究，不拘形式地进行群众审判和确实解决问题，根据不同的案情，或以调解解决，或以审判解决或组织人民法庭审理，或邀请群众参加，法官自己审理，这种工作方式，不仅足以减少群众时间的浪费，而且足以教育群众又教育司法工作人员本身。"③

四、维护司法公正

（一）法律面前人人平等

法律面前人人平等，也是人民民主政权的司法制度有别于历史上其他政权司法制度的具体表现之一。中国共产党在建立革命政权之初，《中华苏维埃共和国宪法大纲》就明确了这一理念："要树立法律面前人人平等的理念，在苏维埃政权领域内的工人、农民、红军兵士及一切劳苦民众和他们的家属，

---

① 习仲勋：《贯彻司法工作的正确方向》，载中共中央党史研究室编：《习仲勋文集》（上），中共党史出版社 2013 年版，第 29－30 页。
② 《中央司法部训令》（第一号），载艾绍润主编：《陕甘宁边区法律法规汇编》，陕西人民出版社 2006 年版，第 380 页。
③ 《陕甘宁边区高等法院指示信——为指示加强调解，劳役交乡执行，法官下乡就地审判，以发展生产由》（安字第三号），载艾绍润主编：《陕甘宁边区法律法规汇编》，陕西人民出版社 2006 年版，第 346 页。

不分男女、种族（汉、满、蒙、回、藏、苗、黎和在中国的台湾、高丽、安南人等）、宗教，在苏维埃法律前一律平等，皆为苏维埃共和国的公民。① 除现役军人及军事机关的工作人员外，一切民事、刑事案件的诉讼事宜，都归裁判部审理。"②

这一理念也必须在司法人员的头脑中牢牢树立。抗日战争时期，著名的"黄克功案件"③ 的审理就是这一理念在司法实践中的具体运用。正如毛泽东主席指出的："正因为黄克功不同于一个普通人，正因为他是一个多年的共产党员，是一个多年的红军，不能不这样办。共产党与红军，对于自己的党员与红军成员不能不执行比较一般平民更加严格的纪律。"④ 这表明司法人员必须树立法律面前人人平等的理念，必须抛弃以往封建社会的"八议"⑤ 制度，对革命有功人员的犯罪行为也要依法严惩，任何共产党员和革命干部都必须严格遵守法律规定，没有凌驾于法律之上的特权。

（二）公正审判案件

司法人员公正审判案件，是维护司法权威，实行公平正义的基本前提。因此，为了保证司法人员公平、公正地审理案件，必须做到以下几点。

1. 必须公开审理

《中华苏维埃共和国裁判部的暂行组织及裁判条例》第 16 条明确规定：

---

① 《中华苏维埃共和国宪法大纲》第 4 条，参见张希坡编著：《革命根据地法律文献选辑》（第一辑），中国人民大学出版社 2017 年版，第 113 页。

② 《中华苏维埃共和国裁判部的暂行组织及裁判条例》第 2 条，参见张希坡编著：《革命根据地法律文献选辑》（第一辑），中国人民大学出版社 2017 年版，第 1036 页。

③ 被告黄克功，男，26 岁，少年时在江西加入红军，立过战功，当时在抗日军政大学任队长。被害人刘茜，女，16 岁，1937 年 8 月自太原来延安，先在抗日军政大学学习，后转入陕北公学。黄要求与刘结婚，被刘拒绝，黄即产生杀刘念头。1937 年 10 月 5 日晚，黄身带手枪，邀刘到延河畔谈话。当刘再次拒绝其求婚时，黄对刘连开两枪，致刘当场死亡。此案当时在延安引起了强烈反响。党中央和军委在毛泽东同志主持下，经过慎重讨论，批准了边区高等法院对黄克功处以死刑的判决，并由毛泽东同志亲自写了复信。参见张希坡、韩延龙主编：《中国革命法制史》（上），中国社会科学出版社 1987 年版，第 328-329 页。

④ 毛泽东：《致雷经天》，载《毛泽东书信选集》，人民出版社 1983 年版，第 111 页。

⑤ 封建法律规定的八种贵族官僚犯"十恶"以外之罪，死刑须奏报皇帝，由皇帝作出裁决的特权制度。八种人包括：亲、故、贤、能、功、贵、勤、宾。

"审判案件必须公开，倘有秘密关系时，可用秘密审判的方式，但宣布判决时，仍应作公开。"①

判决书前面须写明审判时间、主审、陪审及参加审判人的姓名，次写被告人的履历及罪状，再次则写所定之罪，最后须写明被告人的上诉期间。如判决监禁，须从逮捕那天计算起。每个判决书须由主审和陪审盖印或签名负责。②

除有秘密性的某种案件之外，坚决地不许再有在房间里秘密审判、或随便写了一个判决书报上级去批准的不规则情形。③

2. 严格执行回避制度

《中华苏维埃共和国裁判部的暂行组织及裁判条例》第 19 条规定：与被告有家属和亲戚关系或私人关系的人，不得参加审判该被告的案件（陪审、评审都一样）。④

（三）遵循法定程序

中国共产党成立后，领导了大量的工农运动，在工农运动中产生了革命政权组织，并建立了自己的司法组织，其中最有代表性的是在省港大罢工中成立的纠察队军法处、会审处、特别法庭。《会审处组织法》对案件审理的相关程序作出了详细的规定：

"会审处收受各方解来之人犯，应于二十四小时内审讯清楚定夺；如确属无辜者，应即释放不得留难。

会审处收受各方解来之人犯，无论何项机关，非依合法手续，不能取保

---

① 张希坡编著：《革命根据地法律文献选辑》（第一辑），中国人民大学出版社 2017 年版，第 1037 页。

② 《中华苏维埃共和国裁判部的暂行组织及裁判条例》第 20 条，参见张希坡编著：《革命根据地法律文献选辑》（第一辑），中国人民大学出版社 2017 年版，第 1037 页。

③ 《对裁判机关工作的指示》，载张希坡编著：《革命根据地法律文献选辑》（第一辑），中国人民大学出版社 2017 年版，第 1065 页。

④ 张希坡编著：《革命根据地法律文献选辑》（第一辑），中国人民大学出版社 2017 年版，第 1037 页。

及请求释放。

"凡应解送特别法庭之人犯,不得逗留(超)过二十四小时。"①

(四)严格依法办案

在省港大罢工中成立的会审处明确规定了办案原则:会审处应依据法制局制定经代表大会通过之法则定案,不得越例从事。②

(五)杜绝枉法舞弊

为了防止枉法裁判和徇私舞弊,省港大罢工中成立的会审处还明确规定:会审处(审)讯案件应秉公依法,无枉无纵,不得擅用私刑及受贿舞弊。③会审处不得使用笞刑逼供,以重人道。④

第四节 中华人民共和国的法官职业道德

当法律关系相对简单、案件数量较少时,法官职业素质对审判工作的影响并没有那么明显,因此,中华人民共和国成立后至改革开放前极少有专门的文件对法官职业总体作出规定。党的十一届三中全会以后,随着政治、经济生活的变化,法律关系日益复杂,法院的审判工作也日益繁重,人民群众的法律意识普遍提高,对人民法院的司法要求也越来越确切,法官职业道德的内容也经历了从简单罗列到详细规定,并形成体系的过程。

---

① 《会审处组织法》第6条、8条、11条,参见张希坡编著:《革命根据地法律文献选辑》(第一辑),中国人民大学出版社2017年版,第102页。
② 《会审处组织法》第7条,参见张希坡编著:《革命根据地法律文献选辑》(第一辑),中国人民大学出版社2017年版,第102页。
③ 《会审处组织法》第9条,参见张希坡编著:《革命根据地法律文献选辑》(第一辑),中国人民大学出版社2017年版,第102页。
④ 《省港罢工委员会会审处细则》第4条,参见张希坡编著:《革命根据地法律文献选辑》(第一辑),中国人民大学出版社2017年版,第70页。

一、法官职业道德的雏形

这一时期法官职业道德虽然只是对法官具体行为的原则规定，却对当时规范司法行为，公正审理案件起到了不容忽视的作用，也为后来法官职业道德相关规定的完善打下了基础。

（一）人民法院对法官素质提出更高要求

党的十一届三中全会以来，人民法院的工作得到了全面恢复和发展，人民法院的地位和作用日益明显。审判工作呈现出三个特点。一是案件类型增加，办案难度增大。案件类型由刑事和单一的民事向刑事、民事、经济、行政全面发展，案件类型涵盖了社会生活的方方面面。疑难、重大、复杂和新型案件的不断增加，更是增大了办案难度。二是案件数量急剧上升。以全国法院一、二审案件为例，1976年共受理一、二审案件402 697件，1980年共受理1 168 715件，5年间案件总量上升了约190%；1985年共受理1 655 712件，比1980年又上升了约42%；1990年共受理3 189 687件，比1985年又上升了约93%。1980年到1990年，案件上升幅度达到约173%。三是刑事案件在整个案件中所占的比例逐年下降，民商事案件所占比例急剧上升。例如，1980年刑事案件占全部案件的47%，1985年只占30.3%，到了1990年下降到17.8%。

随着案件数量的大幅度上升，人民法院审判力量严重不足的问题凸显出来，急需补充大批法律人才。但是，因为受"文化大革命"的影响，别说是法律人才，就连一般大专学历的人员也没有培养出来。根据中央增编的决定，大批只具有初中、高中文化水平的乡村干部、中小学教师和军队复员转业人员调入人民法院。

审判人员文化知识和法律知识的严重欠缺，与案件数量剧增、案件类型日益复杂之间的矛盾十分突出。为了解决这个矛盾，最高人民法院于1985年创办了全国法院干部业余法律大学，1988年又创办了高级法官培训中心，加

法官职业道德

强在职人员法学教育培训,提高了法官队伍的专业素质。到了1990年,法院系统大专以上文化程度的干警达到了34%。尽管如此,对法官的选任,全国尚没有一个统一的标准,也没有诸如教育背景、法律专业知识、工作经历等方面的要求,很多人未经严格选拔而进入法官队伍。①

随着我国改革开放的深入,市场经济的逐步建立,依法治国进程的加快,人们法律意识的提高,社会关系越来越复杂,法律纠纷越来越多,法院任务越来越繁重,人民对法院的希望也越来越高。在这种情况下,我国法官素质低下的问题才日益凸显出来。②

(二)人民法院对法官具体行为进行明确规定

面对审判任务加剧,审判专业人员不足的现状,为保证法院审判工作的正常进行,也为了保证案件能够及时、公正地得到审理,明确规范法官具体行为就成为当时的必需。

1. "七不许"和"八不准"

最高人民法院颁布了"七不许"规定和"八不准"规定,对法官的具体行为进行了明确的规范。

其中,"七不许"是指:①不许违反法律规定受理无权管辖的案件;②不许偏袒一方诉讼当事人;③不许拒不协助外地法院执行已生效的判决或为本地被执行人通风报信;④不许办"人情案""关系案",为涉及自己亲戚朋友的案件说情;⑤不许滥用强制措施,以扣押"人质"作为执行的手段;⑥不许乱设机构;⑦不许泄露审判秘密和国家其他秘密。

"八不准"包括:①不准主观臆断;②不准徇情枉法;③不准贪赃枉法;④不准吃请受礼;⑤不准索贿受贿;⑥不准经商牟利;⑦不准欺压群众;⑧不准泄露机密。

---

① 苏泽林:《中国法官职业化建设的理论与实践》,载苏泽林主编:《法官职业化建设指导与研究》(2003年第1辑),人民法院出版社2003年版,第13页。

② 肖扬:《当代司法制度的理论与实践》,载万鄂湘主编:《中国司法评论》(2001年第1期),人民法院出版社2001年版,第7页。

2. 对审判人员着装、仪表、行为的规定

1984 年，最高人民法院颁布《关于审判人员仪表风纪的几项规定》（试行），对审判人员的着装、仪表、行为作出明确规定。

一是规定了穿着审判制服的情况：审判人员在开庭审判、调处纠纷、执行判决、接待申诉来访人等审判活动时，穿着审判制服。非因公外出、节假日，可以不穿审判制服。参加外事活动，也不穿审判制服。

二是规定了穿着审判制服的要求：穿着审判制服要衣帽颜色一致，帽徽、肩章齐全。审判制服不得与便服混穿；有 2 名以上审判人员共同执行任务时，要穿着季节相同的审判制服，特别是开庭审判时，审判长、审判员、书记员服装要一致；穿着审判制服要整齐清洁，要扣好领钩、衣扣，不得披衣、敞怀、趿鞋、挽袖、卷裤腿和衬衣外露；穿着审判制服要举止端正、精神振作。在街上不得嬉戏打闹，不得互相搭肩挽臂，不得吃零食。严禁酗酒；着装人员要爱护制服，妥善保管，防止丢失和损坏；不得将审判制服、帽子、帽徽、肩章变卖或赠送、外借他人。

三是规定了法官的仪表：在街上和其他公开场合，要以身作则地维护公共秩序，不许与人民群众争吵、发脾气、耍威风。

二、法官职业道德的基础

随着司法改革的深入，社会经济生活日益复杂，各类新型案件日益增多，这对人民法院公正行使司法权提出了更高的要求，亦对加强法官职业道德教育提出了新标准。

（一）法官队伍建设离不开法官职业道德教育

1999 年 7 月 29 日，最高人民法院发布了《关于贯彻中共中央〈关于进一步加强政法干部队伍建设的决定〉建设一支高素质法官队伍的若干意见》，意见提出：加强职业道德教育。

加强职业道德教育的具体内容是："要结合法院审判工作的实际，深入

法官职业道德

持久地广泛开展以强化公正司法意识为主要内容的职业道德教育,教育广大法官牢记全心全意为人民服务的宗旨,模范遵守法官法和各项廉政建设的规定和要求,自重、自省、自警、自律,廉洁执法,拒腐防变,树立为人民掌好权、用好权的思想。通过开展'争创人民满意的好法院,争当人民满意的好法官'等活动,力争使法官队伍的思想作风和精神面貌有一个根本转变。"

该文件还将加强职业道德教育和加强廉政建设结合起来,明确提出:"严格遵守政治纪律和审判纪律。法官要'讲学习、讲政治、讲正气',树立政治意识、大局意识,坚决维护以江泽民同志为核心的党中央的权威,一切行动听从党中央的指挥,以自己的实际工作保证党的基本路线和基本方针的贯彻执行。要严格遵守中央政法委的四条禁令:一、绝对禁止政法干警接受当事人请吃、喝、送钱物;二、绝对禁止对告状求助群众采取冷漠、生硬、蛮横、推诿等官老爷态度;三、绝对禁止政法干警打人骂人、刑讯逼供等违法违纪行为;四、绝对禁止政法干警参与经营娱乐场所或为非法经营活动提供保护。……法官不得有下列行为:(一)散布有损国家声誉的言论,参加非法组织,参加旨在反对国家的集会、游行、示威等活动,参加罢工;(二)贪污受贿;(三)徇私枉法;(四)刑讯逼供;(五)隐瞒证据或者伪造证据;(六)泄露国家秘密或者审判工作秘密;(七)滥用职权,侵犯公民、法人或者其他组织的合法权益;(八)玩忽职守,造成错案或者给当事人造成严重损失;(九)故意拖延办案,贻误工作;(十)利用职权为自己或者他人谋取私利;(十一)从事盈利性的经营活动;(十二)私自会见当事人及其代理人,接受当事人及其代理人的请客送礼;(十三)其他违法违纪行为。对违反规定者,根据《人民法院审判纪律处分办法(试行)》严肃处理。"

(二)《法官法》对法官的任职条件作出明确规定

1995年2月28日,《法官法》颁布,对法官任职条件作出了明确规定:担任法官的人必须是高等院校法律专业毕业或者高等院校非法律专业毕业具有法律专业知识,工作满二年;或者获得法律专业学士学位,工作满一年;

或者获得法律专业硕士学位、法律专业博士学位，可以不受工作年限的限制。这对法官业务素质的提高提供了法律的依据和保障。2001年6月30日，《法官法》经九届全国人大常委会第二十二次会议通过修改，进一步严格了法官的任职条件："高等院校法律专业本科毕业或者高等院校非法律专业本科毕业具有法律专业知识，从事法律工作满二年，其中担任高级人民法院、最高人民法院法官，应当从事法律工作满三年；获得法律专业硕士学位、博士学位或者非法律专业硕士学位、博士学位具有法律专业知识，从事法律工作满一年，其中担任高级人民法院、最高人民法院法官，应当从事法律工作满二年。"同时，还要通过国家统一司法考试取得资格，方能择优任命。这就为全面提高法官素质，全面提升法官职业道德水准做了铺垫。

三、法官职业道德的正式形成

2001年10月18日，《法官职业道德基本准则》出台。该文件从保障司法公正、提高司法效率、保持司法廉洁、遵守司法礼仪、加强自身修养、约束业外活动等6个方面共50条，对法官业内业外行为进行了规范。这标志着我国法官职业道德建设进入了一个新的阶段。

（一）法官职业化为法官职业道德建设提供了一个更为广阔的前景

为建设一支高素质的德才兼备的职业法官队伍，适应依法治国，建设社会主义法治国家的需要，必须按照《中共中央关于进一步加强政法干部队伍建设的决定》《中共中央关于加强和改进党的作风建设的决定》《2002—2005年全国人才队伍建设规划纲要》和《法官法》的要求，加快法官队伍职业化建设的步伐。最高人民法院于2002年7月18日颁布《关于加强法官队伍职业化建设的若干意见》，明确提出：培养法官的职业道德必须"严格执行《法官职业道德基本准则》，做到保障司法公正，提高司法效率，保持清正廉洁，遵守司法礼仪，加强自身修养，约束业外活动。通过职业化建设，使'准则'的要求成为每一位法官必须具备的基本素质和品格，成为其生命和灵魂的一部分。"这个文件将法官职业道德建设推进了快车道。

（二）法官职业道德体系逐步完善

随着人民法院司法改革的深入和法官职业化建设的推进，法官职业道德体系也在逐步完善。

1. 《法官行为规范（试行）》发布

2005年11月4日，《法官行为规范（试行）》发布，对法官在立案、庭审、文书制作、执行、业外活动等方面的具体行为作出了详细的规定，法官在业内与业外的言行有了可供遵循的依据。

2. 《关于"五个严禁"的规定》发布

2009年1月8日，最高人民法院颁布施行《关于"五个严禁"的规定》：严禁接受案件当事人及相关人员的请客送礼；严禁违反规定与律师进行不正当交往；严禁插手过问他人办理的案件；严禁在委托评估、拍卖等活动中徇私舞弊；严禁泄露审判工作秘密。最高人民法院同时宣布该规定适用于全国四级人民法院的所有行政编制和事业编制的工作人员。

3. 修订《法官职业道德基本准则》和《法官行为规范》

2010年12月6日，《法官职业道德基本准则》和《法官行为规范》经修订后公布。同日，最高人民法院还发布了《人民法院文明用语基本规范》。

4. 其他与法官职业道德相关的法律文件的颁布

最高人民法院还颁布了《人民法院法庭规则》，推出了《关于进一步改进司法作风的六项措施》《关于新形势下进一步加强人民法院纪律作风建设的指导意见》《人民法院审判制服着装管理办法》《人民法院法官袍穿着规定》《人民法院法槌使用规定（试行）》等文件，丰富了法官职业道德规范的内容。

第三章　忠诚司法事业

法官职业道德的根本宗旨就是保证法官正确履行法律赋予的职责。为了实现这一宗旨，对事业忠诚自然就是职业的基本要求。职业的基本要求必须反映到职业道德层面上来，作为职业道德的基本要求。因此，忠诚司法事业必然是法官职业道德的第一要求。正是基于这种特定的、对职业的最基本要求，《法官职业道德基本准则》不仅规定了法官对司法职业忠诚的要求，而且把它作为法官职业道德中最基本和首要的职业道德要求。

第一节　忠诚司法事业与法官职业

根据《法官职业道德基本准则》，法官对司法职业忠诚的具体要求首先表现在对法官职业角色定位的要求，也就是说，从职业道德的视点出发，法官在职业道德的价值体系内，它应当是中国特色社会主义事业的建设者和捍卫者。这个角色定位，说明法官不仅仅是审判系统的纯粹的裁判者、司法系统的单纯的司法者，更不只是一般意义上的法律工作者，而是在中国特色社会主义事业中有其特定身份角色价值定位的建设者和捍卫者。

实现这种特定身份角色价值定位，就要坚定理想信念，忠于党、忠于国家、忠于人民、忠于法律。其中，"四个忠于"是实现身份角色价值定位的标准和尺度，坚定理想信念是实现身份角色价值定位的前提和基础。

一、忠诚司法事业的政治根本

《中华人民共和国宪法》(以下简称《宪法》)明确规定,中国共产党的领导是中国特色社会主义最本质的特征。因此,广大法官要努力提高政治素质和政治觉悟,在思想上和行动上与党中央保持一致,严格遵守政治纪律和政治规矩,确保党中央的决策部署在司法工作中得到全面的落实和贯彻。

(一)党的领导是中国特色社会主义最本质的特征,也是社会主义法治最根本的保证

革命导师恩格斯曾经说过:"一个新的纲领毕竟总是一面公开树立起来的旗帜,而外界就根据它来判断这个党。"[①] 中国新民主主义革命的胜利和社会主义事业的成就,是中国共产党领导中国各族人民,在马克思列宁主义、毛泽东思想的指引下,坚持真理,修正错误,战胜许多艰难险阻而取得的。《中国共产党章程》规定,中国共产党在社会主义初级阶段的基本路线是:领导和团结全国各族人民,以经济建设为中心,坚持四项基本原则,坚持改革开放,自力更生,艰苦创业,为把我国建设成为富强民主文明和谐美丽的社会主义现代化强国而奋斗。因此,在中国,无论是进行社会主义革命,还是进行社会主义现代化建设;无论是物质文明建设,还是精神文明建设,都必须坚持党的领导。

坚持党对全面依法治国的领导,是习近平法治思想的核心要义之一。"坚持党的领导,是社会主义法治的根本要求,是全面推进依法治国题中应有之义。要把党的领导贯彻到依法治国全过程和各方面,坚持党的领导、人民当家做主、依法治国有机统一。只有在党的领导下依法治国、厉行法治,人民当家做主才能充分实现,国家和社会生活法治化才能有序推进。"[②] "把坚持党的领导、人民当家做主、依法治国有机统一起来是我国社会主义法治

---

① 韦建桦主编:《马克思恩格斯文集》(第3卷),中共中央马克思恩格斯列宁斯大林著作编译局编译,人民出版社2009年版,第415页。

② 习近平:《习近平谈治国理政》(第二卷),外文出版社2017年版,第114页。

建设的一条基本经验。"①

当然,在全面推进依法治国的进程中坚持党的领导,不是一句空洞和响亮的口号,必须实实在在地付诸实施。要做到以下几点:

(1)"要坚持党总揽全局、协调各方的领导核心作用,统筹依法治国各领域工作,确保党的主张贯彻到依法治国全过程和各方面。"②"党政军民学,东西南北中,党是领导一切的,是最高的政治领导力量。我国社会主义政治制度优越性的一个突出特点是党总揽全局、协调各方的领导核心作用,形象地说是'众星捧月',这个'月'就是中国共产党。在国家治理体系的大棋局中,党中央是坐镇中军帐的'帅',车马炮各展其长,一盘棋大局分明。"③要把坚持党的领导贯彻和体现到改革发展稳定、内政外交国防、治党治国治军各个领域各个方面,确保党始终总揽全局、协调各方。

(2)"要改善党对依法治国的领导,不断提高党领导依法治国的能力和水平。党既要坚持依法治国、依法执政,自觉在宪法法律范围内活动,又要发挥好各级党组织和广大党员、干部在依法治国中的政治核心作用和先锋模范作用。"④

(3)全面推进依法治国必须坚持党的领导,党的领导是社会主义法治最根本的保证。"坚持中国特色社会主义法治道路,最根本的是坚持中国共产党的领导。""全面推进依法治国,要有利于加强和改善党的领导,有利于巩固党的执政地位、完成党的执政使命,决不是要削弱党的领导。""要把党的领导贯彻到依法治国全过程和各方面","体现在党领导立法、保证

---

① 习近平:《关于党的领导和依法治国的关系》,载习近平:《论坚持党对一切工作的领导》,中央文献出版社2019年版,第77页。
② 习近平:《习近平谈治国理政》(第二卷),外文出版社2017年版,第114页。
③ 习近平:《发挥党总揽全局、协调各方的领导核心作用》,载习近平:《论坚持党对一切工作的领导》,中央文献出版社2019年版,第9页。
④ 习近平:《习近平谈治国理政》(第二卷),外文出版社2017年版,第114-115页。

执法、带头守法上。"①

（二）遵循《中国共产党政法工作条例》相关规定，努力做到政治坚定、作风过硬、让党放心、让人民满意

《中国共产党政法工作条例》以党内基本法规的形式，对党领导政法工作作出规定：人民法院是政法机关，法官是人民法院的主体，必须在各项工作中加以落实和贯彻，特别是要坚持党领导政法工作的指导思想、任务和原则。

1. 政法工作应当遵循的指导思想和主要任务

政法工作是党和国家工作的重要组成部分，是党在领导政法单位依法履行专政职能、管理职能、服务职能的重要方式和途径。政法单位是党领导下从事政法工作的专门力量，主要包括审判机关、检察机关、公安机关、国家安全机关、司法行政机关等单位。党委政法委员会是党委领导和管理政法工作的职能部门，是实现党对政法工作领导的重要组织形式。

政法工作必须坚持以马克思列宁主义、毛泽东思想、邓小平理论、"三个代表"重要思想、科学发展观、习近平新时代中国特色社会主义思想为指导，牢固树立政治意识、大局意识、核心意识、看齐意识，坚定中国特色社会主义道路自信、理论自信、制度自信、文化自信，坚决维护习近平总书记党中央的核心、全党的核心地位，坚决维护党中央权威和集中统一领导，围绕统筹推进"五位一体"总体布局和协调推进"四个全面"战略布局，坚持党的领导、人民当家做主、依法治国有机统一，坚决捍卫党的领导和中国特色社会主义制度，维护宪法法律权威，支持政法单位依法履行职责，保证司法机关依法独立公正行使职权，确保政法队伍全面正确履行中国特色社会主义事业建设者、捍卫者的使命。

政法工作的主要任务是：在以习近平同志为核心的党中央坚强领导下开

---

① 习近平：《把党的领导贯彻到依法治国全过程和各方面》，载习近平：《论坚持党对一切工作的领导》，中央文献出版社2019年版，第78—79页。

展工作，推进平安中国、法治中国建设，推动政法领域全面深化改革，加强过硬队伍建设，深化智能化建设，严格执法、公正司法，履行维护国家政治安全、确保社会大局稳定、促进社会公平正义、保障人民安居乐业的主要职责，创造安全的政治环境、稳定的社会环境、公正的法治环境、优质的服务环境，增强人民群众获得感、幸福感、安全感。

2. 政法工作应当遵循的原则

政法工作应当遵循的原则就是贯彻政法工作始终，体现政法工作价值目标的总要求。根据《中国共产党政法工作条例》的相关规定，政法工作应当遵循的原则是：

（1）坚持党的绝对领导，把党的领导贯彻到政法工作各方面和全过程。

（2）坚持以人民为中心，专门工作和群众路线相结合，维护人民群众合法权益。

（3）坚定不移走中国特色社会主义法治道路，建设社会主义法治国家。

（4）坚持服务和保障大局，为推动经济持续健康发展和保持社会长期稳定提供法治保障。

（5）坚持总体国家安全观，维护国家主权、安全、发展利益。

（6）严格区分和正确处理敌我矛盾和人民内部矛盾这两类不同性质的矛盾，准确行使人民民主专政职能。

（7）坚持走中国特色社会主义社会治理之路，推动形成共建共治共享的社会治理格局。

（8）坚持改革创新，建设和完善中国特色社会主义司法制度和政法工作运行体制机制。

（9）政法单位依法分工负责、互相配合、互相制约，确保正确履行职责、依法行使权力。

（10）坚持政治过硬、业务过硬、责任过硬、纪律过硬、作风过硬的要求，建设信念坚定、执法为民、敢于担当、清正廉洁的新时代政法队伍。

二、忠诚司法事业的思想基础

2016年,习近平总书记在庆祝中国共产党成立95周年大会上讲话指出:"坚持不忘初心、继续前进,就要坚持中国特色社会主义道路自信、理论自信、制度自信、文化自信,坚持党的基本路线不动摇,不断把中国特色社会主义伟大事业推向前进。"[①] 坚定"四个自信",可以提高法官的政治素质和思想觉悟,从而保证审判工作正确的政治方向。

(一)坚定道路自信,可以使法官坚定理想信念,增强拒腐防变能力

方向决定道路,道路决定命运。中国近百年的历史实践证明:只有中国共产党领导的革命、建设和改革的道路是正确的,是中华民族实现伟大复兴的必由之路。

(1)中国共产党领导中国人民实现了三次伟大飞跃,证明了中国共产党领导的革命、建设和改革的道路是正确的。

第一次飞跃:1921—1949年,中国共产党成立后,团结带领中国人民进行28年浴血奋战,打败日本帝国主义,推翻国民党反动统治,完成新民主主义革命,建立了中华人民共和国,彻底结束了旧中国半殖民地半封建社会的历史,彻底结束了旧中国一盘散沙的局面,彻底废除了列强强加给中国的不平等条约和帝国主义在中国的一切特权,实现了中国从几千年封建专制政治向人民民主的伟大飞跃。

第二次飞跃:1949—1978年,中华人民共和国成立后,中国共产党团结带领中国人民完成社会主义革命,确立社会主义基本制度,消灭一切剥削制度,推进了社会主义建设,完成了中华民族有史以来最为广泛而深刻的社会变革,为当代中国一切发展进步奠定了根本政治前提和制度基础,为中国发展富强、中国人民生活富裕奠定了坚实基础,实现了中华民族由不断衰落到根本扭转命运、持续走向繁荣富强的伟大飞跃。

---

① 2016年7月1日,习近平在庆祝中国共产党成立95周年大会上的讲话,参见《习近平谈治国理政》第二卷,外文出版社2017年版,第36页。

第三次飞跃：自改革开放以后，中国共产党团结带领中国人民进行改革开放新的伟大革命，极大激发广大人民群众的创造性，极大解放和发展社会生产力，极大增强社会发展活力，人民生活显著改善，综合国力显著增强，国际地位显著提高，开辟了中国特色社会主义道路，形成了中国特色社会主义理论体系，确立了中国特色社会主义制度，使中国赶上了时代，实现了中国人民从站起来到富起来、强起来的伟大飞跃。

（2）中国共产党领导中国人民取得的成就证实：中国共产党领导的革命、建设和改革的道路是中华民族实现伟大复兴的必由之路。

"中国共产党领导中国人民取得的伟大胜利，使具有5000多年文明历史的中华民族全面迈向现代化，让中华文明在现代化进程中焕发出新的蓬勃生机；使具有500年历史的社会主义主张在世界上人口最多的国家成功开辟出具有高度现实性和可行性的正确道路，让科学社会主义在21世纪焕发出新的蓬勃生机；使具有60多年历史的新中国建设取得举世瞩目的成就，中国这个世界上最大的发展中国家在短短30多年里摆脱贫困并跃升为世界第二大经济体，彻底摆脱被开除'球籍'的危险，创造了人类社会发展史上惊天动地的发展奇迹，使中华民族焕发出新的蓬勃生机。"[①]

广大法官只有坚定了道路自信，才能自觉做到严格依法办事，公正地审理案件，在工作中自觉抵制权钱交易、权色交易和权权交易，做中国特色社会主义道路的坚定捍卫者。

（二）坚定理论自信，可以使法官自觉抵制西方三权分立思想，确保中国共产党对审判工作的领导

习近平总书记指出，理论上清醒，政治上才能坚定。坚定的理想信念，必须建立在对马克思主义的深刻理解之上，建立在对历史规律的深刻把握之上。

---

① 2016年7月1日，习近平在庆祝中国共产党成立95周年大会上的讲话，载新华网www.news.cn.，访问时间2018年12月19日。

法官职业道德

（1）马克思主义奠定了共产党人政治坚定的理论基础。马克思科学揭示了人类社会最终走向共产主义的必然趋势。中国共产党诞生后的近百年来，中国共产党之所以能够完成近代以来其他各种政治力量不可能完成的艰巨任务，就在于始终把马克思主义这一科学理论作为自己的行动指南，并坚持在实践中不断丰富和发展马克思主义。无论是在战争年代，还是在中华人民共和国成立后，中国共产党人都把马克思主义基本原理同中国革命和建设的具体实际结合起来，团结带领人民经过长期奋斗，完成新民主主义革命和社会主义革命，实现了中华民族从"东亚病夫"到站起来的伟大飞跃。无论是进行社会主义建设的艰辛探索，还是改革开放基本国策的落实实施，中国共产党人都把马克思主义基本原理同中国改革开放的具体实际结合起来，团结带领人民进行建设中国特色社会主义新的伟大实践，使中国大踏步赶上了时代，实现了中华民族从站起来到富起来的伟大飞跃。在新时代，中国共产党人把马克思主义基本原理同新时代中国具体实际结合起来，团结带领人民进行伟大斗争、建设伟大工程、推进伟大事业、实现伟大梦想，中华民族迎来了从富起来到强起来的伟大飞跃。实践证明，马克思主义的命运早已同中国共产党的命运、中国人民的命运、中华民族的命运紧紧连在一起，它的科学性和真理性在中国得到了充分检验，为中国革命、建设和改革提供了强大思想武器。[①]

（2）马克思主义中国化形成的理论成果，是一切工作的行动指南。正是在坚持马克思主义的基础上，将马克思主义与中国革命、建设和改革的具体实践相结合，形成了凝结中国共产党集体智慧结晶的毛泽东思想、邓小平理论、"三个代表"重要思想、科学发展观和习近平新时代中国特色社会主义理论。这些理论是我们一切工作的行动指南，也是广大法官自觉抵制各种西方错误思潮的有力思想武器，特别是有了马克思主义理论的自信，"三权分

[①] 参见2016年7月1日，习近平在庆祝中国共产党成立95周年大会上的讲话，载新华网www.news.cn.，访问时间2018年12月19日。

立"等思想也就在司法领域没有了存在的土壤。①

（三）坚定制度自信，可以使法官做中国特色社会主义制度的坚定捍卫者

中国特色社会主义制度是当代中国发展进步的根本制度保障。

（1）中国特色社会主义道路是实现社会主义现代化的必由之路，是创造人民美好生活的必由之路。实践证明，中国特色社会主义制度是具有鲜明中国特色、明显制度优势、强大自我完善能力的先进制度。

（2）坚定制度自信，做社会主义制度的忠实拥护者和捍卫者。坚定制度自信，可以保证审判工作坚持正确的政治方向，在审判工作中切实贯彻公平正义的理念，为人民谋幸福，为民族谋复兴，对任何破坏社会主义制度的行为给予坚决的打击，对任何有利于社会主义制度发展和完善的行为给予肯定和弘扬，坚决拥护中国共产党领导和社会主义制度。

（四）坚定文化自信，可以使法官在审判工作中做中国优秀文化的宣传者和倡导者

习近平总书记指出，文化自信，是更基础、更广泛、更深厚的自信，是更基本、更深沉、更持久的力量。

坚定文化自信，是事关国运兴衰、事关文化安全、事关民族精神独立性的大问题。②

坚定文化自信，做中国优秀文化的宣传者和倡导者。通过坚定文化自信，了解与掌握中国优秀文化的精髓，自觉抵制西方文化和价值观的入侵，引导群众认识中国优秀文化的价值，了解中国优秀文化的内涵，将中国优秀文化的内容贯穿于审判工作始终，特别是通过对具体案件的审理和裁判文书的撰写，弘扬社会主义核心价值观；通过具体案件的处理，引领良好的社会风尚，

---

① 2016年7月1日，习近平在庆祝中国共产党成立95周年大会上的讲话，载新华网www.news.cn.，访问时间2018年12月19日。

② 习近平：《要有高度的文化自信》，载《习近平谈治国理政》第二卷，外文出版社2017年版，第349页。

法官职业道德

使讲仁爱、重民本、守诚信、崇正义、尚和合、求大同等中华优秀传统文化在新的历史条件下得到弘扬和传承，教育人民群众知法、爱法、懂法，自觉以中国优秀文化的标准来要求自己。

三、忠诚司法事业的具体要求

维护国家利益，遵守政治纪律，是对法官政治站位的基本要求，也是法官实现司法为民的基本保障。

（一）维护国家利益，遵守政治纪律，是法官必须遵循的职业道德

维护国家利益，遵守政治纪律，就是要求法官在日常的工作和生活中要忠诚于国家，拥护中国共产党，最主要的核心内容是要坚持中国共产党的领导。

1. 政治纪律方面的要求

在政治纪律方面，法官不得参加反党、反社会主义的政治活动；不得从事或参与有损国家利益和司法权威的活动，不发表有损国家利益和司法权威的言论。根据《中国共产党纪律处分条例》及相关文件的规定，这些行为的表现方式有多种，具体表现如下：

（1）通过网络、广播、电视、报刊、传单、书籍等，或者利用讲座、论坛、报告会、座谈会等方式，公开发表坚持资产阶级自由化立场、反对四项基本原则，反对党的改革开放决策的文章、演说、宣言、声明等，内容包括：公开发表违背四项基本原则，违背、歪曲党的改革开放决策，或者其他有严重政治问题的文章、演说、宣言、声明等的；妄议中央大政方针，破坏党的集中统一的；丑化党和国家形象，或者诋毁、诬蔑党和国家领导人、英雄模范，或者歪曲党的历史、中华人民共和国历史、人民军队历史的。

（2）制作、贩卖、传播有上述内容的书刊、音像制品、电子读物、网络音视频资料等。

（3）私自携带、寄递有上述内容的书刊、音像制品、电子读物等入出境。

（4）在党内组织或参加秘密集团或者组织其他分裂党的活动的。

（5）在党内搞团团伙伙、结党营私、拉帮结派、培植个人势力等非组织活动，或者通过搞利益交换、为自己营造声势等活动捞取政治资本的。

（6）党员领导干部在本人主政的地方或者分管的部门自行其是，搞山头主义，拒不执行党中央确定的大政方针，甚至背着党中央另搞一套的；落实党中央决策部署不坚决，打折扣、搞变通，在政治上造成不良影响或者严重后果的。

（7）对党不忠诚不老实，表里不一，阳奉阴违，欺上瞒下，搞两面派，做两面人。

（8）制造、散布、传播政治谣言，破坏党的团结统一的。政治品行恶劣，匿名诬告，有意陷害或者制造其他谣言，造成损害或者不良影响的。

（9）擅自对应当由党中央决定的重大政策问题作出决定、对外发表主张的。

（10）不按照有关规定向组织请示、报告重大事项。

（11）干扰巡视巡察工作或者不落实巡视巡察整改要求。

（12）对抗组织审查时，串供或者伪造、销毁、转移、隐匿证据的；阻止他人揭发检举、提供证据材料的；包庇同案人员的；向组织提供虚假情况，掩盖事实的；有其他对抗组织审查行为的。

（13）组织、参加反对党的基本理论、基本路线、基本方略或者重大方针政策的集会、游行、示威等活动的，或者以组织讲座、论坛、报告会、座谈会等方式，反对党的基本理论、基本路线、基本方略或者重大方针政策，造成严重不良影响的。

（14）组织、参加旨在反对党的领导、反对社会主义制度或者敌视政府等组织的。

（15）从事、参与挑拨破坏民族关系制造事端或者参加民族分裂活动的。

2. 意识形态方面的要求

在意识形态方面，法官不得参加邪教组织或者参与封建迷信活动；而且

法官职业道德

要向家人和朋友宣传科学，引导他们相信科学、反对封建迷信；同时，对利用封建迷信活动违法犯罪的，应当立即向有关组织和公安部门反映。这一规定要求法官不得有下列行为。

（1）组织、参加会道门或者邪教组织。

（2）组织、利用宗族势力对抗党和政府，妨碍党和国家的方针政策以及决策部署的实施，或者破坏党的基层组织建设。

（3）组织迷信活动。

3. 在个人行为和形象方面的要求

在个人行为和形象方面，因私出国（境）探亲、旅游，要如实向组织申报所去的国家、地区及返回的时间，经组织同意后方可出行；外出时，要遵守当地法律，尊重当地民风民俗和宗教习惯；注意个人形象，维护国家尊严。

《中国共产党纪律处分条例》规定：①违反有关规定取得外国国籍或者获取国（境）外永久居留资格、长期居留许可的；②用公款旅游或者以学习培训、考察调研、职工疗养等为名变相公款旅游的，或者改变公务行程，参加所管理企业、下属单位组织的考察活动借机旅游的；③以考察、学习、培训、研讨、招商、参展等名义变相用公款出国（境）旅游的；④违反有关规定办理因私出国（境）证件、前往港澳通行证，或者未经批准出入国（边）境；⑤在国（境）外、外国驻华使（领）馆申请政治避难，或者违纪后逃往国（境）外、外国驻华使（领）馆的；⑥在国（境）外公开发表反对党和政府的文章、演说、宣言、声明等的；⑦在涉外活动中，其言行在政治上造成恶劣影响，损害党和国家尊严、利益的。

（二）保守秘密是法官必须要具备的职业素养

法官要保守的秘密分为国家秘密和案件秘密。法官无论是在案件的审理中，还是在写作、授课过程中，应当避免对具体案件和有关当事人进行评论，不披露或者使用在工作中获得的国家秘密、商业秘密、个人隐私及其他非公开信息；接受新闻媒体采访必须经组织安排或者批准；在接受采访时，不发表有损司法公正的言论，不对正在审理中的案件和有关当事人进行评论，不披露在工作中获得的国家秘密、商业秘密、个人隐私及其他非公开信息。

1. 国家秘密

（1）国家秘密的范围

《中华人民共和国保守国家秘密法》（2010年修订本）第9条规定："下列涉及国家安全和利益的事项，泄露后可能损害国家在政治、经济、国防、外交等领域的安全和利益的，应当确定为国家秘密：（一）国家事务重大决策中的秘密事项；（二）国防建设和武装力量活动中的秘密事项；（三）外交和外事活动中的秘密事项以及对外承担保密义务的秘密事项；（四）国民经济和社会发展中的秘密事项；（五）科学技术中的秘密事项；（六）维护国家安全活动和追查刑事犯罪中的秘密事项；（七）经国家保密行政管理部门确定的其他秘密事项。政党的秘密事项中符合前款规定的，属于国家秘密。"

（2）国家秘密的密级

国家秘密的密级分为绝密、机密、秘密三级。绝密级国家秘密是最重要的国家秘密，泄露会使国家安全和利益遭受特别严重的损害；机密级国家秘密是重要的国家秘密，泄露会使国家安全和利益遭受严重的损害；秘密级国家秘密是一般的国家秘密，泄露会使国家安全和利益遭受损害。

2. 案件秘密

案件秘密分为商业秘密、个人隐私和审判工作秘密。

（1）商业秘密

根据《中华人民共和国反不正当竞争法》和《最高人民法院关于审理侵犯商业秘密民事案件适用法律若干问题的规定》的有关规定，所谓商业秘密，是指不为公众所知悉、具有商业价值并经权利人采取相应保密措施的技术信息、经营信息等商业信息。这里所谈的商业秘密具有以下特性：

一是不为公众所知悉，即权利人请求保护的信息在被诉侵权行为发生时不为所属领域的相关人员普遍知悉和容易获得的。将为公众所知悉的信息进行整理、改进、加工后形成的新信息，符合前述要求时，也应认定为不为公众所知悉。但是，具有下列情形之一的，可以认定有关信息不构成不为公众所知悉：该信息在所属领域属于一般常识或者行业惯例的；该信息仅涉及产品的尺寸、结构、材料、部件的简单组合等内容，所属领域的相关人员通过观察上市产品即可直接获得的；该信息已经在公开出版物或者其他媒体上公开披露的；该信息已通过公开的报告会、展览等方式公开的；所属领域的相关人员从其他公开渠道可以获得该信息的。

二是具有商业价值，即权利人请求保护的信息因不为公众所知悉而具有现实的或者潜在的商业价值的。生产经营活动中形成的阶段性成果符合该定义的，可以被认定为该成果具有商业性价值。

三是采取相应保密措施，即权利人为防止商业秘密泄露，在被诉侵权行为发生以前所采取的合理保密措施。是否采取了相应保密措施，与商业秘密及其载体的性质、商业秘密的商业价值、保密措施的可识别程度、保密措施与商业秘密的对应程度以及权利人的保密意愿等因素有关。具有下列情形之一，在正常情况下足以防止商业秘密泄露的，可以被认定为采取了相应保密措施：签订保密协议或者在合同中约定保密义务的；通过章程、培训、规章制度、书面告知等方式，对能够接触、获取商业秘密的员工、前员工、供应商、客户、来访者等提出保密要求的；对涉密的厂房、车间等生产经营场所限制来访者或者进行区分管理的；以标记、分类、隔离、加密、封存、限制能够接触或者获取的人员范围等方式，对商业秘密及其载体进行区分和管理的；对能够接触、获取商业秘密的计算机设备、电子设备、网络设备、存储设备、软件等，采取禁止或者限制使用、访问、存储、复制等措施的；要求离职员工登记、返还、消除、销毁其接触或者获取的商业秘密及其载体，继续承担保密义务的；采取其他合理保密措施的。

（2）个人隐私

隐私是自然人的私人生活安宁和不愿为他人知晓的私密空间、私密活动、私密信息。《中华人民共和国民法典》（以下简称《民法典》）第1032条明确规定："自然人享有隐私权。任何组织或者个人不得以刺探、侵扰、泄露、公开等方式侵害他人的隐私权。"《民法典》第1033条规定："除法律另有规定或者权利人明确同意外，任何组织或者个人不得实施下列行为：（一）以电话、短信、即时通讯工具、电子邮件、传单等方式侵扰他人的私人生活安宁；（二）进入、拍摄、窥视他人的住宅、宾馆房间等私密空间；（三）拍摄、窥视、窃听、公开他人的私密活动；（四）拍摄、窥视他人身体的私密部位；（五）处理他人的私密信息；（六）以其他方式侵害他人的隐私权。"

《民法典》第1034条规定："自然人的个人信息受法律保护。个人信息是以电子或者其他方式记录的能够单独或者与其他信息结合识别特定自然人的各种信息，包括自然人的姓名、出生日期、身份证件号码、生物识别信息、住址、电话号码、电子邮箱、健康信息、行踪信息等。个人信息中的私密信息，适用有关隐私权的规定；没有规定的，适用有关个人信息保护的规定。"

（3）审判工作秘密

审判工作秘密应当属于非公开信息。因为审判工作秘密与当事人的利益密切相关，与人民法院公正审理案件有着重要关系，因此，保守审判工作秘密是法官必须遵守的职业道德。根据一些人民法院的内部规定，人民法院审判工作秘密应当包括以下内容：审判、执行合议庭合议情况，包括合议案案件的个人意见和内容；合议庭合议案件的笔录；主管院领导召集相关人员或庭室人员对案件处理的讨论情况及笔录；合议庭主审人、主持人或合议庭对案件处理的请示或报告函件；主管院领导或庭室负责人对法律文书签发的意见；审理报告和未宣判的裁判文书及裁判内容；上级人民法院或主管领导对案件处理的意见；审判委员会讨论案件情况，包括委员个人意见和尚未公开的决定；审判委员会讨论案件的笔录；法院内部对案件处理的往来函件；地方党委、人大等机关或领导对案件处理的来函；有关机关、人员、团体监督案件处理的意见函件；同级或上级领导的书面批示或书面指导意见；纪检监察机关根据举报线索对案件处理发出的书面监察建议；其他有关涉及对案件处理的审判秘密。

四、忠诚司法事业的前提条件

根据《法官职业道德基本准则》，法官对司法职业忠诚的具体要求还要反映在对法官职业态度定位上。毫无疑问，从司法忠诚的总体要求出发，法官在职业道德的价值体系内必须有其特殊的态度定位。这种态度定位就要求法官在自己的司法审判职业生涯中端正思想，明确态度，坚定不移地在中国特色社会主义事业中认真履行其法官职责。这个职责既是其本分，又是一种对事业高度负责的道德要求。这种职业态度定位，也是其使命要求在道德范畴的必然延伸。

履行法官特定职责，就要求法官必须热爱司法事业，珍惜法官荣誉，坚持职业操守，恪守法官良知，牢固树立公正司法、司法为民的理念，以维护社会公平正义为己任。

（一）树立法官的核心价值观是珍惜法官荣誉，恪守职业操守的最本质要求

履行法官特定职责的职业道德的具体要求，同样也是在法官司法忠诚的道德语境下构筑法官的职责体系。热爱司法事业是主观能动性上的要求，珍惜法官荣誉是荣辱观的道德要求，操守和良知则是内在道德标准和善恶判断准则的养成要求。

1. 法官职业道德的核心是忠诚、公正、廉洁、为民

忠诚就是忠于党、忠于国家、忠于人民、忠于法律，这是法官的政治本色；公正就是公正执法司法、维护社会公平正义，这是法官的神圣职责；廉洁就是清正廉明、无私奉献，这是法官的基本操守；为民就是要始终把人民放在心中最高位置，切实做到司法为民，这是法官的宗旨理念。这八个字是党和人民对政法队伍的基本要求，也是广大法官必须自觉坚持的共同价值取向。

2. 法官职业道德的核心是法官职业精神的灵魂

坚持法官职业道德的核心就是从本质上坚守法官职业操守。法官从政治立场上保持正确的方向,从个人信仰上坚定正确的理想信念,从审判实践中严格公正司法,从个人形象上正直、清廉,从家庭生活中约束家人,不以法官身份谋取不应得到的利益,杜绝与法官职业、法官形象不符的一切言行,真正实现将法官职业道德内化于心、外化于形的要求,也才能切实做到珍惜法官荣誉,坚持职业操守。

(二)秉持公平正义,维护法律权威,是珍惜法官荣誉,坚持职业操守的具体要求

法官以维护社会公平正义为己任是其职业道德的最终归属。

精通法律,准确地把握法律精义,正确作出裁判,是法官的基本职责。司法是维护社会公平正义的最后一道防线。司法工作的性质决定了法官不仅应当是一名秉持公平正义的居中裁判者,还应当是特定专业领域或地域的审判工作者、社会治理的重要参与者、立法实践的建言者,更应当是一名法治建设的积极推动者。所有这些都是法官义不容辞的使命和责任。秉持公平正义,维护法律权威,公正审理案件是社会公众对法官群体最基本的形象期待。只有公正审理案件,将裁判结果做到政治效果、社会效果和法律效果相统一,才能让人民群众在每一个司法案件中感受到公平正义。

第二节 忠诚司法事业与法官职业使命

根据《法官职业道德基本准则》,法官对司法职业忠诚的具体要求也体现在对法官职业使命定位的要求上,我们可以认为,从职业道德的语境考虑,法官在职业道德的价值体系内应当有其特殊的道德使命。这项使命就是自觉维护法律的权威和尊严。这种使命定位表明法官对司法审判职业的忠诚不仅

仅是作为执行者去做事情、去完成任务，而是在中国特色社会主义事业中去担当其特定历史的道德使命——维护法律的权威和尊严。这个使命既是严肃的，又是神圣的。这种职业使命定位也是职业角色责无旁贷的事业要求。

担当这种特定使命，就要通过坚持和维护中国特色社会主义司法制度，认真贯彻落实依法治国基本方略，尊崇和信仰法律，模范遵守法律，严格执行法律的具体要求来实现。这种使命定位要求在法官的司法忠诚语境下构筑法官的职业道德使命体系。其中，坚持和维护中国特色社会主义司法制度是达成忠诚使命的目标要求；认真贯彻落实依法治国基本方略是达成忠诚使命的路线要求；对法律的崇、信、守、执（尊崇和信仰法律，模范遵守法律，严格执行法律），则是达成忠诚使命的具体方法要求。

一、维护宪法权威，坚持和维护中国特色社会主义司法制度

宪法是国家的根本大法，具有最高的法律效力，在社会主义法律体系中处于核心的地位。一切法律都是依据宪法制定的，宪法是一切法律的母法。习近平总书记特别重视宪法在依法治国中的权威地位和作用，在2012年12月4日发表了著名的《在首都各界纪念现行宪法公布施行30周年大会上的讲话》，指出"宪法是国家的根本法，是治国安邦的总章程，具有最高的法律地位、法律权威、法律效力，具有根本性、全局性、稳定性、长期性。""宪法的根基在于人民发自内心的拥护，宪法的伟力在于人民出自真诚的信仰。""宪法的生命在于实施，宪法的权威也在于实施。""全面推进依法治国，加快建设社会主义法治国家。实现这个目标要求，必须全面贯彻实施宪法。"2014年，党的十八届四中全会通过《中共中央关于全面推进依法治国若干重大问题的决定》提出"国家宪法日"，同年，十二届全国人大常委会十一次会议通过《关于设立国家宪法日的决定》，以立法形式确定"国家宪法日"。党的十九大报告进一步明确"推进合宪性审查工作"的要求，抓住了"依宪治国"的核心问题。2018年3月，十三届全国人大一次会议通过《中华人民共和国宪法修正案》写入"中国共产党领导是中国特色社会主义最本质的特征"等重要内容，充分说明维护宪法权威，就是维护党和人民共同意志的权威。

（一）自觉学习宣传宪法，维护宪法权威，做宪法的忠实崇尚者、自觉遵守者、坚定捍卫者

法官在维护宪法权威上，要始终坚持学习宪法，充分领会宪法精神，在司法工作中自觉贯彻宪法规定，宣传宪法内容。只有在宪法规定的"马克思列宁主义、毛泽东思想、邓小平理论、'三个代表'重要思想、科学发展观、习近平新时代中国特色社会主义思想指引下"，才能坚持党对人民法院的绝对领导不动摇，保持司法工作坚定的、正确的政治方向。只有不断加强革命理想主义教育，才能忠实履行宪法法律赋予的职责，依法严惩各类危害国家安全、颠覆国家政权、煽动民族分裂、侵犯公民基本权利等违法犯罪，保护宪法所确立的国家指导思想不动摇，维护宪法所赋予的公民基本权利不被侵犯，确保国家政治安全特别是政权安全、制度安全。

（二）坚决贯彻宪法的依法治国精神，严格公正司法，为改革、建设提供强有力的司法服务和保障

《宪法》第5条规定："中华人民共和国实行依法治国，建设社会主义法治国家。"党的十八届四中全会明确指出：依法治国是坚持和发展中国特色社会主义的本质要求和重要保障，是实现国家治理体系和治理能力现代化的必然要求，事关我们党执政兴国，事关人民幸福安康，事关党和国家长治久安。全面建成小康社会、实现中华民族伟大复兴的中国梦，全面深化改革、完善和发展中国特色社会主义制度，提高党的执政能力和执政水平，必须全面推进依法治国。习近平总书记多次强调："依法治国，首先是依宪治国；依法执政，关键是依宪执政。""决胜全面建成小康社会、开启全面建设社会主义现代化国家新征程、实现中华民族伟大复兴的中国梦，推进国家治理体系和治理能力现代化、提高党长期执政能力，必须更加注重发挥宪法的重要

作用。要坚持党的领导、人民当家作主、依法治国有机统一，加强宪法实施和监督，把国家各项事业和各项工作全面纳入依法治国、依宪治国的轨道，把实施宪法提高到新的水平。"

人民法院严格公正司法，为国家改革、建设提供强有力的司法服务和保障，是贯彻宪法确立的依法治国原则的最真实的体现。广大法官要贯彻落实"维护社会主义法制的统一和尊严。一切法律、行政法规和地方性法规都不得同宪法相抵触。一切国家机关和武装力量、各政党和各社会团体、各企业事业组织都必须遵守宪法和法律。一切违反宪法和法律的行为，必须予以追究。任何组织或者个人都不得有超越宪法和法律的特权"。具体到司法实践中，就是广大法官要坚持公正司法，坚持法律面前人人平等，坚决抵制以权代法，以权压法，不搞权钱交易、权色交易、权权交易，确保案件的裁判结果经得起法律和时间的检验；积极配合《宪法》新增的监察机关工作的开展，加强与监察机关、检察机关的沟通协调，严格依法办事，确保司法公正，形成强大的反腐合力，并自觉接受监察机关监督，确保公正廉洁司法，不断提高司法公信力和权威性。

（三）通过落实宪法宣誓制度，彰显宪法权威，增强宪法观念

宪法是国家的根本大法，是治国安邦的总章程，具有最高的法律地位、法律权威、法律效力。2015年7月1日十二届全国人大常委会十五次会议通过、2018年2月24日十二届全国人大常委会三十三次会议修订的《关于实行宪法宣誓制度的决定》明确了宪法宣誓制度，要求国家工作人员必须树立宪法意识，恪守宪法原则，弘扬宪法精神，履行宪法使命。为彰显宪法权威，激励和教育国家工作人员忠于宪法、遵守宪法、维护宪法，加强宪法实施。宪法宣誓的誓词是：

"我宣誓：忠于中华人民共和国宪法，维护宪法权威，履行法定职责，忠于祖国、忠于人民、恪尽职守、廉洁奉公，接受人民监督，为建设富强、民主、文明、和谐、美丽的社会主义现代化强国努力奋斗！"

根据《关于实行宪法宣誓制度的决定》，人民法院进行宪法宣誓的人员有：全国人民代表大会选举或决定任命的最高人民法院院长、全国人民代表大会常务委员会任命或者决定任命的最高人民法院副院长、审判委员会委员、庭长、副庭长、审判员和军事法院院长，最高人民法院任命的国家工作人员。地方各级人民代表大会及县级以上地方各级人民代表大会常务委员会选举或决定任命的任职于法院的国家工作人员，地方各级人民法院任命的国家工作人员。

宣誓场所应当庄重、严肃，悬挂中华人民共和国国旗或者国徽。最高人民法院发布的《关于宪法宣誓的组织办法》要求："最高人民法院副院长、审判委员会委员、庭长、副庭长、审判员和军事法院院长，在依照法定程序产生后，进行宪法宣誓。最高人民法院其他国家工作人员，在就职时进行宪法宣誓。"宪法宣誓的领誓人、宣誓人统一着法袍或者其他制式服装、正装。宣誓仪式可以采取单独宣誓或者集体宣誓的形式。最高人民法院院长宣誓仪式，由全国人民代表大会会议主席团组织进行；最高人民法院副院长、审判委员会委员、庭长、副庭长、审判员和军事法院院长集体宣誓，由最高人民法院院长或者其委托的资深法官领誓；最高人民法院其他国家工作人员集体宣誓，由最高人民法院院长或者其委托的人员领誓；法官等级晋升或者非领导职务晋升时，可以根据需要组织集体宣誓；宣誓仪式可以由最高人民法院院长或者其委托的人员进行监誓。

宣誓仪式一般按以下程序进行：①奏唱国歌。宣誓前，监誓人、主持人、宣誓人唱中华人民共和国国歌。②进行宣誓。单独宣誓时，宣誓人面向国旗或者国徽站立，左手抚按《宪法》，右手举拳，拳心朝前，诵读誓词。集体宣誓时，领誓人面向国旗或者国徽站立，左手抚按《宪法》，右手举拳，拳心朝前，领诵誓词；宣誓人在领誓人身后整齐站立，面向国旗或者国徽，右手举拳，拳心朝前，跟诵誓词；誓词宣读完毕，在领誓人读出"宣誓人"后，报出自己姓名。这个规定对各级人民法院组织宪法宣誓有指导意义，强化了广大法官忠于宪法、遵守宪法、维护宪法的理念和决心。

二、弘扬社会主义核心价值观,促进全社会不断提高社会主义核心价值观的建设水平

核心价值观,承载着一个民族、一个国家的精神追求,体现着一个社会评判是非曲直的价值标准。社会主义核心价值观是社会主义核心价值体系的内核,体现社会主义核心价值体系的根本性质和基本特征,反映社会主义核心价值体系的丰富内涵和实践要求,是社会主义核心价值体系的高度凝练和集中表达。党的十八大报告、十八届三中全会公报中明确提出要加强社会主义核心价值体系建设,倡导富强、民主、文明、和谐,倡导自由、平等、公正、法治,倡导爱国、敬业、诚信、友善。2013年12月23日,中共中央办公厅印发《关于培育和践行社会主义核心价值观的意见》,将富强、民主、文明、和谐,自由、平等、公正、法治,爱国、敬业、诚信、友善,作为社会主义核心价值观的基本内容固定下来。

（一）广大法官要充分认识到弘扬社会主义核心价值观的重要意义

核心价值观是一个民族赖以维系的精神纽带,是一个国家共同的思想道德基础。如果没有共同的核心价值观,一个民族、一个国家就会魂无定所、行无依归。中华民族能够在几千年的历史长河中生生不息、薪火相传、顽强发展,很重要的一个原因就是中华民族有一脉相承的精神追求、精神特质、精神脉络。核心价值观是文化软实力的灵魂、文化软实力建设的重点。这是决定文化性质和方向的最深层次要素。一个国家的文化软实力,从根本上说,取决于其核心价值观的生命力、凝聚力、感召力。培育和弘扬核心价值观,有效整合社会意识,是社会系统得以正常运转、社会秩序得以有效维护的重要途径,也是国家治理体系和治理能力的重要方面。历史和现实都表明,构建具有强大感召力的核心价值观,关系社会和谐稳定,关系国家长治久安。

社会主义核心价值体系是兴国之魂,决定着中国特色社会主义发展方向。要深入开展社会主义核心价值体系学习教育,用社会主义核心价值体系引领社会思潮、凝聚社会共识。富强、民主、文明、和谐是国家层面的价值要求,自由、平等、公正、法治是社会层面的价值要求,爱国、敬业、诚信、友善是公民层面的价值要求。

(二) 法官要做弘扬社会主义核心价值观的倡导者和宣传者

正如习近平总书记指出的那样:"我们要在全社会大力弘扬和践行社会主义核心价值观,使之像空气一样无处不在、无时不有,成为全体人民的共同价值追求,成为我们生而为中国人的独特精神支柱,成为百姓日用而不觉的行为准则。要号召全社会行动起来,通过教育引导、舆论宣传、文化熏陶、实践养成、制度保障等,使社会主义核心价值观内化为人们的精神追求、外化为人们的自觉行动。"[1]

根据《关于进一步把社会主义核心价值观融入法治建设的指导意见》,社会主义核心价值观是社会主义法治建设的灵魂。把社会主义核心价值观融入法治建设,是坚持依法治国和以德治国相结合的必然要求,是加强社会主义核心价值观建设的重要途径。广大法官要从巩固全体人民团结奋斗的共同思想道德基础的战略高度,充分认识把社会主义核心价值观融入法治建设的重要性、紧迫性,切实发挥法治的规范和保障作用,推动社会主义核心价值观内化于心、外化于行。司法是维护社会公平正义的最后一道防线,司法公正对社会公正具有重要引领作用。要全面深化司法体制改革,加快建立健全公正高效权威的社会主义司法制度,确保审判机关、检察机关依法独立公正行使审判权、检察权,提供优质高效的司法服务和保障,努力让人民群众在每一个司法案件中都感受到公平正义,推动社会主义核心价值观落地生根。

---

[1] 2014年10月15日,习近平在文艺工作座谈会上的讲话,载新华网 http://www.xinhuanet.com/politics/2015-10/14/c_1116825558.htm,访问时间2018年12月19日。

1. 在司法实践中，践行社会主义核心价值观

（1）提高司法公信力

在审判工作中，坚持以事实为依据、以法律为准绳，严格依照事实和法律办案，确保办案过程符合程序公正、办案结果符合实体公正，用公正司法培育和弘扬社会主义核心价值观。通过具体案件的办理，加强弱势群体合法权益司法保护，加大涉民生案件查办工作力度，推动形成良好社会关系和社会氛围。根据案件难易、刑罚轻重等情况，积极推进繁简分流，依法适用简易程序、小额诉讼程序、刑事案件速裁程序，引导和鼓励自主选择调解、和解、协调等解决纠纷方式，在更高层次上实现公正和效率的平衡。切实解决执行难问题，依法保障胜诉当事人及时实现合法权益。严格落实罪刑法定、疑罪从无、非法证据排除等法律原则和制度，建立健全纠错机制，有效防范冤假错案。严格落实司法责任制，坚持以公开促公正、以透明保廉洁，建立健全司法人员履行法定职责保护机制，推进审判公开、检务公开、警务公开、狱务公开，严禁领导干部干预司法活动、插手具体案件处理，加强对司法活动的监督，让司法在阳光下运行。

（2）建设完备的法律服务体系

加强司法救助、法律援助，统筹城乡、区域法律服务资源，加快推动法律服务向欠发达地区、基层村（社区）延伸。畅通依法维权渠道，深入推进诉讼服务中心建设，不断完善诉讼服务设施，因地制宜推行预约立案、远程立案、网上立案等制度，加强巡回审判，方便群众诉讼，减轻群众诉累，依法保障当事人和其他诉讼参与人的诉讼权利，最大限度发挥司法的人权保障功能。

（3）完善司法政策，加强司法解释，强化案例指导

遵循法律精神和原则，实行适应社会主义核心价值观要求的司法政策，增强适用法律法规的及时性、针对性、有效性，为惩治违背社会主义核心价值观、严重失德败德行为，提供具体、明确的司法政策支持。准确把握法律

精神和法律原则，适应社会主义核心价值观建设的实践要求，发挥司法解释功能，正确解释法律。完善案例指导制度，及时选择对司法办案有普遍指导意义，对培育和弘扬社会主义核心价值观有示范作用的案例，作为指导性案例发布，通过个案解释法律和统一法律适用标准。

2. 在司法实践中，弘扬社会主义法治精神

根植于全民心中的法治精神，是社会主义核心价值观建设的基本内容和重要基础。要坚持法治宣传教育与法治实践相结合，建设社会主义法治文化，推动全社会树立法治意识、增强法治观念，形成守法光荣、违法可耻的社会氛围，使全体人民都成为社会主义法治的忠实崇尚者、社会主义核心价值观的自觉践行者。

（1）深入开展法治宣传教育

深入学习宣传习近平法治思想，增强走中国特色社会主义法治道路的自觉性和坚定性。深入开展宪法宣传教育，弘扬宪法精神，增强宪法意识，形成崇尚宪法、遵守宪法、维护宪法权威的社会氛围。深入宣传中国特色社会主义法律体系，重点宣传与经济社会发展和人民生产生活密切相关的法律法规，通过公开审判、典型案例发布、诉前诉后答疑等方式，引导全体公民自觉守法、遇事找法、解决问题靠法。广泛开展群众性法治文化活动，开展普法益民和公益广告宣传活动，推动法律进机关、进乡村、进社区、进学校、进企业、进单位。

（2）增强法治的道德底蕴

在日常工作中，把法治教育与道德教育结合起来，深化社会主义核心价值观学习教育实践，深入开展社会公德、职业道德、家庭美德、个人品德教育，大力弘扬爱国主义、集体主义、社会主义思想，以道德滋养法治精神。通过具体案件的审理，强化规则意识，倡导契约精神，弘扬公序良俗，引导人们自觉履行法定义务、社会责任、家庭责任，努力形成中华儿女互有责任的良好风尚。广泛开展时代楷模、道德模范、最美人物和身边好人学习宣传

活动，积极倡导助人为乐、见义勇为、诚实守信、敬业奉献、孝老爱亲等美德善行。在审判实践中，大力弘扬中华优秀传统文化，深入挖掘和阐发中华民族讲仁爱、重民本、守诚信、崇正义、尚和合、求大同的时代价值，汲取中华法律文化精华，使之成为涵养社会主义法治文化的重要源泉。

（3）通过案件的裁判结果扬善抑恶

在依法审理"狼牙山五壮士"名誉权系列案、邱少云亲属提起的人格权纠纷案中，人民法院坚决维护英雄形象，反对歪曲、诋毁党史国史的历史虚无主义倾向，切实担起为共和国先烈正名和捍卫社会道德底线的重大责任。在依法审理"医生电梯内劝阻吸烟案""朱振彪追赶交通肇事逃逸者案"中，人民法院态度鲜明：就是要通过一个又一个案件的公正审判，切实解决"劝不劝""追不追""救不救""扶不扶"等群众高度关注、直接关乎社会主义核心价值观的问题，让维护法律和公共利益的行为受到鼓励，让违反法律和社会公德的行为受到惩戒，让见义勇为者敢为。

三、坚持司法为民，努力让人民群众在每一个司法案件中都感受到公平正义

坚持以人民为中心，是习近平法治思想的核心要义之一。习近平总书记指出："人民是我们党执政的最大底气，是我们共和国的坚实根基，是我们强党兴国的根本所在。我们党来自于人民，为人民而生，因人民而兴，必须始终与人民心心相印、与人民同甘共苦、与人民团结奋斗。"人民是推进全面依法治国的最广泛、最深厚的基础，必须坚持为了人民、依靠人民。这一核心要义体现在司法领域中就是坚持司法为民，要把坚持司法为民贯彻到审判工作的各个环节，努力让人民群众在每一个司法案件中都感受到公平正义，切实维护人民权益，保障人民安居乐业，不断增强人民群众的获得感、幸福感和安全感。

"坚持司法为民"在本书第七章有专门论述，在此不再赘述。

第四章　保证司法公正（上）

实现司法公正是古今中外共同追求的价值目标，也是当今社会最受百姓关注的焦点问题。司法公正与否，影响到人民群众对法律权威的认识，以及建设法治国家的进程。在21世纪之初，最高人民法院将公正与效率列为工作主题。时任最高人民法院院长肖扬同志曾指出："司法公正是人们寻求社会正义的最终途径，是保护公民权利、制裁违法行为的重要手段……司法公正是人类自有司法活动以来不懈追求的永恒主题，是古往今来各国人民渴望实现的共同目标。司法的核心是公正。没有公正，司法就失去了赖以存在之基，失去了安身立命之本。"[1]

公正是法治的生命线。司法公正对社会公正具有重要引领作用，司法不公对社会公正具有致命破坏作用。要实现让人民群众在每一个司法案件中都感受到公平正义的任务和目标，就必须完善司法管理体制和司法权力运行机制，规范司法行为，加强对司法活动的监督和指导。基于此，《中华人民共和国法官职业道德基本准则》将保证司法公正作为法官职业道德中一项重要的内容规定下来。其实，所有对法官行为进行约束的规范，都是为了实现司法公正。从这一角度上看，司法公正是司法工作追求的终极目标，也是司法实践中的最高要求。

---

[1]　肖扬：《在"公正与效率世纪主题论坛"上的致辞》，载曹建明主编：《公正与效率的法理研究》，人民法院出版社2002年版，第7页。

第一节　保证司法公正与人民法院依法独立行使审判权

全面推进依法治国，必须坚持公正司法。公正司法是维护社会公平正义的最后一道防线。所谓公正司法，就是受到侵害的权利一定会得到保护和救济，违法犯罪活动一定要受到制裁和惩罚。如果人民群众通过司法程序不能保障自己的合法权益，那司法就没有公信力，人民群众也不会相信司法。法律本来应该具有定分止争的功能，司法审判本来应该具有终局性的作用，如果司法不公、人心不服，这些功能就难以实现。

为了实现司法公正，我国《宪法》第131条明确规定：人民法院依照法律规定独立行使审判权，不受行政机关、社会团体和个人的干涉。《中共中央关于全面推进依法治国若干重大问题的决定》明确指出完善确保依法独立公正行使审判权和检察权的制度，为保证司法公正提供了制度保障。

一、保证司法公正与人民法院依法独立行使审判权基本问题

保证司法公正与人民法院依法独立行使审判权二者相辅相成，密不可分。法官在司法实践中要实现司法公正，必须把握基本问题，才能站稳政治立场，明辨是非，坚定方向，也才能将保证司法公正与人民法院依法独立行使审判权紧密地结合起来。

（一）人民法院依法独立行使审判权必须坚持中国共产党的领导

1. 我国司法制度的建立与完善说明必须坚持中国共产党的领导

我国司法制度是党领导人民在长期实践中建立和发展起来的，历史的经验已经说明：党的领导是社会主义法治的根本保证，坚持党的领导是我国社会主义司法制度的根本特征和政治优势。坚持党的领导，是社会主义法治的

根本要求，是党和国家的根本所在、命脉所在，是全国各族人民的利益所系、幸福所系，是全面推进依法治国的题中应有之义。党的领导和社会主义法治是一致的，社会主义法治必须坚持党的领导，党的领导必须依靠社会主义法治。只有在党的领导下依法治国、厉行法治，人民当家做主才能充分实现，国家和社会生活法治化才能有序推进。

2. 中国共产党的历史使命与人民法院独立行使审判权的目标是一致的

中国共产党的历史使命就是为中国人民谋幸福，为中华民族谋复兴。法律是统治阶级意志的体现，我国宪法确立了中国共产党的领导地位，中国共产党既领导人民制定宪法法律，也领导人民执行宪法法律，做到党领导立法、保证执法、带头守法。我国现行的法律制度已完全体现了中国共产党作为领导阶级政党的意志，也是广大人民群众意志的真实反映。

人民法院独立行使审判权的最终目标是实现司法公正，促进社会公平正义是政法工作的核心价值追求。从一定意义上说，公平正义是政法工作的生命线，司法机关是维护社会公平正义的最后一道防线。人民法院实现司法公正就是要让人民群众切实感受到公平正义就在身边，回应人民群众对司法公正公开的关注和期待。这与中国共产党的历史使命是完全一致的。

3. 司法工作的任务决定了必须坚持中国共产党的领导

司法工作要自觉维护党的政策和国家法律的权威性，确保党的政策和国家法律得到统一正确实施。要正确处理坚持党的领导和确保司法机关依法独立公正行使职权的关系。党的领导是中国特色社会主义最本质的特征，是社会主义法治最根本的保证。把党的领导贯彻到依法治国全过程和各方面，是我国社会主义法治建设的一条基本经验。在中国特色社会主义法律体系已经基本形成的背景下，在全面推进依法治国的背景下，我们党的基本路线和方针政策已经通过国家宪法和行政法、经济法、民商法、刑法等法律得到体现。在这种情况下，法院依法独立行使审判权，就是坚持党的领导、维护党的权威、巩固党的执政地位。法官越是服从法律，铁面无私，秉公执法，就越是体现了党的宗旨,贯彻了党的方针政策,就是从根本上坚持了党的领导。因此,尊重人民法院依法独立行使审判权提升了党的领导方式的法治化与规范化程度。①

(二)人民法院依法独立行使审判权与"司法独立"的本质区别

为了保证实现司法公正,我国宪法明确规定,人民法院依照法律规定独立行使审判权。人民法院依法独立行使审判权与西方国家的"司法独立"有着本质的区别。

我们国家实行的是"议行合一"的人民代表大会制度。人民代表大会不仅是立法机关,而且是权力机关。人民法院、人民检察院由人民代表大会产生,对其负责,并受其监督。人民法院依照法律规定独立行使审判权,不受行政机关、社会团体和个人的干涉。

"司法独立"的概念是根据西方国家三权分立的制度提出来的。"司法独立"是西方宪政的重要组成部分。西方国家的"司法独立"又称"司法权独立",是指"司法权从立法权和行政权分离出来,在赋予独立的国家机构场合,进行权力分立"。这个定义是有特定含义的。在1983年出版的日本《新法律学辞典》里,概括了西方法学界关于"司法独立"的特定含义:①独立行使司法权,只受宪法和法律的约束;②司法权完全独立,不受立法权、行政权的任何干预和束缚;③法律上司法不受其他国家机关(包括总统)和任何政党的监督和管理;④司法权行使时,不受其他任何事物和形势的牵制和影响;⑤在审判案件中审判权完全独立,不受任何人指挥和命令的拘束;⑥保障法官独立性,按照宪法的规定,"所有的法官依据良心办案",为维护司法权的独立,承认对法官特别强的地位保障和身份保障。这六个方面,完整涵盖了西方国家"司法独立"的要点。从上述特定含义可以看出,西方国家的"司法独立"概念具有专属性特征。就是说,"司法独立"只属于资本

---

① 周维远:《党的领导与依法独立行使审判权高度统一》,载《学习时报》2017年7月31日。

主义国家的国体和政体。专属性直接决定了对其解释的排他性，就是除了西方国家固有的解释，其他解释都是不能成立的。①

应当强调的是，西方的"司法独立"是自由资本主义时期的产物，代表的是资产阶级的根本利益，其理念、制度、运行模式与中国特色社会主义制度背道而驰。中国特色社会主义最本质的特征就是坚持中国共产党的领导，中国特色社会主义制度的最大优势是中国共产党领导。历史实践证明，坚持党对司法工作的绝对领导，是司法工作不断取得新成就、赢得新发展的首要条件和根本保证。因此，西方的"司法独立"与我国的国情不适应，在中国是行不通的。人民法院只有坚持党的领导，才能真正实现"依法独立行使审判权"，才能让人民群众在每一个司法案件中都感受到公平正义。

（三）人民法院依法独立行使审判权的内涵

人民法院依法独立行使审判权并不是简单的一句话，而是有着政策依据和明确要求的，因而它有着明确的内容和制度保障。

1. 人民法院独立行使审判权的具体要求

2015年，中共中央办公厅、国务院办公厅、中央政法委以及最高人民法院等部门先后制定《领导干部干预司法活动、插手具体案件处理的记录、通报和责任追究规定》《司法机关内部人员过问案件的记录和责任追究规定》《关于进一步规范司法人员与当事人、律师、特殊关系人、中介组织接触交往行为的若干规定》等"三个规定"，为保障司法机关依法独立公正行使职权提供了制度遵循。党的十八届四中全会通过的《中共中央关于全面推进依法治国若干重大问题的决定》中明确提出司法机关依法独立行使审判权，不受行政机关、社会团体和个人的干涉，同时提出了具体的要求，这是对人民法院依法独立行使审判权的内涵作出的最好阐释。

---

① 参见刘瑞复：《我国独立公正司法与西方国家"司法独立"的区别》，载《红旗文稿》2014年第24期。

（1）各级党政机关和领导干部要支持法院、检察院依法独立公正行使职权。

（2）建立领导干部干预司法活动、插手具体案件处理的记录、通报和责任追究制度。

（3）任何党政机关和领导干部都不得让司法机关做违反法定职责、有碍司法公正的事情，任何司法机关都不得执行党政机关和领导干部违法干预司法活动的要求。

（4）对干预司法机关办案的，给予党纪政纪处分；造成冤假错案或者其他严重后果的，依法追究刑事责任。

2. 人民法院依法独立行使审判权的政策保障

人民法院依法独立行使审判权，不受任何权势、个人和其他因素的影响和干扰。

（1）保护司法人员独立行使审判权和检察权

2016年7月28日，中共中央办公厅、国务院办公厅印发了《保护司法人员依法履行法定职责规定》，对保护司法人员独立行使审判权和检察权进一步提供了政策性保障。

其一，法官、检察官依法办理案件不受行政机关、社会团体和个人的干涉，有权拒绝任何单位或者个人违反法定职责或者法定程序、有碍司法公正的要求。对任何单位或者个人干预司法活动、插手具体案件处理的情况，司法人员应当全面、如实记录。有关机关应当根据相关规定对干预司法活动和插手具体案件处理的相关责任人予以通报直至追究责任。

其二，任何单位或者个人不得要求法官、检察官从事超出法定职责范围的事务。人民法院、人民检察院有权拒绝任何单位或者个人安排法官、检察官从事超出法定职责范围事务的要求。

其三，法官、检察官依法履行法定职责受法律保护。非因法定事由，非经法定程序，不得将法官、检察官调离、免职、辞退或者作出降级、撤职等处分。

(2) 规范媒体对司法案件的报道

媒体报道权又被称为"第四种权力"。近年来，媒体通过对案件的报道，引发世人关注，并进而推动判决的案例屡见不鲜，如许霆案、于欢案等，均是由媒体曝光后，众说纷纭，最终导致二审改判。其实，媒体对司法审判造成影响的现象早在20世纪90年代末已经出现。1997年8月24日，河南某公安分局民警张某交通肇事，造成一死一伤，事后逃逸。《大河报》于次日开始追踪报道，在全国引起公众关注。同年12月3日，郑州市中级人民法院公开开庭审理了张某交通肇事、故意伤害案。1998年1月12日，张某被判处死刑，2月26日，被执行死刑。[①] 此后，随着网络的全面覆盖，海量信息纷至沓来，社会各界对公正目标的追求、媒体对司法审判的关注度也越来越高。在这种情况下，规范媒体对涉法案件的报道，成为保障人民法院依法独立行使审判权的重要因素，基于此，党的十八届四中全会《中共中央关于全面推进依法治国若干重大问题的决定》明确提出：规范媒体对案件的报道，防止舆论影响司法公正。

二、保证司法公正与人民法院依法独立行使审判权应当遵循的原则

依法独立行使审判权，是人民法院公正审理案件的前提。法官在审理案件过程中，独立行使审判权主要应遵循以下几个原则：

(1) 牢固树立独立行使审判权的意识。在审判活动中要做到独立思考、自主判断，敢于坚持原则，不受任何行政机关、社会团体和个人的干涉。

(2) 尊重其他法官依法行使审判职权。法官还应当尊重其他法官对审判职权的依法行使，除履行工作职责或者通过正当程序外，不过问、不干预、不评论其他法官正在审理的案件。

(3) 自觉遵守司法回避制度。回避制度是我国诉讼法的一项基本制度，《刑事诉讼法》《民事诉讼法》和《行政诉讼法》均有规定，它是指当审判

---

① 鄢人：《正义与淫威的较量——国人瞩目的张金柱案始末》，载《中州统战》1998年第2期。

法官职业道德

人员是其审理案件的当事人或者当事人、诉讼代理人近亲属的,或者是与该案有利害关系的,或者是与该案当事人、诉讼代理人有其他关系,可能影响案件公正审理的,应当自行回避,当事人有权用口头或者书面方式申请他们回避;如果审判人员接受当事人、诉讼代理人请客送礼,或者违反规定会见当事人、诉讼代理人的,当事人有权要求他们回避;法官如果与本案当事人委托的律师有亲朋、同学、师生、曾经同事等关系,可能影响案件公正处理的,应当自行申请回避,是否回避由本院院长或者审判委员会决定。

《最高人民法院关于审判人员在诉讼活动中执行回避制度若干问题的规定》规定:①审判人员应当自行回避的情形。审判人员具有下列情形之一的,应当自行回避,当事人及其法定代理人也有权要求他们回避:一是本案的当事人或者与当事人有直系血亲、三代以内旁系血亲及姻亲关系的;二是本人或者其近亲属与本案有利害关系的;三是担任过本案的证人、翻译人员、鉴定人、勘验人、辩护人、诉讼代理人的;四是与本案的诉讼代理人、辩护人有夫妻、父母、子女或者兄弟姐妹关系的;五是与本案当事人之间存在其他利害关系,可能影响案件公正处理的。②当事人及其法定代理人要求回避的情形。审判人员具有下列情形之一的,当事人及其法定代理人有权要求回避:一是私下会见本案一方当事人及其诉讼代理人、辩护人的;二是为本案当事人推荐、介绍诉讼代理人、辩护人,或者为律师、其他人员介绍办理该案件的;三是索取、接受本案当事人及其受托人的财物、其他利益,或者要求当事人及其受托人报销费用的;四是接受本案当事人及其受托人的宴请,或者参加由其支付费用的各项活动的;五是向本案当事人及其受托人借款,借用交通工具、通信工具或者其他物品,或者索取、接受当事人及其受托人在购买商品、装修住房及其他方面给予的好处的;六是有其他不正当行为,可能影响案件公正审理的。③禁止性规定。凡在一个审判程序中参与过本案审判工作的审判人员,不得再参与该案其他程序的审判。

(4)坚持以事实为根据,以法律为准绳。努力查明案件事实,准确把握法律精神，正确适用法律，合理行使裁量权，避免主观臆断、超越职权、滥用职权，确保案件裁判结果公平公正。

第二节　保证司法公正与提高审判执行效率

公正与效率二者是相辅相成的，缺一不可的。一味强调公正，而不讲求效率，当事人的合法权益不能及时得到保障，迟来的正义也就不能被称为正义；但只讲求效率，不注重案件审理的质量，也就不能真正地实现司法公正。因此，保证司法公正与提高审判执行效率密不可分。

一、保证司法公正与提高审判执行效率的理论价值

公正与效率是一切法和与之相应的各种法律业务的理性内核，也是法官职业道德的灵魂和基础，是衡量审判能力和裁判水平的"车之两轮""鸟之双翼"。21世纪初，时任最高人民法院院长肖扬就曾提出"公正与效率是21世纪人民法院工作的主题"。

（一）公正与效率的理性价值特征

自从法和法律业务产生以来，公正与效率长期被埋藏于纷繁芜杂的法概念、法规律条以及法的事务之中，从而被形态各异的知行观主宰着，难以显现出其本来面目。事实上，被上升为国家意志的社会主导理念鲜有匮乏从中抽象出公正与效率的理性能力，也不缺乏把公正与效率付诸实践的行动能力，只是在不同的社会形态下，他们不能把这个被称作公正与效率的事物奉为法和相关法律事务的国家指导意识而已。只有在以马克思列宁主义认识论、知行观来真正思考实施法治的前提下，公正与效率的理性生命力才能在萌动之中被拯救出来，并恢复其本来的辩证关系，显示其可以主导从事社会正义的司法职业发展方向、态势和进程的理性力量。唯物辩证法认为，实践是检验

法官职业道德

真理的唯一标准，但同时也认为，如果实践离开了先进理论的指导，只能是盲目的实践。在司法审判实践活动中日益丰富和发展的当今时代，公正与效率问题日渐凸显，并在《法官职业道德基本准则》中确定下来，在司法审判实践中体现出其强大的理性力量，而这种力量正是公正与效率内在的理性价值之所在。这种理性价值具有以下若干主要特征。

1. 思想性

面对问题和困境明智地探寻出路与对策，是思想者应有的作风和品格。但思想者的探索能否最终体现为合理、代表事物运动规律和前进方向的思想，则取决于探索者对于"理性与情性、知识与价值、真理与方法的平衡"[①]，是在对病下药还是在对病名下药的方式抉择。21世纪初，法院面对而且必须思考的问题和现象是这样的：第一，我国已经成为一个诉讼大国，积案过多、压力过大已经成为审判工作的一大难题，司法成绩是第一位的，法官队伍的主流是好的；第二，我国法官职业业已形成，但国家依然将其定位为普通的国家工作人员，这样定位必然导致"标准低、职业道德实质上已被湮灭"[②]；第三，法官作为一种特殊的职业群体，有着自己的利益要求，但"法官的利益要求并不是单值的经济或权力要求，而是多种要求的综合体，并且，各种要求在历经若干次盘算或下意识的权衡后才能反映出来"[③]，在素质不高的法官面前，司法不公甚至司法腐败已经具备出现的可能性，事实上，"少数案件裁判不公，少数司法人员徇私枉法，违法审判，以权谋私、以案谋私现象还没有根绝；一些审判人员素质不高，不适应审判工作和形势发展的需要；"[④] 第四，在这个大背景下，"国人对司法正义的渴求已到了'饥不择食'

---

① [美]成中英主编：《本体与诠释》，生活·读书·新知三联书店2000年版，第6页。
② 蒋惠岭：《司法职业道德之基本认识》，载《法律适用（国家法官学院学报）》2001年第1期。
③ 顾培东：《社会冲突与诉讼机制》，四川人民出版社1991年版，第141页。
④ 肖扬：《努力推进改革，司法公正，以崭新姿态跨入新世纪——在全国高级法院院长会议上的讲话》（1999年12月），载《中华人民共和国最高人民法院公报》2000年第1期。

的地步"①，对这个问题和现状的讨论已有异彩纷呈之势。最高人民法院推出以公正与效率为重要内容的《法官职业道德基本准则》，足见其思想的敏锐和犀利。特别是公正与效率的提出，避免了针对问题拿方案和盯着漏洞想补救的短视和狭隘，形成了正本清源和思虑长远与未来的思想武器。因此，从一定意义上说，公正与效率既可以成为法官职业道德体系的重要思想之一，也能够成为中国司法改革的价值取向。

2. 权威性

20年来，全国各级人民法院对于提高法官职业道德水准，谋求司法公正或追求审判效率，付出了很大的努力。法学理论界也对此予以了相当的关注，有关报道和研究文章已屡见不鲜。最高人民法院提出公正与效率观点，并将《法官职业道德基本准则》发布适用于全国各级人民法院的法官，从而体现了高度的权威性、要求的统一性和作为任务来完成的紧迫性②，避免了各级人民法院就司法公正与效率问题造成的各自为政的尴尬，在全国法院系统和全体法官队伍中起到了统一思想、统一认识、统一行动和消除差异的作用。

3. 深刻性

在司法审判领域能否实现公正与效率，不仅关系到法官职业道德建设的成功与否，而且关系到人民法院能否更好满足人民群众司法需求确保社会大局稳定，促进社会公平正义。公正与效率关系到强化法官职业道德适用时间上的尝试、适用案件上的广度与适用对象上的力度。公正不是一事一案的公正，效率也不是一时一地的效率，而在于谋求"德化于自身""德化于本职""德化于社会"的实际效果，深刻地反映出"坚持马克思主义道德观、社会主义道德观，倡导共产主义道德，以为人民服务为核心，以集体主义为原则，以爱祖国、爱人民、爱劳动、爱科学、爱社会主义为基本要求"③ 所主张的

---

① 杜睿哲：《民事审判方式改革与撤诉制度的完善》，载《现代法学》1999年第6期。
② 何靖：《法官职业道德基本准则 曹建明要求加强职业道德实施机制建设，建立健全职业道德考核制度》，载《人民法院报》2001年10月19日。
③ 参见中共中央、国务院印发的《新时代公民道德建设实施纲要》（2019年10月）。

"为人民服务"的终极道德观。不言而喻，司法审判公正与效率的直接受惠和最终获益者终究是社会和人民，这也是公正与效率最为深刻的价值取向。

4. 时代性

公正与效率的时代性就是符合时代需要的特性。任何一个时代都需要符合时代节拍的司法职业指导理念，在一切剥削阶级社会形态里的司法职业指导理念无外乎是让公正与效率屈从于剥削者剥削被剥削者的剥削意志，在宗教裁判所里则要屈从于神学理念特征，在现当代西方发达的资本主义社会里也在提倡公正与效率，只是公正与效率的判断标准并非掌握在最广大的人民手中。在新时代，为了满足人民群众的司法需求，也为了提高人民法院的审判能力和审判体系的现代化，对公正与效率有了更新颖、更明确、更具体、更先进的判断标准，这种时代要求和标准从本质上既决定了公正与效率强烈的时代性特征，也决定了在现当代世界司法改革大潮中我们可能走向前沿的发展态势。

5. 人民性

人民性，也可以说是公正与效率的指导性特征，是指明方向，用以引导前进的事物属性。从这个意义上说，公正与效率的指导性也可称为公正与效率的导向性，显示了党对司法工作的领导，确定了司法工作必须坚持正确的政治方向。公正与效率作为法官职业道德体系的精神和灵魂而存在，它指导着法官人格的养成和法官法律信仰、审判行动的道德基点，从而在司法实践中外化为法官追求终极正义的行为表现和形象生成。特别是当人民法院要坚持司法为民、公正司法的价值追求时，这种导向性将是长期和久远的。这种指导性还是由中国特色社会主义司法制度的特点决定的，特别是党对政法工作绝对领导的具体体现，"坚持人民主体地位""必须牢牢把握社会公平正义这一法治价值追求，努力让人民群众在每一项法律制度、每一个执法决定、每一宗司法案件中都感受到公平正义""体现人民利益、反映人民愿望、维护人民权益、增进人民福祉"①，这就指明了司法工作的服务方向是最广大的人民群众。

(二) 公正与效率的科学性价值特征

在剖析公正与效率的内在合理性的过程中，笔者注意到司法审判实践活动已经与以往任何一个时期都有了很大的不同，特别是在方法的科学性和手段的多元化上，简直让人惊叹不已：20世纪下半叶以来，科学技术飞速发展，硕果累累，不但开阔了人们的眼界，也为司法实践提供了取之不尽的科学方法与手段。从纯粹法律方法到多种法学方法，从单一学科手段到复合科学手段，从"老三论"到"新三论"，从电脑到网络，从5G到物联网等，这种现状决定了提倡公正与效率，必须高度重视其科学性的价值特征。显然，公正与效率的科学性价值特征不仅体现在它是从严格的逻辑推理中得出的必然结论，也不仅体现在它是司法审判实践者在众多的科学手段与方法中寻求的便捷、准确、高效以及诉讼（特别是制度）资源与诉求经济效益在非对称发展中追求平衡上，更体现在它是长期以来法律理论界和司法实务界对司法实践进行深刻探索并从中得出的规律性认识中。其科学性价值特征主要表现在以下几个方面。

1. 系统性

公正与效率是一个可持续发展的司法正义运动系统。在这个系统中，公正与效率作为司法正义运动系统中的两个子系统，各自成体系，公正子系统由实体公正和程序公正支撑；效率子系统由审判时间效率、司法资源效率和诉讼成本效率构建。

2. 统一性

公正与效率的统一性也是公正与效率的对立统一性，公正与效率的统一性其要有三：一是二者统一于法官以司法审判活动释证社会正义的行为中；

---

① 习近平：《加强党对全面依法治国的领导》，载习近平：《论坚持党对一切工作的领导》，中央文献出版社2019年版，第273页。

二是二者统一于法官道德操守"形于外"的职业形象之中；三是二者统一于法官以特定形式"为人民服务"的道德理念上。对立统一性其要有二：一是二者对立于"失衡"之上而统一于"平衡"之中，即以法官有限的时间和精力过分追求无限的公正，就会影响效率的发挥，适度把握才能二者兼顾，和谐统一；二是对立于局部之中而统一于全局之上，即应当看到各级人民法院的法官都有着自己特定的局部和全局观，法官过分追求局部公正则可能影响全局效率，反之亦然，只有具备全局观念和大局意识，才能准确把握二者的统一特性。

3. 关联性

公正与效率的关联性也是公正与效率的互补性，二者相互关联，互为补充。公正是其质的规定性，效率是其量的规定性。离开了对效率的追求和积累，作为质的公正就只能成为纯粹的精神象征；离开了对公正的准确把握与苛求，作为量的效率就会变成"葫芦僧乱判葫芦案"式的案件审理、判决的流水生产线。

4. 完整性

公正与效率的完整性就是不能被分裂、割断的特殊属性，即公正与效率本质上是社会正义的基本特性，它必须延续于立法、司法和法律监督的完整法制运作过程之中，立法上的任何偏颇，都不能产生司法上的公正与效率；司法上的任何偏颇，都不能得到法律监督上的宽恕。对于法官主要是强调司法上的公正与效率，但优秀的法官在把握司法上的公正与效率的同时，都应敏锐地关注立法动态和监督倾向。

5. 准确性

公正与效率的准确性在于它首先是对司法实践中的规律性认识的准确表述；其次是对时代呼声的准确反映；最后是对为人民服务作为公民道德建设的核心，即"坚持以社会主义核心价值观为引领，将国家、社会、个人层面的价值要求贯穿到道德建设各方面，以主流价值建构道德规范、强化道德认同、指引道德实践"① 在司法职业上的要求所作出的准确提炼,切实把培育和践行社会主义核心价值观与推进平安中国、法治中国建设紧密结合起来,与司法为民、公正司法紧密结合起来,努力以审判工作推进社会主义核心价值观建设。

(三)公正与效率的实践性价值特征

毛泽东同志说过:"拿法庭来说,它是对付反革命的,但也不完全是对付反革命的,要处理很多人民内部闹纠纷的问题。"② 在我们所面临形势和任务发生重大转变的今天,司法工作者更主要的任务是"要处理很多人民内部闹纠纷的问题",法官在司法审判实践中就更应当追求司法公正与效率。公正与效率的实践性特征是指它可以直接应用于法官司法实践活动的属性,具体包括以下几点。

1. 规范性

公正与效率作为提高审判能力的"车之两轮"或"鸟之双翼",对人民法院的司法工作具有规范性。《法官职业道德基本准则》明确规定严格遵守法定办案时限,提高审判执行效率,及时化解纠纷,注重节约司法资源,杜绝玩忽职守、拖延办案等行为,就更是直接作用于每一个法官的规范性要求,特别是实践"司法为民"的要求,是提升法官政治素质和政治能力的途径。

2. 针对性

应当说,提出公正与效率问题的针对性是很强的。面对个别法官或个别法院出现的司法腐败现象,人民法院的司法公信力受到了影响。因此,要持之以恒推进正风肃纪,坚决惩治腐败犯罪和法官违纪违法行为。以刀刃向内的勇气和决心,严肃查处司法领域违纪违法行为,扎实开展"以案释德、以

---

① 参见中共中央、国务院印发的《新时代公民道德建设实施纲要》。
② 毛泽东:《在中国共产党第八届中央委员会第二次全体会议上的讲话》,载《毛泽东选集》(第五卷),人民出版社1977年版,第319页。

案释纪、以案释法"警示教育，坚持反腐败无禁区、全覆盖、零容忍，才能充分发挥审判职能作用，依法严惩腐败犯罪，促进巩固发展反腐败斗争压倒性胜利，从而实现公正与效率的完美结合。

3. 目的性

公正与效率的目的性或者是目标性，表现在三个主要方面：一是作为中国司法改革的价值取向[①]，公正是司法的生命线，提升司法效率、破解人案矛盾，不能降低司法质量、损害人民群众合法权益；二是作为法官追求的目标，激励法官朝着这一方向努力，贯彻落实防止干预司法"三个规定"，确保在党的领导下依法独立公正行使审判权；三是作为法官追求为人民服务的最终道德目的的特殊形式，坚持用习近平新时代中国特色社会主义思想武装头脑，坚守初心使命，增强"四个意识"，坚定"四个自信"，做到"两个维护"。

4. 操作性

公正与效率的操作性是由"公正"和"效率"的法律逻辑内涵而导出的。公正与否，就是依实体法裁量得体与否，按程序法操作违例与否；效率的操作性就表现在法律所规定的各项时限要求上。至于由公正与效率主导的法官职业道德规范体系，其操作性自不用说了。无论是司法公开，还是落实司法责任制，都与保证司法工作的公正与效率密不可分。现在统筹平衡司法供给和司法需求，又是推进公正与效率的重要举措，通过两个"一站式"建设，一方面优化诉讼服务，全力满足群众多元司法需求；另一方面，将非诉讼纠纷解决机制挺在前面，强化诉源治理，在各级党委领导下，主动融入社会矛盾综合治理大格局，形成"一站式"多元解纷机制，从源头上减少进入诉讼程序的案件。

[①] 《中国司法改革在价值取向上兼顾公正与效率》，载中国新闻网 http://www.chinanews.com/fz/2012/10-09/4233122.shtml，访问时间 2018 年 12 月 19 日。

5. 可评估性

就公正与效率本身而言，可评估性是操作性的逻辑结论，凡是可操作的，都是可以评估的。与之配套的《法官职业道德基本准则》，理论上也是可评估的。但实践中的评估则需建立相应的机制、体系和方法，才能评估得具体、准确。2015年9月21日，最高人民法院发布《关于完善人民法院司法责任制的若干意见》明确提出：各级人民法院应当成立法官考评委员会，建立法官业绩评价体系和业绩档案。业绩档案应当以法官个人日常履职情况、办案数量、审判质量、司法技能、廉洁自律、外部评价等为主要内容。法官业绩评价应当作为法官任职、评先评优和晋职晋级的重要依据。

（四）公正与效率的发展性价值特征

公正与效率作为人民法院践行司法为民的工作抓手之一，具有与时俱进的发展性价值特征。

1. 继承性

公正与效率的工作要求是对我党司法为民优良传统的继承和发展。司法为民是党在领导人民司法事业发展中形成并始终践行的优良传统，实践证明，只有始终站稳人民立场，努力践行司法为民宗旨，积极回应群众关切，司法工作才能符合民情、体现民意、赢得民心。抗日战争时期，形成的"马锡五审判方式"①，就是这一优良革命司法传统的典型代表，是中国革命司法文化的宝贵精神财富，也是中国特色社会主义司法制度必须要坚持的道路和方向。及时化解纠纷，使裁判结果达到法律效果、政治效果和社会效果的统一，是对革命司法传统的继承和发展，也是公正与效率追求的最终目标。

2. 先进性

中国特色社会主义司法制度是以先进的马克思主义理论为指导，彻底为

---

① 马锡五审判方式的特点是：一切从实际出发，认真贯彻群众路线，坚持原则，实行简便利民的诉讼手续。参见张希坡：《马锡五与马锡五审判方式》，法律出版社2012年版，第188-198页。

广大人民群众服务的司法制度，因此，具有先进性。这种先进性体现在公正与效率上，就是追求实质正义和审判高效。党的领导，是我国审判制度最大的政治优势，是实现公平正义、司法为民的根本保障。一方面，通过具体案件的公正审判，切实推动解决关乎社会主义核心价值观的问题，充分实现"国法、天理、人情"的统一，充分实现政治效果、社会效果和法律效果的统一，既保证个案公正，又引导社会正义。另一方面，通过一系列举措不断提升审判效率。一是通过机制创新，加强诉源治理，推行纠纷多元化解，推进案件繁简分流，促进集中高效审理；二是通过程序整合，强化庭前会议功能，推行要素式审判和文书简化，科学压缩审理期限；三是通过绩效考核和通报制度，提升法定审限内结案率，严格控制延长审限，并定期清理长期未结案；四是通过信息化研发，推行网上办案、网上开庭、网上送达等，助力审判效率进一步提升。①

3. 前瞻性

公正与效率的前瞻性也是其预见性，它预见了司法审判工作走向追求公正与效率的必由之路，同时也预见了在将来。例如，在新冠肺炎疫情防控形势下和确保完成决战决胜脱贫攻坚目标任务的要求下，如何更好地发挥人民法院职能作用，依法公正高效做好审判执行工作，统筹推进疫情防控和经济社会发展工作，为实现"六保"提供有力司法服务和保障。最高人民法院据此推出的一系列司法文件和具体要求，都是围绕公正与效率，推动司法审判活动的良性运转的具体举措。

4. 创新性

邓小平同志说："没有一点闯的精神，没有一点'冒'的精神，没有一股气呀、劲呀，就走不出一条好路，走不出一条新路就干不出新的事业。"②

---

① 姜启波：《深入研究中国特色社会主义审判制度优越性 为世界法治文明建设贡献中国智慧》，载《人民法院报》2019年12月12日，第5版。

② 《邓小平文选》（第三卷），人民出版社1993年版，第372页。

以公正与效率为主导，可以激发现代法官的创新勇气、胆识和精神，创建与时俱进的思想、理论、方法和业绩。

为了在司法审判中落实公正与效率的有机统一，近年来，人民法院在保证司法公正的前提下，采取了一系列提高审判效率的创新举措。一是在各诉讼领域普遍实行案件繁简分流。简单明了的案件适用简易程序、速裁程序，把有效的资源集中到重大、复杂案件上，兼顾公正与效率。在刑事诉讼领域，扩大了简易程序的适用范围。在民事诉讼领域，建立了小额速裁制度。在行政诉讼领域，开展了行政诉讼简易程序试点工作。二是简化立案程序，建立人民法庭直接立案工作机制。对于案情简单且当事人住处较远的，采取邮寄立案、电话立案等方式，再按规定办理立案手续，解决了当事人立案不便的困难。三是建立诉讼与非诉讼相衔接的矛盾纠纷多元解决机制，形成调解、仲裁、诉讼等多层次、多渠道的矛盾化解机制，及时有效化解矛盾纠纷。四是规定了刑事和解制度，已经进入刑事诉讼的案件也可以和解。五是加强信息化建设，大力推行网上预约立案、信息查询、网上审批、网上办公，高效便捷地维护了群众的诉讼权益。①

在今后的工作中，正确处理好司法质量与司法效率的关系，就要在保障司法质量、提升司法公正方面狠下功夫、深化改革，有效实现司法质量与效率的有机统一：一是健全完善法律统一适用机制，二是严格落实司法责任，三是完善法官惩戒制度。②

二、保证司法公正与提高审判执行效率要遵循的原则、要求和具体做法

在审判实践中，保证司法公正与提高审判执行效率要落实到具体的行动

---

① 《中国司法改革在价值取向上兼顾公正与效率》，载中国新闻网 http://www.chinanews.com/fz/2012/10-09/4233122.shtml，访问时间 2018 年 12 月 19 日。

② 李少平：《深化司法责任制综合配套改革 推动审判体系和审判能力现代化》，载《人民法院报》2020 年 4 月 23 日。

中，要贯穿诉讼过程的每一个阶段，真正实现公正与效率并重。

(一) 坚持公正与效率并重必须遵循的原则

要想在案件的审理过程中，做到公正与效率并重，必须遵循以下两个原则：

一是牢固树立程序意识。坚持实体公正与程序公正并重，严格按照法定程序执法办案，充分保障当事人和其他诉讼参与人的诉讼权利，避免执法办案中的随意行为。

二是牢固树立效率意识。科学合理安排工作，严格遵守法定办案时限，在法定期限内及时履行职责，提高审判执行效率，及时化解纠纷，注重节约司法资源，杜绝玩忽职守、拖延办案等行为。

(二) 坚持公正与效率并重的具体要求和做法

坚持公正与效率并重贯穿于诉讼过程始终，在诉讼的每一个阶段都有具体的要求和做法。

1. 立案阶段

(1) 基本要求：保障当事人依法行使诉权，特别关注妇女、儿童、老年人、残疾人等群体的诉讼需求；便利人民群众诉讼，减少当事人诉累；确保立案质量，提高立案效率。

(2) 当事人来法院起诉：加强诉讼引导，提供诉讼指导材料；符合起诉条件的，在法定时间内及时立案；不符合起诉条件的，不予受理并告知理由，当事人坚持起诉的，裁定不予受理。

(3) 当事人要求上门立案或者远程立案：当事人因肢体残疾行动不便或者身患重病卧床不起等原因，确实无法到法院起诉且没有能力委托代理人的，可以根据实际情况上门接收起诉材料；当事人所在地离受案法院距离远且案件事实清楚、法律关系明确、争议不大的，可以通过网络或者邮寄的方式接收起诉材料；对不符合上述条件的当事人，应当告知其到法院起诉。

(4) 依法应当公诉的案件提起自诉：应当在接受后移送主管机关处理，

并且通知当事人；情况紧急的，应当先采取紧急措施，然后移送主管机关并告知当事人。

（5）遇到疑难复杂情况，不能当场决定是否立案：收下材料并出具收据，告知等待审查结果；及时审查并在法定期限内将结果通知当事人。

（6）发现涉及群体的、矛盾易激化的纠纷：及时向领导汇报并和有关部门联系，积极做好疏导工作，防止矛盾激化。

（7）当事人自行委托或者申请法院委托司法鉴定：当事人协商一致自行委托的，应当认真审查鉴定情况，对程序合法、结论公正的鉴定意见应当采信；对不符合要求的鉴定意见可以要求重新鉴定，并说明理由；当事人申请法院委托的，应当及时作出是否准许的决定，并答复当事人；准许进行司法鉴定的，应当按照规定委托鉴定机构及时进行鉴定。

2. 审判阶段

（1）基本要求：规范庭审言行，树立良好形象；增强庭审驾驭能力，确保审判质量；严格遵循庭审程序，平等保护当事人诉讼权利；维护庭审秩序，保障审判活动顺利进行。

（2）开庭前的准备：在法定期限内及时通知诉讼各方开庭时间和地点；公开审理的，应当在法定期限内及时公告；当事人申请不公开审理的，应当及时审查，符合法定条件的，应当准许，不符合法定条件的，应当公开审理并解释理由；需要进行庭前证据交换的，应当及时提醒，并主动告知举证时限；当事人申请法院调取证据的，如确属当事人无法收集的证据，应当及时调查收集，不得拖延；证据调取不到的，应当主动告知原因；如属于当事人可以自行收集的证据，应当告知其自行收集。

（3）开庭时间：不得无故更改开庭时间；因特殊情况确需延期的，应当立即通知当事人及其他诉讼参加人；无法通知的，应当安排人员在原定庭审时间和地点向当事人及其他诉讼参加人解释。

（4）出庭时注意事项：准时出庭，不迟到，不早退，不缺席。

（5）案件不能在审限内结案：需要延长审限的，按照规定履行审批手续；应当在审限届满或者转换程序前的合理时间内，及时将不能审结的原因告知当事人及其他诉讼参加人。

3. 诉讼调解阶段

（1）基本要求：树立调解理念，增强调解意识，坚持"调解优先、调判结合"，充分发挥调解在解决纠纷中的作用；切实遵循合法、自愿原则，防止不当调解、片面追求调解率；讲究方式方法，提高调解能力，努力实现案结事了。

（2）当事人对调解方案有分歧：继续做好协调工作，尽量缩小当事人之间的分歧，以便当事人重新选择，争取调解结案；分歧较大且确实难以调解的，应当及时依法裁判。

4. 执行阶段

（1）基本要求：依法及时有效执行，确保生效法律文书的严肃性和权威性，维护当事人的合法权益；坚持文明执行，严格依法采取执行措施，坚决避免不作为和乱作为；讲求方式方法，注重执行的法律效果和社会效果。

（2）被执行人以特别授权为由要求执行人员找其代理人协商执行事宜：应当从有利于执行考虑，决定是否与被执行人的代理人联系；确有必要与被执行人本人联系的，应当告知被执行人有义务配合法院执行工作，不得推托。

（3）申请执行人来电或者来访查询案件执行情况：认真做好记录，及时说明执行进展情况；申请执行人要求查阅有关案卷材料的，应当准许，但法律规定应予保密的除外。

（4）被执行财产的查找：申请执行人向法院提供被执行财产线索的，应当及时进行调查，依法采取相应的执行措施，并将有关情况告知申请执行人；应当积极依职权查找被执行人财产，并及时依法采取相应执行措施。

（5）执行当事人请求和解：及时将和解请求向对方当事人转达，并以适当方式客观说明执行的难度和风险，促成执行当事人达成和解；当事人拒绝和解的，应当继续依法执行；申请执行人和被执行人达成和解的，应当制作书面和解协议并归档，或者将口头达成的和解协议内容记入笔录，并由双方当事人签字或者盖章。

（6）被执行人对受委托法院执行管辖提出异议：审查案件是否符合委托执行条件，不符合条件的，及时向领导汇报，采取适当方式纠正；符合委托执行条件的，告知被执行人受委托法院受理执行的依据并依法执行。

（7）案外人对执行提出异议：要求案外人提供有关异议的证据材料，并及时进行审查；根据具体情况，可以对执行财产采取限制性措施，暂不处分；异议成立的，采取适当方式纠正；异议不成立的，依法予以驳回。

（8）被执行人以生效法律文书在实体或者程序上存在错误而不履行：生效法律文书确有错误的，告知当事人可以依法按照审判监督程序申请再审或者申请有关法院补正，并及时向领导报告；生效法律文书没有错误的，要及时做好解释工作并继续执行。

5. 涉诉信访处理

（1）基本要求：高度重视并认真做好涉诉信访工作，切实保护信访人合法权益；及时处理信访事项，努力做到来访有接待、来信有着落、申诉有回复；依法文明接待，维护人民法院良好形象。

（2）对来信的处理：及时审阅并按规定登记，不得私自扣押或者拖延不办；需要回复和退回有关材料的，应当及时回复、退回；需要向有关部门和下级法院转办的，应当及时转办。

（3）对来访的接待：及时接待，耐心听取来访人的意见并做好记录；能当场解答的，应当立即给予答复，不能当场解答的，收取材料并告知按约定期限等待处理结果。

（4）信访人反复来信来访催促办理结果：告知规定的办理期限，劝其耐心等待处理结果；情况紧急的，及时告知承办人或者承办部门；超过办理期限的，应当告知超期的理由。

法官职业道德

（5）信访人对处理结果不满，要求重新处理：处理确实不当的，及时报告领导，按规定进行纠正；处理结果正确的，应当做好相关解释工作，详细说明处理程序和依据。

（6）来访人表示不解决问题就要滞留法院或者采取其他极端方式：及时进行规劝和教育，避免使用不当言行刺激来访人；立即向领导报告，积极采取适当措施，防止意外发生。

第五章 保证司法公正（下）

第一节 保证司法公正与司法公开

深化司法公开，是党的十八大以来提出的要求，是落实宪法法律原则、保障人民群众有序参与司法的重大举措，是深化司法改革、建立公开透明的审判权力运行机制的重要内容，是全面推进依法治国、加快建设社会主义法治国家的必然要求，对于保证司法公正，推进审判体系和审判能力现代化，更好地满足人民群众日益增长的司法需求，具有十分重要的意义。

一、司法公开

司法公开包括立案公开、庭审公开、执行公开、听证公开、文书公开和审务公开。人民法院以建设审判流程公开、庭审活动公开、裁判文书公开、执行信息公开四大平台为载体，全面深化司法公开，着力构建开放、动态、透明、便民的阳光司法机制，促进司法公正，不断提升司法公信力。

（一）概述

司法改革之初，谈到司法公开主要谈的是强化执行公开审判制度。公开审判制度在中国有着悠久的传统。中国古代行政官员兼理司法，所谓的县官大老爷升堂办案，是允许老百姓旁听的，这可以说是典型的公开审判制度。到中国共产党建立工农武装后，在革命根据地的有关法律文件中，就明确规定了公开审判制度。如中华苏维埃共和国就规定：法庭开庭审理前必须公告，并且允许公众旁听。法庭开庭公审前三日，必须将公审案件挂牌通告；法庭开庭公审时,庭长为主审;公审时容许一切苏维埃公民旁听。① 公开审判不仅体现在庭审中,而且要贯穿审判过程始终。"在判决书上对于被告人犯法行为的经过,犯法时间和地点及人证、物证等应详细地有系统地叙述出来,不许用笼统的、似是而非的话来作判决书。各人的犯罪事实不一样,判决书也应按照各人的犯罪事实来叙述,不许各个判决书用一律的笼统话来写。判决案件应拿住他最主要的事实,不要将不重要的写了一大篇,将最重要的事实遗漏不提。即(使)有时对某案件的检查结果,找不到犯罪的事实,也要经过法庭宣告无罪,并须写成判决书。"②

自 20 世纪 90 年代起,中国开始了司法改革。1999 年最高人民法院发布《关于严格执行公开审判制度的若干规定》对严格执行公开审判制度作出了更加明确具体的规定。一是明确了人民法院进行审判活动,必须坚持依法公开审判制度,做到公开开庭,公开举证、质证,公开宣判。二是明确了人民法院一、二审案件公开审理的范围。人民法院对于第一审案件,除涉及以下几种情况外,应当一律公开审理:国家秘密的案件;涉及个人隐私的案件;14 岁以上不满 16 岁未成年人犯罪的案件;经人民法院决定不公开审理的 16 岁以上不满 18 岁未成年人犯罪的案件;经当事人申请,人民法院决定不公开审理的涉及商业秘密的案件;经当事人申请,人民法院决定不公开审理的离婚案件;法律另有规定的其他不公开审理的案件。人民法院应当公开审理的第二审案件包括:当事人对不服公开审理的第一审案件的判决、裁定提起上诉的,但因违反法定程序发回重审的和事实清楚依法径行判决、裁定的除外;人民检察院对公开审理的案件的判决、裁定提起抗诉的,但需发回重审的除外。三是人民法院审理的所有案件应当一律公开宣告判决。四是依法公开审

---

① 《革命法庭工作大纲》,载韩延龙、常兆儒编:《中国新民主主义革命时期根据地法制文献选编》(第三卷),中国社会科学出版社 1981 年版,第 333 页。
② 《中华苏维埃共和国司法人民委员部对裁判机关工作的指示》第 6 条第 5 项,参见韩延龙、常兆儒编:《中国新民主主义革命时期根据地法制文献选编》(第三卷),中国社会科学出版社 1981 年版,第 303 页。

理案件，公民可以旁听，但精神病人、醉酒的人和未经人民法院批准的未成年人除外。在这个文件中，要求人民法院审理的所有案件应当一律公开宣告判决，这可以说是拉开了裁判文书公开的序幕。

（二）与司法公开有关的指导性文件及主要内容

1999年最高人民法院公布的《人民法院五年改革纲要》明确要求："12. 严格执行最高人民法院1999年3月8日发布的《关于严格执行公开审判制度的若干规定》，全面落实公开审判制度。人民法院开庭审判的案件，应当逐步提高当庭宣判率。13. 加快裁判文书的改革步伐，提高裁判文书的质量。改革的重点是加强对质证中有争议证据的分析、认证，增强判决的说理性；通过裁判文书，不仅记录裁判过程，而且公开裁判理由，使裁判文书成为向社会公众展示司法公正形象的载体，进行法制教育的生动教材。"这对裁判文书的公开内容作出了具体的要求，也对裁判文书的质量提出了更高的要求。

2009年12月8日，为进一步落实公开审判的宪法原则，扩大司法公开范围，拓宽司法公开渠道，保障人民群众对人民法院工作的知情权、参与权、表达权和监督权，维护当事人的合法权益，提高司法民主水平，规范司法行为，促进司法公正，根据有关诉讼法的规定和人民法院的工作实际，按照依法公开、及时公开、全面公开的原则，最高人民法院发布《关于司法公开的六项规定》，明确了司法公开的六项内容，即立案公开、庭审公开、执行公开、听证公开、文书公开和审务公开。

2013年11月12日通过的《中共中央关于全面深化改革若干重大问题的决定》对司法公开作出了进一步的要求，同时也明确提出了裁判文书公开是人民法院全面深化改革的一个重要方面。该决定中规定："（33）健全司法权力运行机制。优化司法职权配置，健全司法权力分工负责、互相配合、互相制约机制，加强和规范对司法活动的法律监督和社会监督。改革审判委员会制度，完善主审法官、合议庭办案责任制，让审理者裁判、由裁判者负责。

明确各级法院职能定位，规范上下级法院审级监督关系。推进审判公开、检务公开，录制并保留全程庭审资料。增强法律文书说理性，推动公开法院生效裁判文书。"这是首次以中央改革文件的形式对司法公开具体问题作出规定，也是对最高人民法院全面推动裁判文书公开工作作出的回应。

为了全面落实《中共中央关于全面深化改革若干重大问题的决定》的具体要求，也为了推动人民法院司法公开工作的顺利开展。2013年11月21日，最高人民法院印发《关于推进司法公开三大平台建设的若干意见》。该意见分为推进司法公开三大平台建设的意义、目标和要求，推进审判流程公开平台建设，推进裁判文书公开平台建设，推进执行信息公开平台建设，工作机制等五部分。该意见指出，建设司法公开三大平台，是人民法院适应信息化时代新要求，满足人民群众对司法公开新期待的重要战略举措。人民法院应当以促进社会公平正义、增加人民福祉为出发点和落脚点，全面推进司法公开三大平台建设。该意见明确了努力实现推进司法公开三大平台建设的基本目标。人民法院应当通过建设与公众相互沟通、彼此互动的信息化平台，全面实现审判流程、裁判文书、执行信息的公开透明，使司法公开三大平台成为展示现代法治文明的重要窗口，保障当事人诉讼权利的重要手段，履行人民法院社会责任的重要途径。通过全面推进司法公开三大平台建设，切实让人民群众在每一个司法案件中都感受到公平正义。该意见还提出了准确把握推进司法公开三大平台建设的总体要求。人民法院应当提高认识，转变观念，严格按照以下要求推进司法公开三大平台建设：①统一规划，有序推进。人民法院应当在最高人民法院的统一指导下，在各高级人民法院的统筹规划下，立足实际，循序渐进，有计划、分批次地推进司法公开三大平台建设。司法公开示范法院和信息化建设有一定基础的法院，应当率先完成建设任务。②科技助推，便捷高效。人民法院应当依托现代信息技术，不断创新公开方式，拓宽公开渠道，通过建立健全网上办案系统与司法公开平台的安全输送、有效对接机制，实现各类信息一次录入、多种用途、资源共享，既方便公众和当事人查询，又避免重复劳动，最大限度地减少审判人员的工作负担。③立足服务，逐步拓展。人民法院应当充分发挥司法公开三大平台在资讯提供、意见搜集和信息反馈方面的作用，逐步开发其在远程预约立案、公告、送达、庭审、听证、查控方面的辅助功能，提升互动服务效能。公众通过平台提出的意见和建议，应当成为人民法院审判管理、审判监督、纪检监察和改进工作的重要依据。

2014年10月23日，党的十八届四中全会通过《中共中央关于全面推进依法治国若干重大问题的决定》，提出："构建开放、动态、透明、便民的阳光司法机制，推进审判公开、检务公开、警务公开、狱务公开，依法及时公开执法司法依据、程序、流程、结果和生效法律文书，杜绝暗箱操作。加强法律文书释法说理，建立生效法律文书统一上网和公开查询制度。"

最高人民法院于2014年7月公布了《人民法院第四个五年改革纲要（2014—2018）》，在2015年又进行了修订，制定了《关于全面深化人民法院改革的意见》，扩大了法院改革的工作范围，加大了司法公开工作的力度："（五）构建开放、动态、透明、便民的阳光司法机制。建立中国特色社会主义审判权力运行体系，必须依托现代信息技术，构建开放、动态、透明、便民的阳光司法机制，增进公众对司法的了解、信赖和监督。到2015年底，形成体系完备、信息齐全、使用便捷的人民法院审判流程公开、裁判文书公开和执行信息公开三大平台，建立覆盖全面、系统科学、便民利民的司法为民机制。37. 完善庭审公开制度。建立庭审公告和旁听席位信息的公示与预约制度。对于依法应当公开审理，且受社会关注的案件，人民法院应当在已有条件范围内，优先安排与申请旁听者数量相适应的法庭开庭。有条件的审判法庭应当设立媒体旁听席，优先满足新闻媒体的旁听需要。38. 完善审判流程公开平台。推动全国法院政务网站建设。建立全国法院统一的诉讼公告网上办理平台和诉讼公告网站。继续加强中国审判流程信息公开网网站建设，完善审判信息数据及时汇总和即时更新机制。加快建设诉讼档案电子化工程。

推动实现全国法院在同一平台公开审判流程信息，方便当事人自案件受理之日起，在线获取审判流程节点信息。39. 完善裁判文书公开平台。加强中国裁判文书网网站建设，完善其查询检索、信息聚合功能，方便公众有效获取、查阅、复制裁判文书。严格按照'以公开为原则，不公开为例外'的要求，实现四级人民法院依法应当公开的生效裁判文书统一在中国裁判文书网公布。40. 完善执行信息公开平台。整合各类执行信息，推动实现全国法院在同一平台统一公开执行信息，方便当事人在线了解执行工作进展。加强失信被执行人名单信息公布力度，充分发挥其信用惩戒作用，促使被执行人自动履行生效法律文书。完善被执行人信息公开系统建设，方便公众了解执行工作，主动接受社会监督。41. 完善减刑、假释、暂予监外执行公开制度。完善减刑、假释、暂予监外执行的适用条件和案件办理程序，确保相关案件公开、公正处理。会同刑罚执行机关、检察机关推动网上协同办案平台建设，对执法办案和考核奖惩中的重要事项、重点环节，实行网上录入、信息共享、全程留痕，从制度和技术上确保监督到位。建立减刑、假释、暂予监外执行信息网，实现三类案件的立案公示、庭审公告、文书公布统一在网上公开。42. 建立司法公开督导制度。强化公众对司法公开工作的监督，健全对违反司法公开规定行为的投诉机制和救济渠道。充分发挥司法公开三大平台的监督功能，使公众通过平台提出的意见和建议成为人民法院审判管理、审判监督和改进工作的重要参考依据。"

2018年11月，《最高人民法院关于进一步深化司法公开的意见》（法发〔2018〕20号）发布，强调：加强司法公开是落实宪法法律原则、保障人民群众参与司法的重大举措，是深化司法体制综合配套改革、健全司法权力运行机制的重要内容，是推进全面依法治国、建设社会主义法治国家的必然要求。党的十九大明确提出深化依法治国实践、深化司法体制综合配套改革的重大任务，并对深化权力运行公开作出新的重大部署，强调"要加强对权力运行的制约和监督，让人民监督权力，让权力在阳光下运行，把权力关进制度的笼子",为人民法院进一步深化司法公开指明了方向,提出了新的更高要求。为深入学习贯彻习近平新时代中国特色社会主义思想和党的十九大精神,贯彻落实党中央关于推进司法公开的一系列重大决策部署,总结司法公开工作经验,巩固党的十八大以来司法公开工作取得的成果,推动开放、动态、透明、便民的阳光司法机制更加成熟定型,实现审判体系和审判能力现代化,促进新时代人民法院工作实现新发展,从总体要求、司法公开的内容和范围、司法公开程序、司法公开平台载体建设管理、强化组织保障等五个方面,提出了进一步深化司法公开工作的具体意见。

二、司法公开的主要内容

贯彻司法公开原则,既有利于保证司法公正,也有利于提高司法水平,更能够全面展现法官依法判案的风采。因此,人民法院和法官在审判工作中,要认真贯彻司法公开原则,尊重人民群众的知情权,自觉接受法律监督和社会监督,同时避免司法审判受到外界的不当影响。

(一)司法公开的指导思想

坚持以习近平新时代中国特色社会主义思想为指导,全面贯彻党的十九大和十九届一中、二中、三中全会精神,紧紧围绕"努力让人民群众在每一个司法案件中感受到公平正义"的工作目标,高举新时代改革开放旗帜,进一步深化司法公开,不断拓展司法公开的广度和深度,健全完善司法公开制度机制体系,优化升级司法公开平台载体,大幅提升司法公开精细化、规范化、信息化水平,推进建设更加开放、动态、透明、便民的阳光司法机制,形成全面深化司法公开新格局,促进实现审判体系和审判能力现代化,大力弘扬社会主义核心价值观,促进增强全民法治意识,讲好中国法治故事,传播中国法治声音。

(二)司法公开的基本原则

1. 坚持主动公开

深刻领会习近平总书记提出的"让暗箱操作没有空间,让司法腐败无法藏身"重要指示要求，充分认识深化司法公开工作的重大意义，进一步增强主动接受监督意识，真正变被动公开为主动公开，继续健全完善阳光司法机制，努力让正义不仅要实现，还要以看得见的方式实现。

2. 坚持依法公开

严格履行宪法法律规定的公开审判职责，切实保障人民群众参与司法、监督司法的权利。严格执行法律规定的公开范围，依法公开相关信息，同时要严守国家秘密、审判秘密，保护当事人信息安全。尊重司法规律，明确司法公开的内容、范围、方式和程序，确保司法公开工作规范有序开展。

3. 坚持及时公开

严格遵循司法公开的时效性要求，凡属于主动公开范围的，均应及时公开，不得无故延迟。有明确公开时限规定的，严格在规定时限内公开。没有明确公开时限要求的，根据相关信息性质特点，在合理时间内公开。

4. 坚持全面公开

以公开为原则、以不公开为例外，推动司法公开覆盖人民法院工作各领域、各环节。坚持程序事项公开与实体内容公开相结合、审判执行信息公开与司法行政信息公开相结合、通过传统方式公开与运用新媒体方式公开相结合，最大限度保障人民群众知情权、参与权、表达权和监督权。

5. 坚持实质公开。

紧紧围绕人民群众司法需求，依法及时公开当事人和社会公众最关注、最希望了解的司法信息，切实将司法公开重心聚焦到服务群众需求和保障公众参与上来。不断完善司法公开平台的互动功能、服务功能和便民功能，主动回应社会关切，努力把深化司法公开变成人民法院和人民群众双向互动的过程，让司法公开成为密切联系群众的桥梁纽带。

（三）司法公开的内容与具体做法

司法公开的内容与具体做法与法官的职业道德密切相关，为社会和民众监督司法活动提供了有利的条件，因此，了解司法公开的具体内容与做法，对规范法官的言行，恪守法官职业道德和司法良知起到了提示和警醒作用。

1. 立案公开

立案阶段的相关信息应当通过便捷、有效的方式向当事人公开。各类案件的立案条件、立案流程、法律文书样式、诉讼费用标准、缓减免交诉讼费程序、当事人重要权利义务、诉讼和执行风险提示以及可选择的诉讼外纠纷解决方式等内容，应当通过适当的形式向社会和当事人公开。人民法院应当及时将案件受理情况通知当事人。对于不予受理的，应当将不予受理裁定书、不予受理再审申请通知书、驳回再审申请裁定书等相关法律文件依法及时送达当事人，并说明理由，告知当事人其诉讼权利。

2. 庭审公开

建立健全有序开放、有效管理的旁听和报道庭审的规则，消除公众和媒体知情监督的障碍。依法公开审理的案件，旁听人员应当经过安全检查进入法庭旁听。因审判场所等客观因素所限，人民法院可以发放旁听证或者通过庭审视频、直播录播等方式满足公众和媒体了解庭审实况的需要。所有证据应当在法庭上公开，能够当庭认证的，应当当庭认证。除法律、司法解释规定可以不出庭的情形外，人民法院应当通知证人、鉴定人出庭作证。独任审判员、合议庭成员、审判委员会委员的基本情况应当公开，当事人依法有权申请回避。案件延长审限的情况应当告知当事人。人民法院对公开审理或者不公开审理的案件，一律在法庭内或者通过其他公开的方式公开宣告判决。

3. 执行公开

执行的依据、标准、规范、程序以及执行全过程应当向社会和当事人公开，但涉及国家秘密、商业秘密、个人隐私等法律禁止公开的信息除外。进一步健全和完善执行信息查询系统，扩大查询范围，为当事人查询执行案件信息提供方便。人民法院采取查封、扣押、冻结、划拨等执行措施后应及时告知双方当事人。人民法院选择鉴定、评估、拍卖等机构的过程和结果向当事人公开。执行款项的收取发放、执行标的物的保管、评估、拍卖、变卖的程序和结果等重点环节和重点事项应当及时告知当事人。执行中的重大进展应当通知当事人和利害关系人。

4. 听证公开

人民法院对开庭审理程序之外的涉及当事人或者案外人重大权益的案件实行听证的，应当公开进行。人民法院对申请再审案件、涉法涉诉信访疑难案件、司法赔偿案件、执行异议案件以及对职务犯罪案件和有重大影响案件被告人的减刑、假释案件等，按照有关规定实行公开听证的，应当向社会发布听证公告。听证公开的范围、方式、程序等参照庭审公开的有关规定。

5. 文书公开

裁判文书应当充分表述当事人的诉辩意见、证据的采信理由、事实的认定、适用法律的推理与解释过程，做到说理公开。人民法院可以根据法制宣传、法学研究、案例指导、统一裁判标准的需要，集中编印、刊登各类裁判文书。除涉及国家秘密、未成年人犯罪、个人隐私以及其他不适宜公开的案件和调解结案的案件外，人民法院的裁判文书可以在互联网上公开发布。当事人对于在互联网上公开裁判文书提出异议并有正当理由的，人民法院可以决定不在互联网上发布。为保护裁判文书所涉及的公民、法人和其他组织的正当权利，可以对拟公开发布的裁判文书中的相关信息进行必要的技术处理。人民法院应当注意收集社会各界对裁判文书的意见和建议，作为改进工作的参考。

6. 审务公开

人民法院的审判管理工作以及与审判工作有关的其他管理活动应当向社会公开。各级人民法院应当逐步建立和完善互联网站和其他信息公开平台。探索建立各类案件运转流程的网络查询系统，方便当事人及时查询案件进展情况。通过便捷、有效的方式及时向社会公开关于法院工作的方针政策、各种规范性文件和审判指导意见以及非涉密司法统计数据及分析报告，公开重大案件的审判情况、重要研究成果、活动部署等。建立健全过问案件登记、说情干扰警示、监督情况通报等制度，向社会和当事人公开违反规定程序过问案件的情况和人民法院接受监督的情况，切实保护公众的知情监督权和当事人的诉讼权利。

7. 其他信息公开

对涉及当事人合法权益、社会公共利益，需要社会广泛知晓的司法信息，应当纳入司法公开范围，根据其性质特点，区分向当事人公开或向社会公众公开。对于人民法院基本情况、审判执行、诉讼服务、司法改革、司法行政事务、国际司法交流合作、队伍建设等方面信息，除依照法律法规、司法解释不予公开以及其他不宜公开的外，应当采取适当形式主动公开。具体有：

人民法院基本信息公开。人民法院应当主动公开以下基本信息，坚持动态更新，保证准确、清晰、易获取，方便人民群众及时、准确了解掌握：机构设置；司法解释；指导性案例；规范性文件；向同级人民代表大会所做的工作报告；重要会议、重大活动和重要工作等动态信息；其他需要社会广泛知晓的基本信息。

审判执行信息公开。人民法院应当主动公开以下审判执行信息，逐步推进公开范围覆盖审判执行各领域，健全完善审判执行信息公开制度规范，促进统一公开流程标准，确保审判执行权力始终在阳光下运行：司法统计信息；审判执行流程信息；公开开庭审理案件的庭审活动；裁判文书；重大案件审判情况；执行工作信息；减刑、假释、暂予监外执行信息；企业破产重整案件信息；各审判执行领域年度工作情况和典型案例；司法大数据研究报告；审判执行理论研究、司法案例研究成果；其他涉及当事人合法权益、社会公共利益或需要社会广泛知晓的审判执行信息。

诉讼服务信息公开。人民法院应当主动公开以下诉讼服务信息，着力提升诉讼服务信息获取的便捷性，提高诉讼服务水平，切实方便当事人诉讼：

诉讼指南；人民法院公告；司法拍卖和确定财产处置参考价相关信息；司法鉴定、评估、检验、审计等专业机构、专业人员信息，破产管理人信息，暂予监外执行组织诊断工作信息，专家库信息；特邀调解员、特邀调解组织、驻点值班律师、参与诉讼服务的专家志愿者等信息；申诉信访渠道；其他涉及当事人合法权益、社会公共利益或需要社会广泛知晓的诉讼服务信息。

司法改革信息公开。人民法院应当主动公开以下司法改革信息，提高司法改革工作透明度，增强人民群众对司法改革的获得感：人民法院司法改革文件；人民法院重大司法改革任务进展情况；人民法院司法改革典型案例；其他需要社会广泛知晓的司法改革信息。

司法行政事务信息公开。人民法院应当主动公开以下司法行政事务信息，及时回应社会关切，自觉接受社会监督，切实提高司法行政事务办理的透明度和规范化水平：涉及社会公共利益或社会关切的人大代表议案建议和政协提案办理情况；部门预算、决算公开说明；人民法院信息化技术标准；其他需要社会广泛知晓的司法行政事务信息。

国际司法交流合作信息公开。人民法院应当主动公开以下国际司法交流合作信息，加强司法文明交流互鉴，充分展示中国法院良好国际形象，促进提升我国司法的国际竞争力、影响力和公信力：人民法院开展的重要国际司法交流合作活动情况；人民法院举办和参与重要国际司法会议情况；其他需要社会广泛知晓的国际司法交流合作信息。

队伍建设信息公开。人民法院应当主动公开以下队伍建设信息，为社会公众知晓、参与和监督人民法院队伍建设工作提供便利：党的建设情况；人事工作情况；纪检监察信息；先进典型信息；教育培训工作情况；司法警察工作情况；法院文化建设情况；其他需要社会广泛知晓的队伍建设情况。

8. 司法公开的形式

司法公开形式应当因地制宜、因事而定、权威规范、注重实效，便于公众及时准确获取，坚决防止形式主义。最高人民法院就司法公开形式有统一要求的，应当按照相关要求进行公开。鼓励基层人民法院探索行之有效、群众喜闻乐见的司法公开形式。结合实际，可以通过以下载体进行公开：①报刊、广播、电视、网络等公共媒体；②依照《人民法院法庭规则》开放旁听或报道庭审活动；③人民法院公报、公告、规范性文件或其他正式出版物；④人民法院政务网站或其他权威网站平台；⑤新闻发布会、听证会、论证会等；⑥人民法院官方微博、微信公众号、新闻客户端等新媒体；⑦人民法院诉讼服务大厅、诉讼服务网、12368诉讼服务热线、移动微法院等诉讼服务平台；⑧其他便于及时准确获取的方式。

（四）推进司法公开三大平台建设

为贯彻党的十八届三中全会精神，进一步深化司法公开，依托现代信息技术，打造阳光司法工程，增进公众对司法的了解、信赖和监督，2013年，最高人民法院全面推进审判流程公开、裁判文书公开、执行信息公开三大平台建设，具体做法与要求如下。

1. 推进审判流程公开平台建设

推进审判流程公开平台建设，人民法院应当做到以下五点：

（1）人民法院应当加强诉讼服务中心（立案大厅）的科技化与规范化建设，利用政务网站、12368电话语音系统、手机短信平台、电子公告屏和触摸屏等现代信息技术，为公众提供全方位、多元化、高效率的审判流程公开服务。

（2）人民法院应当通过审判流程公开平台，向公众公开以下信息：①法院地址、交通图示、联系方式、管辖范围、下辖法院、内设部门及其职能、投诉渠道等机构信息；②审判委员会组成人员、审判人员的姓名、职务、法官等级等人员信息；③审判流程、裁判文书和执行信息的公开范围和查询方法等司法公开指南信息；④立案条件、申请再审、申诉条件及要求、诉讼流程、诉讼文书样式、诉讼费用标准、缓减免交诉讼费用的程序和条件、诉讼风险提示、可供选择的非诉讼纠纷解决方式等诉讼指南信息；⑤审判业务文件、指导性案例、参考性案例等审判指导文件信息；⑥开庭公告、听证公告等庭审信息；⑦人民陪审员名册、特邀调解组织和特邀调解员名册、评估、拍卖及其他社会中介入选机构名册等名册信息。

（3）人民法院应当整合各类审判流程信息，方便当事人自案件受理之日起，凭密码从审判流程公开平台获取以下信息：①案件名称、案号、案由、立案日期等立案信息；②合议庭组成人员的姓名、承办法官与书记员的姓名、办公电话；③送达、管辖权处理、财产保全和先予执行情况；④庭审时间、审理期限、审限变更、诉讼程序变更等审判流程节点信息。

（4）人民法院应当积极推进诉讼档案电子化工程，完善转化流程、传送机制和备份方式，充分发挥电子卷宗在提高效率、节约成本、便民利民方面的功能。

（5）人民法院应当积极创新庭审公开的方式，以视频、音频、图文、微博等方式适时公开庭审过程。人民法院的开庭公告、听证公告，至迟应当于开庭、听证三日前在审判流程公开平台公布。人民法院应当加强科技法庭建设，对庭审活动全程进行同步录音录像，做到"每庭必录"，并以数据形式集中存储、定期备份、长期保存。当事人申请查阅庭审音像记录的，人民法院可以提供查阅场所。

2. 推进裁判文书公开平台建设

推进裁判文书公开平台建设，人民法院应当做到以下四点：

（1）最高人民法院建立中国裁判文书网，作为全国法院统一的裁判文书公开平台。地方各级人民法院应当在政务网站的醒目位置设置中国裁判文书网的网址链接，并严格按照《最高人民法院关于人民法院在互联网公布裁判文书的规定》，在裁判文书生效后七日内将其传送至中国裁判文书网公布。人民法院可以通过政务微博，以提供链接或长微博等形式，发布社会关注度高、具有法制教育、示范和指导意义的案件的裁判文书。

（2）在互联网公布裁判文书应当以公开为原则，不公开为例外，不得在法律和司法解释规定之外对这项工作设置任何障碍。各级人民法院对其上传至中国裁判文书网的裁判文书的质量负责。

（3）人民法院应当严格把握保障公众知情权与维护公民隐私权和个人信息安全之间的关系，结合案件类别，对不宜公开的个人信息进行技术处理。对于因网络传输故障或技术处理失误导致当事人信息被不当公开的，人民法院应当依照程序及时修改或者更换。

（4）中国裁判文书网应当提供便捷有效的查询检索系统，方便公众按照关键词对在该网公布的裁判文书进行检索，确保裁判文书的有效获取。

3. 推进执行信息公开平台建设

推进执行信息公开平台建设，人民法院应当做到以下五点：

（1）人民法院应当整合各类执行信息，方便当事人凭密码从执行信息公开平台获取以下信息：①执行立案信息；②执行人员信息；③执行程序变更信息；④执行措施信息；⑤执行财产处置信息；⑥执行裁决信息；⑦执行结案信息；⑧执行款项分配信息；⑨暂缓执行、中止执行、终结执行信息等。

（2）人民法院应当通过执行信息公开平台，向公众公开以下信息：①执行案件的立案标准、启动程序、执行收费标准和根据、执行费缓减免的条件和程序；②执行风险提示；③悬赏公告、拍卖公告等。

（3）人民法院应当对重大执行案件的听证、实施过程进行同步录音录像，并允许当事人依申请查阅。有条件的人民法院应当为执行工作人员配备与执行指挥中心系统对接的信息系统，将执行现场的视频、音频通过无线网络实时传输回执行指挥中心，并及时存档，实现执行案件的全程公开。

（4）人民法院应当充分发挥执行信息公开平台对失信被执行人的信用惩戒功能，向公众公开以下信息，并方便公众根据被执行人的姓名或名称、身份证号或组织机构代码进行查询：①未结执行实施案件的被执行人信息；②失信被执行人名单信息；③限制出境被执行人名单信息；④限制招投标被执行人名单信息；⑤限制高消费被执行人名单信息等。

(5) 人民法院应当为各类征信系统提供科学、准确、全面的信息，实现执行信息公开平台与各类征信平台的有效对接。

此外，人民法院还加强了法院网站和新媒体建设，便于人民群众了解司法、参与司法、监督司法。全面改版最高人民法院网站，更好地联系和服务群众；加强了人民法院信息化建设，实施"天平工程"，为深化司法公开提供了科技保障。司法公开不仅满足了法官在办案过程中对法律、案例、专业知识的精准化需求，同时为群众提供更便捷、更智能的诉讼服务和普法服务，让司法更加贴近人民群众，也对法官的具体言行提出了更高的要求，切实做到法院的裁判结果合法、公正，真正实现法律效果、社会效果和政治效果的统一。

第二节 保证司法公正与法官具体行为规范

司法公开对法官的具体言行和司法形象提出了更高要求，也为保证司法公正的实现提供了更广阔的社会监督渠道。以公开促公正，这就要求法官的具体行为必须符合法官职业道德的要求，只有这样才能真正实现提高司法公信力，让人民群众在每一个司法案件中都感受到公平正义。

一、司法公正是法官具体行为规范的基础

公平正义是古今中外衡量司法水平的基本标准，也是司法实践要追求的终极目标，更是人民群众渴求的美好愿景。因此，实现司法公正，不是一个简单的工作问题，而是一个重大的政治问题，体现了中国特色社会主义司法制度的本质要求，是人民法院要始终不渝坚持的核心价值所在，是人民法院要始终不渝坚持的方向和目标，人民法院要紧紧围绕这个目标来开展和改进工作。法官职业道德也是如此。

（一）司法公正的目标对规范法官具体行为提出要求

党的十八大明确提出倡导富强、民主、文明、和谐，倡导自由、平等、

公正、法治，倡导爱国、敬业、诚信、友善，积极培育和践行社会主义核心价值观。将公正作为社会主义核心价值观的一个组成部分，与自由、平等、法治共同成为社会层面的价值取向，其目的就是要将这一理念深入人心，成为实现社会正义的价值追求。这一价值追求体现在司法工作中就是要实现司法公正。《中共中央关于全面推进依法治国若干重大问题的决定》明确指出：公正是法治的生命线。司法公正对社会公正具有重要引领作用，司法不公对社会公正具有致命破坏作用。必须完善司法管理体制和司法权力运行机制，规范司法行为，加强对司法活动的监督，努力让人民群众在每一个司法案件中感受到公平正义。

"所谓公正司法，就是受到侵害的权利一定会得到保护和救济，违法犯罪活动一定要受到制裁和惩罚。如果人民群众通过司法程序不能保证自己的合法权利，那司法就没有公信力，人民群众也不会相信司法。法律本来应该具有定分止争的功能，司法审判本来应该具有终局性的作用，如果司法不公、人心不服，这些功能就难以实现。"[①] 司法公正就是要求法院工作的各个环节都要符合相关法律规范，而这一要求则是通过法院工作主体——法官在审判工作中的具体行为来实现的，因此，司法公正的目标追求对法官的具体行为提出了明确的要求和规范。

（二）规范法官具体行为是司法公正的外在表现

"促进社会公平正义是政法工作的核心价值追求。从一定意义上说，公平正义是政法工作的生命线，司法机关是维护社会公平正义的最后一道防线。政法战线要肩扛公正天平、手持正义之剑，以实际行动维护社会公平正义，让人民群众切实感受到公平正义就在身边。"[②]

规范法官具体行为，就是将司法公正这一抽象的价值追求具体化，呈现

[①] 2013年2月23日，习近平在主持中共中央政治局第四次集体学习时的讲话，参见中共中央文献研究室编：《习近平关于全面依法治国论述摘编》，中央文献出版社2015年版，第67页。

[②] 2014年1月7日，习近平在中央政法工作会议上的讲话，参见中共中央文献研究室编：《习近平关于全面依法治国论述摘编》，中央文献出版社2015年版，第96－97页。

法官职业道德

在人民群众面前,接受人民群众监督,更好地维护人民群众合法权益,实现社会的长治久安、公平正义是人民的向往、幸福的尺度。

二、司法公正在法官具体行为规范中的体现

法官作为争议的解决者和裁判者,必须居于中立的地位,在案件的审理过程中,不偏不倚,才能真正地实现司法公正。

(一)审理案件时,法官要保持中立公正的立场

1. 法官在审理案件时保持中立公正立场的含义

法官在审理案件时保持中立公正的立场,就是要平等对待当事人和其他诉讼参与人,不偏袒或歧视任何一方当事人。即法官在案件的审理过程中,对当事人和其他诉讼参与人,要一视同仁,不能因为当事人和其他诉讼参与人的年龄、性别、职业、生活习惯和健康状况等因素,而有所偏袒和歧视。

2. 庭审中,法官保持中立公正立场的具体要求

具体要求如下:

(1)在庭审过程中,要注意不与诉讼中的任何一方有亲近的表示。法官在庭审过程中不得与诉讼各方随意打招呼,不得与一方有特别亲密的言行;礼貌示意当事人及其他诉讼参与人发言;不得用带有倾向性的语言进行提问,不得与当事人及其他诉讼参与人争吵。

(2)在庭审过程中,要对诉讼各方陈述、辩论的时间进行分配与控制。根据案情和审理需要,公平、合理地分配诉讼各方在庭审中的陈述及辩论时间;不得随意打断当事人、代理人、辩护人等的陈述;当事人、代理人、辩护人发表意见重复或与案件无关的,要适当提醒制止,不得以生硬言辞进行指责。

(3)在庭审过程中,要允许当事人使用方言或者少数民族语言。诉讼一方只能讲方言的,应当准许;他方表示不通晓的,可以由懂方言的人用普通话进行复述,复述应当准确无误;使用少数民族语言陈述,他方表示不通晓的,应当为其配备翻译。

(二) 严格执行回避制度

1. 法官不私自单独会见当事人及其代理人、辩护人

这主要包括以下几种情形：

(1) 法官不得在非办公时间会见来访的当事人及其代理人、辩护人。

(2) 法官不得在非办公地点会见来访的当事人及其代理人、辩护人。

(3) 司法人员在案件办理过程中，应当在工作场所、工作时间接待当事人、律师、特殊关系人、中介组织。因办案需要，确需与当事人、律师、特殊关系人、中介组织在非工作场所、非工作时间接触的，应依照相关规定办理审批手续并获批准。

(4) 司法人员在案件办理过程中因不明情况或者其他原因在非工作时间或非工作场所接触当事人、律师、特殊关系人、中介组织的，应当在3日内向本单位纪检监察部门报告有关情况。

(5) 律师不得违反规定单方面会见法官。

(6) 严禁包括法官在内的司法人员私下接触当事人及律师、泄露或者为其打探案情、接受吃请或者收受其财物、为律师介绍代理和辩护业务等违法违纪行为，坚决惩治司法掮客行为，防止利益输送。

2. 自觉遵守司法回避制度

回避制度是行政、刑事、民事审判的基本制度，在《行政诉讼法》《民事诉讼法》和《刑事诉讼法》中都有规定。以《民事诉讼法》（2017年修正本）为例，第44条规定："审判人员有下列情形之一的，应当自行回避，当事人有权用口头或者书面方式申请他们回避：（一）是本案当事人或者当事人、诉讼代理人近亲属的；（二）与本案有利害关系的；（三）与本案当事人、诉讼代理人有其他关系，可能影响对案件公正审理的。审判人员接受当事人、诉讼代理人请客送礼，或者违反规定会见当事人、诉讼代理人的，当事人有权要求他们回避。审判人员有前款规定的行为的，应当依法追究法律责任。前三款规定，适用于书记员、翻译人员、鉴定人、勘验人。"

《最高人民法院关于审判人员在诉讼活动中执行回避制度若干问题的规

定》（2011年）中亦有相关规定，前文已有提及，此不再赘述。

（三）严格遵守格式和规范，确保裁判文书质量

裁判文书是人民法院代表国家行使审判权适用法律解决纠纷的载体，是明确当事人法律权利义务的重要凭证，具有高度的严肃性和权威性，其质量是人民法院司法能力、司法水平和审判质效的集中体现。法官通过裁判文书的制作，展现了人民法院依法公正裁判案件的过程，也反映了法官的逻辑推理能力和专业水平。

1. 防止低级错误出现

所谓低级错误，是指依照法官的学历水平和专业水平不应当出现的错误，如标点符号使用不正确、当事人信息有错误、制作法院名称错误、诉讼程序表述错误、上下文相关内容矛盾等。2018年5月，最高人民法院下发《关于全面提升裁判文书质量切实防止低级错误反复发生的紧急通知》，要求各级人民法院要建立完善裁判文书质量管控长效机制，法官也要牢固树立责任意识，从根本上解决个别裁判文书质量不高问题，最大限度减少裁判文书各种低级错误反复发生。

2. 符合基本制作规范

根据《法官行为规范》及其相关规定，制作裁判文书必须符合基本要求：一是普通程序案件的裁判文书应当内容全面、说理透彻、逻辑严密、用语规范、文字精练；二是简易程序案件的裁判文书应当简练、准确、规范；三是准确简述审判程序及审判全过程；四是以公平、合理的篇幅归纳诉讼各方诉辩主张；五是简述证据交换和质证过程并准确根据双方当事人争议焦点；六是对事实认定部分的叙述要表述客观，逻辑严密，用词准确，避免使用明显的褒贬词汇；七是说理应当准确、客观、简练并对答辩意见、辩护意见、代理意见等是否采纳要阐述理由；八是严格按照有关规定引用法律条文，引用时应当准确完整写明规范性法律文件的名称、条款序号，需要引用具体条文的，应当整条引用。

3. 要注意裁判文书的释法说理

裁判文书释法说理，要立场正确、内容合法、程序正当，符合社会主义

核心价值观的精神和要求；要围绕证据审查判断、事实认定、法律适用进行说理，反映推理过程，做到层次分明；要针对诉讼主张和诉讼争点、结合庭审情况进行说理，做到有的放矢；要根据案件社会影响、审判程序、诉讼阶段等不同情况进行繁简适度的说理，简案略说，繁案精说，力求恰到好处。裁判文书释法说理，就是要阐明事理，说明裁判所认定的案件事实及其根据和理由，展示案件事实认定的客观性、公正性和准确性；要释明法理，说明裁判所依据的法律规范以及适用法律规范的理由；要讲明情理，体现法理情相协调，符合社会主流价值观；要讲究文理，语言规范，表达准确，逻辑清晰，合理运用说理技巧，增强说理效果；将社会主义核心价值观融入裁判文书释法说理，应当坚持的基本原则是：法治与德治相结合，以人民为中心，政治效果、法律效果和社会效果的有机统一。裁判文书释法说理的目的是通过阐明裁判结论的形成过程和正当性理由，提高裁判的可接受性，实现法律效果和社会效果的有机统一；其主要价值体现在增强裁判行为公正度、透明度，规范审判权行使，提升司法公信力和司法权威，发挥裁判的定分止争和价值引领作用，弘扬社会主义核心价值观，努力让人民群众在每一个司法案件中感受到公平正义，切实维护诉讼当事人合法权益，促进社会和谐稳定。

（四）宣判时必须符合法官行为规范的要求

1. 公开宣判

宣告判决，一律公开进行。

2. 宣判时要符合司法礼仪

宣判时，合议庭成员或者独任法官应当起立，宣读裁判文书声音要洪亮、清晰、准确无误；当庭宣判的，应当宣告裁判事项，简要说明裁判理由并告知裁判文书送达的法定期限；定期宣判的，应当在宣判后立即送达裁判文书。

3. 宣判后要做好解释工作

宣判后，对诉讼各方不能赞赏或者指责，对诉讼各方提出的质疑，应当耐心做好解释工作。

法官职业道德

（五）依法文明执行

法官在执行过程中，必须要做到依法执行，文明执行，避免消极执行、选择性执行、乱执行、执行不廉、作风不正、有令不行。

2017年4月19日，最高人民法院发布《人民法院规范执行行为"十个严禁"》，对执行工作提出了明确具体的要求："一、严禁在办理执行案件过程中'冷硬横推'及消极执行、拖延执行、选择性执行；二、严禁明显超标的额查封、扣押、冻结财产及违规执行案外人财产；三、严禁违规评估、拍卖财产及违规以物抵债；四、严禁隐瞒、截留、挪用执行款物及拖延发放执行案款；五、严禁违规适用终结本次执行程序及对纳入终结本次执行程序案件不及时定期查询、司法救济、恢复执行；六、严禁违规使用执行查控系统查询与案件无关的财产信息；七、严禁违规纳入、删除、撤销失信被执行人名单；八、严禁在办理执行案件过程中违规会见当事人、代理人、请托人或与其同吃、同住、同行；九、严禁在办理执行案件过程中'吃拿卡要'或让当事人承担不应由其承担的费用；十、严禁充当诉讼掮客、违规过问案件及泄露工作秘密。"

第六章　确保司法廉洁

"打铁还需自身硬。"法官要捍卫党和国家、保障社会安全稳定、更好地服务于人民，就要坚持以问题为导向强化队伍建设，让政法系统风清气正、更具战斗力。"要始终保持高尚的精神追求和道德情操，坚持严于律己、清正廉洁，老老实实做人、干干净净做事，时刻警惕权力、金钱、美色的诱惑，坚决同一切腐败行为作斗争，用实际行动推进反腐倡廉建设，真正做到为民、务实、清廉。"[①]

第一节　中国古代官员清正廉洁的传统

廉洁问题并不是一个新话题，而是一个古老又常见的问题。可以这么说，廉洁问题是伴随着私有制、阶级和国家的产生而出现的问题。我国古代相关的思想和法律规定就可以证明这一点。

一、清正廉洁是中国古代官员必备品德之一

由于中国传统社会行政与司法合二为一，所以对官员的廉洁要求，对司法人员也是同样有效的。

[①] 2010年4月6日，胡锦涛同志在全党深入学习实践科学发展观活动总结大会上的讲话，载中国新闻网http://www.chinanews.com/gn/news/2010/04-26/2210181.shtml，访问时间2018年12月19日。

为官执政清廉的思想,贯穿中国传统社会,我国很早就出现了为官执政清廉的思想,并作为官员的基本要求贯穿中国传统社会。历朝历代都有关于廉洁的名人警句,从各个方面对廉洁提出了要求。

(一)将廉洁作为官吏职业操守的基础和根本

在《周礼》就有:"以听官府之六计,弊群吏之治。一曰廉善,二曰廉能,三曰廉敬,四曰廉正,五曰廉法,六曰廉辩。"① 具体来讲,就是在对官吏考察的过程中主要包括善、能、敬、正、法、辩六个方面,但是这六个方面都是以廉洁作为基础与根本的。

(二)将廉洁作为国家兴亡成败的关键因素之一

管仲认为:"国有四维,一维绝则倾,二维绝则危,三维绝则覆,四维绝则灭……何谓四维。一曰礼,二曰义,三曰廉,四曰耻,礼不愈节,义不自进,廉不蔽恶,耻不从枉。故不逾节则上位安,不自进则民无巧诈,不蔽恶则行自全,不从枉则邪事不生。"② 宋代的欧阳修则将管仲的思想总结为"礼义廉耻,国之四维,四维不张,国乃灭亡"③,并进而阐发"忧劳可以兴国,逸豫可以亡身"④,将"廉"提升到了国家兴亡成败的关键因素之一。唐朝诗人李商隐也有同样的感慨:"历览前贤国与家,成由勤俭破由奢。"⑤

(三)将廉洁与修身养性紧密结合起来

中国古人将做官廉洁与做人品德的养成紧密联系到一起,于是就有了"穷不失义,达不离道",进而"穷则独善其身,达则兼善天下"⑥ 的

---

① 《十三经注疏·周礼注疏·天官·小宰》,中华书局1980年影印本,第654页。
② 《管子·牧民》,载《二十二子》,上海古籍出版社1986年版,第92页。
③ 《资治通鉴卷二百九十一·后周纪二》,中华书局1956年版,第9510页。
④ (宋)欧阳修:《五代史伶官传序》,载《古文观止》,中华书局1987年版,第403页。
⑤ (唐)李商隐:《咏史》,载(清)彭定求等编:《全唐诗》(四),延边人民出版社1999年版,第3354页。
⑥ 《孟子·尽心》,载《十三经注疏》(下),中华书局1980年影印本,第2764-2765页。

主张。要达到这种境界，就需要"养心莫善于寡欲"①或"欲虽不可去，求可节也"②。

（四）将廉洁的养成作为官吏追求的目标

首先，要保持廉洁，并将廉洁与生命置于同等地位。"文臣不爱钱，武臣不惜死，天下太平矣。"③

其次，要重视廉洁的社会示范效用。"上有好者，下必有甚焉者矣。"④"廉者，民之表也；贪者，民之贼也。"⑤

最后，保持廉洁必须要去除私利。"治官事则不营私家，在公门则不言货利。"⑥"政在去私，私不去则公道亡。"⑦

二、中国古代惩治腐败行为的法律规定

为了保持清正廉洁，中国自古就有反腐倡廉的传统。在中国五千年的历史中，关于惩治腐败的规定汗牛充栋，现撷其要以回顾。

（一）对腐败行为的惩处，早在远古时期就已存在，且惩治力度大

尽管远古时期已无文字可考，但前人留下的史料中还能找到一些残存的遗迹。据《左传》中记载："昏、墨、贼，杀，皋陶之刑也。"⑧这里的昏、墨、贼分别是原始社会末期的三个罪名，按照《左传》中的解释，"恶而掠美为昏；贪以败官为墨；杀人不忌为贼"。我们可以看出其中的"墨"就是贪污腐败，即后世所谓的"贪墨"。对于贪墨行为的惩治方式适用死刑，惩治力度不可谓不大。

---

① 《孟子·尽心》，载《十三经注疏》（下），中华书局1980年影印本，第2779页。
② 《荀子·正名》，载《二十二子》，上海古籍出版社1986年版，第345页。
③ 《宋史卷三百六十五·列传第一百二十四·岳飞传》，中华书局1985年版，第11394页。
④ 《孟子·滕文公上》，载《十三经注疏》（上），中华书局1980年影印本，第2701页。
⑤ （宋）包拯：《乞不用赃吏疏》，载《包孝肃奏议集》（卷三），文渊阁四库全书。
⑥ （汉）刘向：《说苑·至公》，中华书局2019年版，第720页。
⑦ （晋）傅玄：《傅子·问政》，当当电子书第41页。
⑧ 《左传·昭公十四年》，载《十三经注疏》（下），中华书局1980年影印本，第2076页。

（二）进入阶级社会，惩治腐败更是治国的一项重要措施

1. 西周时期，制定官刑和吕刑，对官吏行为进行规范

《尚书》中记载：西周时期制定官刑，规定了官吏的行为符合"三风十愆"① 情形，要被处以黥刑。其中，"敢有殉于货色"就是指的官吏贪求财货美色。

《尚书》中还记载西周时期制定了吕刑，对官员特别是司法官员的行为进行了规范。官员特别是司法官员有"五过之疵"的，要受到法律的制裁。"五过之疵"是指惟官、惟反、惟内、惟货、惟来，即或因旧僚而袒护，因报恩而翻案，因亲属而包庇，因受贿而开脱，因旧交而留情。只要出现这五种行为，官员即与其免处的罪犯同罪。②

2. 秦汉时期，对司法官吏司法不公的行为有了明确的规定

秦始皇建立统一专制的中央集权的封建国家后，更加重视对官吏的管理，以保证国家机器的正常运行。秦朝法律文件中明确指出："吏有五失：一曰夸以迣，二曰贵以大（泰），三曰擅裚割，四曰犯上弗智（知）害，五曰贱士而贵货贝。一曰见民（倨）敖（傲），二曰不安其朝（朝），三曰居官善取，四曰受令不僂，五曰安家室忘官府。一曰不察所亲，不察所亲则怨数至；二曰不智（知）所使，不智（知）所使则以权衡求利；三曰兴事不当，兴事不当则民伤指；四曰善言隋（惰）行，则士毋所比；五曰非上，身及于死。"③ 其中，"贵货贝"则指的是官吏喜爱钱财。

具体到司法领域，秦律中对司法官吏涉及司法不公、司法不廉洁的罪名

---

① "三风十愆"指的是三种恶劣风气并派生出的十种恶行。其中，舞、歌，为巫风二；货、色、游、畋，为淫风四；侮圣言、逆忠直、远耆德、比顽童，为乱风四。语出《尚书·伊训》，载《十三经注疏》（上），中华书局1980年影印本，第163页。
② 蒲坚编著：《中国法制史大辞典》，北京大学出版社2015年版，第1220页；又见《尚书·吕刑》，载《十三经注疏》（上），中华书局1980年影印本，第249页。
③ 睡虎地秦墓竹简整理小组编：《睡虎地秦墓竹简·为吏之道》，文物出版社1978年版，第284页。

有：不直罪、纵囚罪和失刑罪。不直罪是指"罪当重而端轻之,当轻而端重之"①;纵囚罪是指"当论而端弗论,及伤其狱,端令不致,论出之"②;失刑罪是指司法官吏因过失而量刑不当的行为。③

汉朝严禁官吏贪赃受贿,官吏以非法手段取得财物便构成贪赃罪,为此制定法律对犯此种罪者加以惩处,并规定了贪赃罪的最低数额。

3. 唐朝对司法官吏的贪腐行为进行了详细而又明确的规定

唐朝对司法官吏贪腐行为的惩处是非常完备而具体的,主要集中在中国封建成文法典的集大成者——《唐律疏议》中。《唐律疏议》对官吏在司法领域的贪腐行为作出如下规定。

(1) 贪赃罪。分受财枉法、不枉法、受所监临三种行为,即官员以权谋私、收取他人财物、接受下属或其辖区人员的财物的行为。

(2) 不依状鞫狱。"诸鞫狱者,皆须依所告状鞫之。若于本状之外,别求他罪者,以故入人罪论。"④

(3) 不依法刑讯。"诸应讯囚者,必先以情,审察辞理,反覆参验;犹未能决,事须讯问者,立案同判,然后拷讯。违者,杖六十。""若拷过三度及杖外以他法拷掠者,杖一百;杖数过者,反坐所剩;以故致死者,徒二年。""即有疮病,不待差而拷者,亦杖一百;若决杖笞者,笞五十;以故致死者,徒一年半。"⑤

---

① 睡虎地秦墓竹简整理小组编:《睡虎地秦墓竹简·法律答问》,文物出版社1978年版,第191页。

② 睡虎地秦墓竹简整理小组编:《睡虎地秦墓竹简·法律答问》,文物出版社1978年版,第191页。

③ 此罪名的原文为:"以乞鞫及为人乞鞫者,狱已断乃听,且未断犹听殹(也)?狱断乃听之。失鋈足,论可(何)殹(也)?如失刑罪。"参见睡虎地秦墓竹简整理小组编:《睡虎地秦墓竹简·法律答问》,文物出版社1978年版,第200-201页。

④ (唐)长孙无忌等撰:《唐律疏议·断狱》,中华书局1985年版,第705页。

⑤ (唐)长孙无忌等撰:《唐律疏议·断狱》,中华书局1985年版,第702-704页。

（4）引用律令不准确具体。诸断罪皆须具引律、令、格、式正文，违者笞三十。①

（5）官司出入人罪。这是指或虚立证据，或妄构异端，舍法用情，锻炼成罪。若入全罪，以全罪论。②

（6）不依法上报。诸断罪应言上而不言上，应待报而不待报，辄自决断者，各减故失三等。③

（7）决罚不如法。"诸决罚不如法者，笞三十；以故致死者，徒一年。"④

（8）执行死刑违时。"诸立春以后、秋分以前决死刑者，徒一年。其所犯虽不待时，若于断屠月及禁杀日而决者，各杖六十。待时而违者，加二等。"⑤"诸妇人犯死罪，怀孕，当决者，听产后一百日乃行刑。若未产而决者，徒二年；产讫，限未满而决者，徒一年。失者，各减二等。"⑥

（9）违反死刑覆奏制度。"诸死罪囚，不待覆奏报而决者，流二千里。即奏报应决者，听三日乃行刑，若限未满而行刑者，徒一年；即过限，违一日杖一百，二日加一等。"⑦

（10）狱官接受囚犯贿赂。"诸主守受囚财物，导令翻异；及兴通传言语，有所增减者，以枉法论。"⑧

4. 明清两朝则进一步加大了对贪官污吏的惩处力度

明朝在开国之初就进行了非常严厉的反贪大行动，不论是株连的人数还是刑罚的严酷，都是我国几千年的封建社会中最为突出的。明太祖朱元璋亲自指导编撰了《明大诰》，这部刑法最为显著的特点就是对贪腐官员的惩治力度明显比前面朝代的更加严酷，对吏治的整治力度明显加大。

---

① （唐）长孙无忌等撰：《唐律疏议·断狱》，中华书局1985年版，第710页。
② （唐）长孙无忌等撰：《唐律疏议·断狱》，中华书局1985年版，第711页。
③ （唐）长孙无忌等撰：《唐律疏议·断狱》，中华书局1985年版，第710页。
④ （唐）长孙无忌等撰：《唐律疏议·断狱》，中华书局1985年版，第707页。
⑤ （唐）长孙无忌等撰：《唐律疏议·断狱》，中华书局1985年版，第718页。
⑥ （唐）长孙无忌等撰：《唐律疏议·断狱》，中华书局1985年版，第717页。
⑦ （唐）长孙无忌等撰：《唐律疏议·断狱》，中华书局1985年版，第719页。
⑧ （唐）长孙无忌等撰：《唐律疏议·断狱》，中华书局1985年版，第700页。

清朝顺治年间,在"安民之本,首在惩贪"思想的指导之下,对于当时的贪官都进行了非常严厉的惩处。到康熙年间,更加重视吏治,将其视为封建生产关系有效调节的关键环节。康熙在对官吏进行考核的过程中,最为主要的目的不是考察官员是否对君主尽忠职守,而是考察官员是否能够不贪不腐,正确地处理与民众之间的关系。

第二节 确保司法廉洁的基本要求

廉洁是法官职业操守中非常重要的要求,也是保证司法公正、提高司法公信力的重要因素。廉洁贯穿在法官职业生涯的各个阶段,是对法官塑造人生观和价值观的基本要求。公生明,廉生威,公正与廉洁互相联系,共同作用,公正是廉洁的结果,廉洁是公正的保障和基础。

一、树立廉洁理念,做忠诚、干净、担当的高素质法官

新时代要求法官必须树立正确的权力观、地位观、利益观,坚持自重、自省、自警、自励,坚守廉洁底线,依法正确行使审判权、执行权,杜绝以权谋私、贪赃枉法行为。

树立正确的权力观、地位观和利益观,于法官而言就是要树立正确的价值观、人生观和世界观,必须做到以下两点:

(1)加强思想理论学习。法官要认真学习中国特色社会主义理论体系和习近平总书记关于法治建设、纪律作风建设的一系列重要论述,进一步认清加强纪律作风建设的重要性和紧迫性,从而进一步增强转变司法作风、坚持廉洁司法的自觉性。通过开展理想信念教育和革命传统教育,牢固树立宗旨意识和群众观念,继承发扬艰苦奋斗、勤俭节约的优良作风,自觉抵御剥削阶级腐朽落后思想文化和生活方式的侵蚀影响。

（2）打牢道德修养基础。通过法官职业操守和社会伦理教育，大力弘扬用道德涵养法治精神，培育司法良知，要始终保持高尚的精神追求、严谨的职业操守、良好的生活习惯和健康的生活方式，自觉维护法律尊严和法官荣誉。

二、确保司法廉洁的具体要求

法官必须要遵守《法官职业道德基本准则》《法官行为规范》以及其他相关文件的规定，从业内、业外两个方面对自己的言行进行规范。

（一）严格遵守业内活动的相关规定

1. 遵守廉洁司法规定

《中共中央关于全面推进依法治国若干重大问题的决定》中明确指出：坚决破除各种潜规则，绝不允许法外开恩，绝不允许办关系案、人情案、金钱案。这是法官业内确保司法廉洁的基本要求，具体要做到以下几点：

（1）法官在案件审理过程中要严格执行《法官职业道德基本准则》所规定的确保司法廉洁的具体要求：不接受案件当事人及相关人员的请客送礼，不利用职务便利或者法官身份谋取不正当利益，不违反规定与当事人或者其他诉讼参与人进行不正当交往，不在执法办案中徇私舞弊等。

（2）严格遵守最高人民法院发布《关于"五个严禁"的规定》：严禁接受案件当事人及相关人员的请客送礼；严禁违反规定与律师进行不正当交往；严禁插手过问他人办理的案件；严禁在委托评估、拍卖等活动中徇私舞弊；严禁泄露审判工作秘密。

2. 正确处理好与律师的关系

在诉讼活动中，法官要处理好与律师的关系，要严格遵照最高人民法院和司法部联合发布的《关于规范法官和律师相互关系维护司法公正的若干规定》的相关内容，具体要求如下：

（1）法官和律师在诉讼活动中应当忠实于宪法和法律，依法履行职责，共同维护法律尊严和司法权威。

（2）法官应当严格依法办案，不受当事人及其委托的律师利用各种关系、以不正当方式对案件审判进行的干涉或者施加的影响。律师在代理案件之前及其代理过程中，不得向当事人宣称自己与受理案件法院的法官具有亲朋、同学、师生、曾经同事等关系，并不得利用这种关系或者以法律禁止的其他形式干涉或者影响案件的审判。

（3）法官不得私自单方面会见当事人及其委托的律师。律师不得违反规定单方面会见法官。

（4）法官应当严格执行回避制度，如果与本案当事人委托的律师有亲朋、同学、师生、曾经同事等关系，可能影响案件公正处理的，应当自行申请回避，是否回避由本院院长或者审判委员会决定。律师因法定事由或者根据相关规定不得担任诉讼代理人或者辩护人的，应当谢绝当事人的委托，或者解除委托代理合同。

（5）法官应当严格执行公开审判制度，依法告知当事人及其委托的律师本案审判的相关情况，但是不得泄露审判秘密。律师不得以各种非法手段打听案情，不得违法误导当事人的诉讼行为。

（6）法官不得为当事人推荐、介绍律师作为其代理人、辩护人，或者暗示更换承办律师，或者为律师介绍代理、辩护等法律服务业务，并且不得违反规定向当事人及其委托的律师提供咨询意见或者法律意见。律师不得明示或者暗示法官为其介绍代理、辩护等法律服务业务。

（7）法官不得向当事人及其委托律师索取或者收取礼品、金钱、有价证券等；不得借婚丧喜庆事宜向律师索取或者收取礼品、礼金；不得接受当事人及其委托律师的宴请；不得要求或者接受当事人及其委托律师出资装修住宅、购买商品或者进行各种娱乐、旅游活动；不得要求当事人及其委托的律师报销任何费用；不得向当事人及其委托的律师借用交通工具、通信工具或者其他物品。当事人委托的律师不得借法官或者其近亲属婚丧喜庆事宜馈赠礼品、金钱、有价证券等；不得向法官请客送礼、行贿或者指使、诱导当事人送礼、行贿；不得为法官装修住宅、购买商品或者出资邀请法官进行娱乐、旅游活动；不得为法官报销任何费用；不得向法官出借交通工具、通信工具或者其他物品。

（8）法官不得要求或者暗示律师向当事人索取财物或者其他利益。当事人委托的律师不得假借法官的名义或者以联络、酬谢法官为由，向当事人索取财物或者其他利益。

3. 规范与当事人、特殊关系人、中介组织的行为

"特殊关系人"是指当事人的父母、配偶、子女、同胞兄弟姊妹和与案件有利害关系或可能影响案件公正处理的其他人。

"中介组织"是指依法通过专业知识和技术服务，向委托人提供代理性、信息技术服务性等中介服务的机构，主要包括受案件当事人委托从事审计、评估、拍卖、变卖、检验或者破产管理等服务的中介机构。公证机构、司法鉴定机构参照"中介组织"。

法官与当事人、特殊关系人、中介组织的行为也要受到规范，除上述与律师的行为规范类似外，还严禁法官在委托评估、拍卖等活动中徇私舞弊，与相关中介组织和人员恶意串通、弄虚作假、违规操作等行为。

4. 应当恪守法律，公正司法，不徇私情

法官要具体做到以下几点：

（1）依法履行职责，严格遵守纪律，不得违反规定过问和干预其他人员正在办理的案件，不得违反规定为案件当事人转递涉案材料或者打探案情，不得以任何方式为案件当事人说情打招呼。

（2）对于司法机关内部人员的干预、说情或者打探案情，应当予以拒绝；对于不依正当程序转递涉案材料或者提出其他要求的，应当告知其依照程序办理。

（3）坚决杜绝下列违反规定干预办案的行为：在线索核查、立案、侦查、审查起诉、审判、执行等环节为案件当事人请托说情的；邀请办案人员

私下会见案件当事人或其辩护人、诉讼代理人、近亲属以及其他与案件有利害关系的人的;违反规定为案件当事人或其辩护人、诉讼代理人、亲属转递涉案材料的;违反规定为案件当事人或其辩护人、诉讼代理人、亲属打探案情、通风报信的;其他影响司法人员依法公正处理案件的行为。

(4) 不得对办案人员打击报复。

(二) 加强对法院工作人员业外活动的监督

业外活动指的是法官"八小时以外"的活动,即法官在日常生活中的行为和活动。《法官职业道德基本准则》和《法官行为规范》《关于人民法院落实廉政准则防止利益冲突的若干规定》等文件对法官在工作之外的言谈、行为、活动等也做了较为详细具体的规定。

1. 法官业外活动的基本要求

基本要求如下:

(1) 遵守社会公德,遵纪守法。

(2) 加强修养,严格自律。

(3) 约束业外言行,杜绝与法官形象不相称的、可能影响公正履行职责的不良嗜好和行为,自觉维护法官形象。

2. 法官业外活动的具体要求

具体要求如下:

(1) 法官不得接受可能影响公正执行公务的礼金、礼品、宴请以及旅游、健身、娱乐等活动安排。

(2) 不从事或者参与营利性的经营活动,不在企业及其他营利性组织中兼任法律顾问等职务,不就未决案件或者再审案件给当事人及其他诉讼参与人提供咨询意见。

一是法官不得从事和经营营利性活动。具体包括:本人独资或者与他人合资、合股经办商业或者其他企业;以他人名义入股经办企业;以承包、租赁、受聘等方式从事经营活动;违反规定拥有非上市公司(企业)的股份或

法官职业道德

者证券；本人或者与他人合伙在国（境）外注册公司或者投资入股；以本人或者他人名义从事以营利为目的的民间借贷活动；以本人或者他人名义从事可能与公共利益发生冲突的其他营利性活动。

二是法官不得为他人的经济活动提供担保。

三是法官不得利用职权和职务上的影响，买卖股票或者认股权证；不得利用在办案工作中获取的内幕信息，直接或者间接买卖股票和证券投资基金，或者向他人提出买卖股票和证券投资基金的建议。

四是法官在审理相关案件时，以本人或者他人名义持有与所审理案件相关的上市公司股票的，应主动申请回避。

五是法官不得违反规定在律师事务所、中介机构及其他经济实体、社会团体中兼职，不得违反规定从事为案件当事人或者其他市场主体提供信息、介绍业务、开展咨询等有偿中介活动。

（3）妥善处理个人和家庭事务，不利用法官身份寻求特殊利益。具体包括以下规定。

一是当本人或者亲友与他人发生矛盾，要保持冷静、克制，通过正当合法途径解决，不得利用法官身份寻求特殊照顾，不得妨碍有关部门对问题的解决。本人及家庭成员遇到纠纷需通过诉讼方式解决，对本人的案件或者以直系亲属代理人身份参加的案件，应当依照有关法律规定，平等地参与诉讼；在诉讼过程中不以法官身份获取特殊照顾，不利用职权收集所需证据；对非直系亲属的其他家庭成员的诉讼案件，一般应当让其自行委托诉讼代理人，法官本人不宜作为诉讼代理人参与诉讼。

二是法官不得利用职权和职务上的影响，为本人的配偶、子女及其配偶以及其他特定关系人谋取不正当利益，包括：指使他人提拔本人的配偶、子女及其配偶以及其他特定关系人；为本人的配偶、子女及其配偶以及其他特定关系人支付、报销学习、培训、旅游等费用；为本人的配偶、子女及其配偶以及其他特定关系人出国（境）定居、留学、探亲等向他人索取资助，或者让他人支付、报销上述费用；妨碍有关机关对涉及本人的配偶、子女及其配偶以及其他特定关系人案件的调查处理。

三是法官不得利用职权和职务上的影响进行下列活动：放任本人的配偶、子女及其配偶以及其他特定关系人收受案件当事人及其亲属、代理人、辩护人、执行中介机构人员以及其他关系人的财物；为本人的配偶、子女及其配偶以及其他特定关系人经商、办企业提供便利条件；放任本人的配偶、子女及其配偶以及其他特定关系人以本人名义谋取私利。

四是人民法院领导干部和审判执行岗位法官不得违反规定放任配偶、子女在其任职辖区内开办律师事务所、为案件当事人提供诉讼代理或者其他有偿法律服务。

五是人民法院领导干部和综合行政岗位人员不得放任配偶、子女在其职权和业务范围内从事可能与公共利益发生冲突的经商、办企业、有偿中介服务等活动。

六是法官作为生效法律文书的被执行人时，应当积极履行法律文书确定的义务，不得利用职务身份拒绝、妨碍、对抗执行。

七是按规定如实报告个人有关事项，教育督促家庭成员不利用法官的职权、地位谋取不正当利益，家庭成员的生活要与收入相符。

（4）严格遵守有关出差、出境规定。法官因私出国（境）探亲、旅游，如实向组织申报所去的国家、地区及返回的时间，经组织同意后方可出行；探亲或旅游结束后，要准时返回工作岗位。自觉遵守当地法律，尊重当地民风民俗和宗教习惯。注意个人形象，维护党和国家尊严、利益，不得在国（境）外发表政治性有害言论，不得携带有害出版物入境。

（5）受邀参加各种活动时，必须严格遵守《法官职业道德基本准则》和《法官行为规范》的具体规定。

一是受邀请参加座谈、研讨活动时，对与案件有利害关系的机关、企事业单位、律师事务所、中介机构等的邀请应当谢绝；对与案件无利害关系的党、政、军机关、学术团体、群众组织的邀请，经向单位请示获准后方可参加。

二是受邀请参加各类社团组织或者联谊活动时，确需参加在各级民政部门登记注册的社团组织的，及时报告并由所在法院按照法官管理权限审批；不参加营利性社团组织；不接受有违清正廉洁要求的吃请、礼品和礼金。

三是从事写作、授课等活动时，在不影响审判工作的前提下，可以利用业余时间从事写作、授课等活动；在写作、授课过程中，应当避免对具体案件和有关当事人进行评论，不披露或者使用在工作中获得的国家秘密、商业秘密、个人隐私及其他非公开信息；对于参加司法职务外活动获得的合法报酬，应当依法纳税。

四是接受新闻媒体与法院工作有关的采访时，必须经组织安排或者批准；在接受采访时，不发表有损司法公正的言论，不对正在审理中的案件和有关当事人进行评论，不披露在工作中获得的国家秘密、商业秘密、个人隐私及其他非公开信息。

（6）谨慎对待社会交往。2013年8月22日，最高人民法院院长周强强调法官要把好"欲望关、交友关和情趣关"。[①] 这也是确保司法廉洁的一个重要因素。法官要管好自己的"生活圈""社交圈""娱乐圈"，自觉做倡导社会道德风尚的引领者、遵守社会公序良俗的示范者。

一是法官不得违反规定与当事人、律师接触交往，不得违反规定组织、参加自发成立的老乡会、校友会、战友会，不得接受可能影响司法公正的宴请或者旅游、健身、娱乐等活动安排。

二是纯洁同事交往关系，不得搞团团伙伙、拉帮结派、利益交换，不得违反规定过问、干预和影响其他法官正在审理的案件。

三是参加社交活动要自觉维护法官形象。

---

① 周强：《法院干警要把好欲望关、交友关和情趣关》，载人民网 http://www.people.com.cn/24hour/n/2013/0824/c25408-22679201.html，访问时间2018年5月19日。

四是严禁乘警车、穿制服出入营业性娱乐场所。

（7）法官不得参加邪教组织或者封建迷信活动。法官不得接受家人或者朋友约请参与封建迷信活动或者参加邪教组织，要向家人和朋友宣传科学，引导他们相信科学、反对封建迷信；对利用封建迷信活动违法犯罪的，应当立即向有关组织和公安部门反映。

（8）法官参加政治活动要符合规定。参加集会、游行、示威等活动，应当报经所在单位审批同意。不得组织、参加与法官身份不相符的集会、游行、示威等活动。

（9）养成健康、良好的个人爱好和生活习惯。

一是法官要崇尚节俭、健康、绿色的消费生活方式：避免出入豪华奢侈的高消费场所，不违反规定取得、持有和实际使用运动健身卡、会员卡、高尔夫球卡等消费卡，不得出入私人会所和提供异性陪侍服务的场所，不得参与涉及色情、赌博、毒品等不健康内容的活动。操办婚丧喜庆事宜，应当严格履行相关审批程序，不得铺张浪费，不得借机敛财。

二是应当在公共场合自觉维护法官形象，不得身着制服从事与职务无关的活动，不得违反规定使用公车警车，不得在公共场所耍特权、逞威风。

（10）法官在离职或者退休后其行为仍然在规定的年限内受到约束。

人民法院工作人员在离职或者退休后的规定年限内，不得具有下列行为。

一是接受与本人原所办案件和其他业务相关的企业、律师事务所、中介机构的聘任。

二是担任原任职法院所办案件的诉讼代理人或者辩护人。

三是以律师身份担任诉讼代理人、辩护人。

2017年9月27日，《最高人民法院关于贯彻执行〈关于规范公务员辞去公职后从业行为的意见〉的实施意见》明确规定：最高人民法院法官及处级以上审判辅助人员辞去公职后从业限制的时间规定为3年，其他审判辅助人员为2年。法官及审判辅助人员辞去公职后，终身不得担任原任职法院所审理案件的诉讼代理人或者辩护人，但是作为当事人的监护人或者近亲属代理诉讼或者进行辩护的除外。

（11）法官不得违反规定干扰妨碍有关机关对建设工程招投标、经营性土地使用权出让、房地产开发与经营等市场经济活动进行正常监管和案件查处。

（12）注意微博、微信的使用。

一是以职务身份实名认证开设微博、微信公众号等自媒体，应当报经所在单位批准同意，并按规定报备；发布内容应当事先报有关部门审核把关，防止产生舆情风险。对个人微博、微信公众号、微信朋友圈中的不当言论，不得附和、转发、分享、点赞。

二是参加对外业务交流、接受采访或通过微博、微信等新媒体公开发表言论，不得批评已经生效的法院裁判，避免评论正在处理过程中的各类矛盾纠纷、诉讼案件，不得涉及未公开发表的讲话、信息和文件资料，不得发布违反法律法规、违背社会公德、侵害他人合法权益和公共利益、有损法院形象的信息。

第七章　坚持司法为民

司法为民是我们党在领导人民司法事业发展中形成并始终践行的优良传统，也是中国特色社会主义司法制度区别于其他司法制度的鲜明特征和独特优势，是须臾不可忘记的重要历史经验。实践证明，只有始终站稳人民立场，努力践行司法为民宗旨，积极回应群众关切，司法工作才能符合民情、体现民意、赢得民心，司法事业才会呈现蓬勃生机和无限活力。在新时代更好地践行司法为民宗旨，就是要坚持以人民为中心的发展思想，更好履行维护国家政治安全、确保社会大局稳定、促进社会公平正义、保障人民安居乐业的职责任务。

第一节　坚持司法为民是中国特色社会主义司法制度的显著特征

坚持司法为民，是中国特色社会主义司法制度的显著特征，也是中国特色社会主义司法制度的显著优势。在司法实践中，坚持司法为民，就是要将马克思主义关于坚守人民立场的思想贯彻到审判工作中去，并贯穿审判工作始终。坚持司法为民是中国共产党在革命战争年代形成的宝贵精神财富，是人民司法的初心和使命。

一、坚持司法为民的理论和实践基础

坚持司法为民有着深厚的理论基础和实践基础，是中国特色社会主司

法制度的生命线。只有在审判工作中坚持司法为民,才能保证司法工作坚持正确的政治方向。

(一)学习和实践马克思主义关于坚守人民立场的思想

"人民性是马克思主义最鲜明的品格。马克思说,'历史活动是群众的活动'。让人民获得解放是马克思毕生的追求。"① 中国共产党从成立以来,就将为中国人民谋幸福、为中华民族谋复兴,作为自己的初心和使命,一切工作都是围绕着这一初心和使命来进行的。司法为民就是这一初心和使命在司法领域中的具体要求。从战争年代形成的"便利人民群众诉讼,便利人民法院审判"的"两便"原则,"马锡五审判方式"的出现,都是这一初心和使命在司法实践中的具体运用。

进入新发展阶段,法官仍然要始终把人民立场作为根本立场,把为人民谋幸福作为根本使命,坚持全心全意为人民服务的根本宗旨,贯彻群众路线,尊重人民主体地位和首创精神,始终保持同人民群众的血肉联系,凝聚起众志成城的磅礴力量,团结带领人民共同创造历史伟业。这是尊重历史规律的必然选择,是共产党人不忘初心、牢记使命的自觉担当。

习近平总书记要求,政法机关和广大干警要把人民群众的事当作自己的事,把人民群众的小事当作自己的大事。因此,广大法官坚守人民立场,就要让司法更加便利人民、贴近群众。

(二)牢固树立以人民为中心的发展思想

法官要坚持以"群众满不满意、高不高兴、答不答应"为判断标准扎扎实实开展审判工作。

(1)要密切关注个体对公平正义的切身感受。一方面要重视个案、个体。习近平总书记深刻指出:"要懂得'100-1=0'的道理,一个错案的负

---

① 2018年5月4日,习近平在纪念马克思诞辰200周年大会上的讲话,载人民网http://cpc.people.com.cn/nl/2018/05/05/c64094-29966415.html,访问时间2018年12月19日。

面影响足以摧毁 99 个公正裁判积累起来的良好形象。"① 人民群众对公正的感受、对司法的信任不是凭空的、抽象的,而是在每一个司法案件中点滴积累而来的。人民法院每年经手的案件数以千万计,但必须深刻认识到,执法办案中万分之一的失误和不公,对当事人而言都是百分之百的伤害。另一方面要多从群众角度看问题,高度重视群众体验和感受。可以说,群众是司法产品的"用户",我们要有"用户思维",注重"用户体验"。具体而言:一要满足需求。面对群众日益增长的美好生活需要,必须及时予以回应,坚持以群众需求为导向,不断提高能力、增加供给,努力让执法司法跟得上、跑得赢,有效满足群众需求。二要便捷好用。加快诉讼服务中心转型升级,就是要方便群众诉讼,为当事人提供"一站式"服务,提升群众体验。三要可参与可选择。例如,推进矛盾纠纷多元化解和案件繁简分流机制,开展道路交通事故损害赔偿纠纷"网上数据一体化处理"改革试点,就是为群众提供多元制度供给,更好满足多元司法需求。

(2)充分发挥公正裁判的教育引领作用。让群众感受到公平正义,也需要对社会价值观和行为规则予以正确引导,帮助群众树立正确价值观和法治信仰。法官要通过一个又一个案件的公正审判,态度鲜明地让维护法律和公共利益的行为受到鼓励,让违反法律和社会公德的行为受到惩戒,让见义勇为者敢为。

(3)及时兑现胜诉权益。胜诉权益兑现不了,公正就无法实现,哪怕办案过程再规范、结果再公正,群众也自然不会满意。法官要有通过打赢"基本解决执行难"这场硬仗,如期兑现向党和人民的庄严承诺,切实维护人民群众合法权益。②

---

① 2014 年 1 月 7 日,习近平在中央政法工作会议上的讲话,参见中共中央文献研究室编:《习近平关于全面依法治国论述摘编》,中央文献出版社 2015 年版,第 56 页。
② 参见周强:《坚持公正司法,努力让人民群众在每一个司法案件中感受到公平正义——在政治领导干部学习贯彻习近平新时代中国特色社会主义思想专题研讨班上的辅导报告》,载《人民司法应用》2018 年 6 月期。

二、法官职业道德中坚持司法为民的理念贯穿于诉讼过程始终

中国共产党的初心和使命是为中国人民谋利益,为中华民族谋复兴。这一初心和使命体现到司法实践中,就是司法为民。只有把初心使命落实为具体行动,才能真正做到牢记初心使命,践行司法为民宗旨。因此,法官职业道德中坚持司法为民的理念是人民法院落实以人民为中心的发展思想的具体体现。

(一)在理念上,始终把司法为民、公正司法作为人民法院工作的主线

法官要通过相关理论的学习,全面认识践行司法为民,加强公正司法,提高司法公信力对于树立人民法院良好形象,维护司法权威,保障宪法法律有效实施,推进依法治国,建设法治中国的重大现实意义。

人民法院代表国家行使审判权,是国家权力的重要组成部分。人民法院通过行使审判权和其他司法活动,发挥保护人民群众的生命财产安全和各项合法权益的作用,有力地维护了社会秩序和经济秩序。人民法院的司法活动关系到党和国家的形象,关系到人民群众的切身利益,关系到国家的长治久安。这就要求人民法院必须为人民掌好、用好审判权,依法公正、高效、文明地审理和执行各类案件,从本质上充分体现权为民所用,利为民所谋,情为民所系。正因如此,司法为民的理念要贯穿于诉讼过程,真正实现人民法院为人民的宗旨。

(二)在立案和信访中,要通过一系列具体措施切实践行司法为民

立案和信访是人民法院工作的重要组成部分。立案是启动司法程序的总开关。有案不立、有诉不理,司法为民、公正司法就无从谈起,法治中国建设进程就会受到影响。解决重复访、越级访问题,妥善处置涉诉闹访,引导和支持人民群众依法理性表达诉求,则是信访工作的目标和要求。因此,要在立案和信访工作中贯彻党的群众路线,坚持严格司法与热情服务相统一,坚持全心全意为人民服务,始终以热情的态度、真诚的服务对待群众,让群众充分感受到社会主义司法的文明和关怀。

1. 加强诉讼服务窗口建设

首先,要建设好、管理好、运用好诉讼服务中心、立案大厅以及涉诉信访接待窗口。完善各类窗口的实际功能,严格执行统一的工作流程、司法礼仪和服务规范。其次,要切实改进工作作风。善于用人民群众听得懂、易接受的语言和方式进行沟通交流,坚决克服对诉讼参与人"冷硬横推"的现象,坚决消除门难进、脸难看、话难听、事难办等不良作风,坚决杜绝任何刁难诉讼参与人或应当作为而不作为的现象,努力为人民群众参与各项诉讼活动提供热情、合法、高效的服务。

2. 提高便民利民措施实效

一是根据人民群众的需求和审判工作的实际需要,因地制宜地开展好节假日预约办案、巡回办案、网上立案、网上办案等便民利民举措。二是进一步细化和完善立案、审判、执行和信访等环节的便民利民措施,提高便民利民实效。三是注重发挥人民法庭接近基层、了解民情的特殊优势,强化人民法庭在解决基层民间纠纷中的作用,赋予人民法庭作为法院诉讼服务点的职能,方便基层群众起诉、应诉及参与其他诉讼活动。

3. 加强对当事人的诉讼指导与帮助

从现阶段当事人参与诉讼的能力和条件差异较大的实际出发,在保证程序公正和平等对待的前提下,注意为当事人特别是没有委托律师辩护、代理的当事人参与诉讼提供必要的程序性指导与帮助。同时,强化诉讼权利义务、举证责任、诉讼风险等事项告知工作。当事人提出调取证据申请,符合法律规定的,或者法庭认为有必要调查、核实的证据,应当依职权调取、核实。通过这些具体措施,确保诉讼程序及诉讼活动专业化、规范化的不断提升,始终与人民群众诉讼能力的不断提高相适应。实现让有理无钱的当事人打得起官司,让有理有据的当事人打得赢官司,让打赢官司的当事人及时实现权益的目标。

4. 降低当事人的诉讼成本

积极推动司法救助纳入社会救助制度体系,拓宽司法救助资金筹集渠道,完善诉讼费缓减免制度，不断扩大司法救助的受惠范围。在保证审判质量的前提下，依法选择并适用更为经济的诉讼程序和程序性措施，积极引导当事人理性选择诉讼成本低、负面作用小的诉讼程序，尽可能避免诉讼过程对当事人正常生产生活造成不应有的消极影响，杜绝滥用强制措施损害当事人合法权益的现象。

（三）在案件的审理和执行中，严格依法办案，切实保障人民群众的合法权益

审判和执行是人民法院的重要工作。在新发展阶段更好地践行司法为民宗旨，更好地履行维护国家政治安全、确保社会大局稳定、促进社会公平正义、保障人民安居乐业的职责任务，就是通过在审判和执行工作中坚持司法为民来实现的。

1. 坚持严格依法办案，严格执法

法官要进一步强化崇尚法治、忠于法律、严格执法的信念，不断提高熟练掌握法律、准确理解法律、正确适用法律的能力，始终坚持"以事实为根据，以法律为准绳"的原则，不得以任何理由突破法律底线，杜绝任何超越法律、歪曲法律以及其他违法枉法裁判现象的发生。法官在审理每一起案件，都要贯彻认定事实清楚、适用法律正确、处理结果公正、审判程序合法、法律文书规范的基本要求，确保裁判经得起法律和历史的检验。

2. 坚持依法独立行使审判权

法官都要养成敢于坚持原则、敢于坚持真理、敢于依法办案、敢于担当责任的职业品格。坚决贯彻人民法院依法独立行使审判权的宪法原则，坚决抵制各种形式的地方和部门保护主义，坚决排除权力、金钱、人情、关系等一切法外因素的干扰，不断健全保障人民法院依法独立公正行使审判权的机制，坚决维护宪法法律的尊严和权威。各级法院的院长、副院长、审判委员会委员、庭长和副庭长，要坚决支持合议庭和独任庭依法公正审理案件，上级法院要坚决支持下级法院依法独立公正行使审判权。

3. 坚持正确实施法律

人民法院要进一步加强和完善审判监督指导，努力提高司法政策、司法解释的针对性、科学性、合理性和实效性，充分发挥指导性案例和参考案例的重要作用。建立健全适用法律的规则体系，规范自由裁量权，统一司法尺度，严格裁判标准，继续推进量刑规范化。规范案件改判、发回重审及提起再审的标准。上级法院既要尊重下级法院的自由裁量权，又要依法纠正下级法院的错误裁判。

4. 发挥司法裁判的导向作用

法官要在准确把握法律精神、全面体察社情民意的基础上，依法公正裁判，充分发挥司法裁判对彰显法治精神、强化规则意识、引领社会风尚、维护公共秩序的重要作用，坚决维护法律的严肃性，体现正确的价值导向。要把涉诉信访纳入法治化的解决轨道，既要畅通依法信访的渠道，又要依法处置无理缠诉闹访行为，坚决维护司法裁判的既判力和权威性。

5. 提高审判执行效率

加强立案、审判、执行的沟通、协调与配合，形成审判部门与执行部门的工作合力；进一步规范审判流程，合理确定各审判节点的时限，消除审判流程中的"瓶颈"和阻滞；进一步规范送达方式，尽量缩短有效送达的时间；有效实行案件的繁简分流，依法适用督促程序、简易程序和小额诉讼程序。在保证案件质量的前提下，努力缩短诉讼周期，使当事人的合法权益能够尽快实现。同时，注重均衡结案，不得因提高结案率而不收案或忽视质量而突击结案。

三、坚持司法为民是党的群众路线在司法工作中的具体体现

（一）司法为民形成于革命战争年代，是为人民服务宗旨在司法工作中的具体要求和体现

理论联系实际、密切联系群众、批评与自我批评是中国共产党在长期的革命斗争实践中形成的三大优良传统和作风，也是中国共产党取得革命

胜利的法宝。密切联系群众,坚持群众路线,体现在司法工作中就是司法为民。

1. 全心全意为人民服务与司法为民

密切联系群众的作风,是指党的各级组织和党员干部要和党内外的群众结合在一起,密切党和人民群众的关系,一切为了群众,一刻也不脱离群众。这种作风,是中国共产党特有的政治优势,是我们党取得一切胜利的力量源泉和基本保证。一切工作都要从群众中来,到群众中去,只有这样才能坚持马克思主义群众观点,将人民群众看作历史的主人,才能全心全意为人民服务。

全心全意为人民服务是中国共产党的一贯主张和宗旨,司法为民则是这一主张和宗旨在司法实践中的具体体现,也是贯彻落实习近平法治思想"坚持以人民为中心"的具体要求。这是因为中国共产党是最广大人民群众根本利益的代表者和实现者,人民是国家的主人。因此,通过司法实践保证公民的经济、文化、社会等各方面权利得到落实,保障人民安居乐业,不断增强人民群众获得感、幸福感、安全感,是司法为民追求的目标。这就要求人民法官不仅是司法工作者,而且还是群众工作者,只有树立司法为民的理念,才能真正地做到人民法院为人民,人民法官为人民。

2. 司法为民形成于革命战争年代

早在省港大罢工时成立的军法处、会审处、特别法庭,湖南、湖北农民运动时成立的审判土豪劣绅委员会便都采取吸收群众参与审判的方式,实行公开审判制度,已经显现了人民司法、司法为民的特点。中华苏维埃共和国成立后,在成立的审判机构中实行公开审判、民主集中制、人民群众参加诉讼等基本原则和制度,形成了人民司法制度,也将司法为民的理念进一步巩固和确立。

抗日战争时期,司法为民的理念在司法实践中得到了进一步的发展。其中的"两便"原则和"马锡五审判方式"是司法为民的典型代表。

(二)革命战争年代司法为民的具体典范

1. "两便"原则——司法为民的典型代表之一

便利人民群众诉讼,便利人民法院审判,是我国现行诉讼法中的"两便"原则,是为了能够及时解决纠纷,保障当事人合法权益的一项重要原则。这项原则早在抗日战争时期已经确立。便利人民群众诉讼,是新民主主义司法制度在司法实践中的具体体现,是人民司法制度的一大特色。便利人民群众诉讼的具体措施如下。

一是司法机关不得收受任何费用。① 根据当时当地人民群众的生活状况,陕甘宁边区作出了免受诉讼费用的规定,这为便利人民群众诉讼提供了法律保障。《陕甘宁边区民事诉讼条例草案》第8条进一步规定:"司法机关对于人民诉讼,不收讼费,不收送达费及草录费。"②

二是起诉的形式没有任何限制。"法庭对诉讼当事人无任何限制,诉讼状词,不拘形式,不能以不合格而不受理,不能书写的,口头申诉,由书记记录,即为有效。"③《陕甘宁边区刑事诉讼条例草案》第6条规定:"诉讼当事人或关系人均得以书面或口头为陈诉,如以口头陈诉者,应取具供词并签名盖章或指印。"④ 第12条规定:"当事人之声诉,得以书面或口头为之。以口头声诉者,法庭应作讯问笔记,由当事人签名盖章或指印。"⑤

三是实行巡回审判。"某件特殊案子,当地群众很注意,倘在司法机关审判,当地群众难以参加,不能了解法庭的处理。因此,举行巡回审判,更能实地考察案情,倾听人民意见,而给人民影响也更深刻。"⑥《陕甘宁边区民事诉讼条例草案》第4条规定:"司法机关得派审判人员流动赴事件发生之乡、市,就地审理。流动审理时,审判人员应注意当地群众对于案情意见

---

① 《陕甘宁边区保障人权财权条例》第15条,载韩延龙、常兆儒编:《革命根据地法制文献选编》(上卷),中国社会科学出版社2013年版,第65页。
② 艾绍润主编:《陕甘宁边区法律法规汇编》,陕西人民出版社2007年版,第67页。
③ 《司法工作——陕甘宁边第一届政府工作报告节录》,载《中国新民主主义革命时期法制建设资料选编》(第三册),西南政法学院函授部编1982年版,第322页。
④ 艾绍润主编:《陕甘宁边区法律法规汇编》,陕西人民出版社2007年版,第61页。
⑤ 艾绍润主编:《陕甘宁边区法律法规汇编》,陕西人民出版社2007年版,第67页。
⑥ 《司法工作——陕甘宁边第一届政府工作报告节录》,载《中国新民主主义革命时期法制建设资料选编》(第三册),西南政法学院函授部编1982年版,第322页。

之反映为处理之参考。"①

2. 马锡五审判方式——司法为民的典型代表之二

马锡五同志在抗日战争时期，任陕甘宁边区陇东专区专员兼任陕甘宁边区高等法院陇东分庭庭长。他在审理案件过程中，创造了群众路线的审判方式，被称为"马锡五审判方式"。它是中国共产党的群众路线在司法审判工作中的具体运用，是马克思主义法学理论与中国革命实践相结合的产物，是新民主主义司法制度人民性的显著体现。

马锡五审判方式的特点是：一切从实际出发，客观、全面、深入进行调查研究，反对主观主义的审判作风，重证据不轻信口供，将审判工作牢牢建立在科学的基础上；认真贯彻群众路线，依靠群众讲理说法，实行审判与调解相结合，在审判工作中贯彻民主的精神；坚持原则，严格依法办事，在审判工作中始终坚持法制的原则；实行简便利民的诉讼手续，在审判工作中执行便民的方针。②

第二节　坚持司法为民的具体要求

党的十八届四中全会通过的《中共中央关于全面推进依法治国若干重大问题的决定》明确指出：坚持人民司法为人民，依靠人民推进公正司法，通过公正司法维护人民权益，为法官在司法实践中坚持司法为民指明了工作的目标和前进的方向。党的十九届五中全会提出，在"十四五"期间：国家治理效能得到新提升，社会主义民主法治更加健全，社会公平正义进一步彰显，国家行政体系更加完善，政府作用更好发挥，行政效率和公信力显著提升，

---

① 艾绍润主编：《陕甘宁边区法律法规汇编》，陕西人民出版社2007年版，第67页。
② 张希坡：《马锡五与马锡五审判方式》，法律出版社2013年版，第188–198页。

社会治理特别是基层治理水平明显提高，防范化解重大风险体制机制不断健全，突发公共事件应急能力显著增强，自然灾害防御水平明显提升，发展安全保障更加有力……这决定了人民法院坚持司法为民的总体要求就是要充分发挥审判职能作用，为加快构建新发展格局，实现"十四五"时期经济行稳致远、社会安定和谐提供有力司法服务；将贯彻新发展理念贯穿审判执行工作始终，加快推进审判能力和审判体系的现代化。

一、牢固树立以人为本、司法为民的理念

坚持司法为民，在司法实践中自觉贯彻司法为民的要求，就需要法官树立以人为本、司法为民的理念，充分认识到坚持司法为民的重要性和现实意义。

（一）坚持司法为民就是要树立群众观念，强化服务意识

坚持司法为民是人民法院努力实现"让人民群众在每一个司法案件中都感受到公平正义"的必然要求，是全面推进依法治国，建设平安中国、法治中国的重要手段。法官要准确把握我国全面深化改革进程中出现的新情况、新特点，将方便人民群众诉讼作为做好各项工作的出发点和落脚点，扎扎实实为人民群众办实事，更好地满足新时期人民群众的多元司法需求。

1. 树立群众观念

树立群众观念，是坚持司法为民的前提。法官要通过树立群众观念，达到重视群众诉求、关注群众感受的目的。只有这样才能自觉维护人民群众的合法权益，才能落实司法为民的各项规定和要求，切实做到听民声、察民情、知民意。

2. 强化服务意识

强化服务意识，是坚持司法为民的基础。法官要在司法审判的各个环节做好诉讼指导、风险提示、法律释明等便民服务，避免"冷硬横推"等不良作风。同时，还要认真执行司法便民规定，努力为当事人和其他诉讼参与人提供必要的诉讼便利，尽可能降低其诉讼成本。

3. 积极服务大局

围绕司法职能服务大局，是坚持司法为民的目标。法官只有不断地增强大局意识，才能实现审判工作与大局工作的有机结合。特别是要通过个案裁判，审慎、妥善处理因经济社会发展失衡、社会建设滞后、社会管理缺失引发的各种纠纷，全面考量案件涉及的各种因素和裁判对各方面的影响，防止因个案处理失当激化社会矛盾，影响社会稳定。

(二) 坚持司法为民就是要密切联系群众

坚持司法为民是人民法院深入贯彻执行党的群众路线，积极践行司法为民根本宗旨的重要内容。法官要始终坚持人民司法为人民，切实加强人权司法保障，不断改进司法作风，通过一个个具体鲜活的司法便民利民举措，更好地维护最广大人民群众的根本利益。

1. 密切联系群众，增进群众感情，切实方便群众诉讼

法官要自觉把做好司法便民利民工作与扎实推进党的群众路线教育实践活动紧密结合起来，时刻摆正与人民群众的关系，准确把握人民群众对法院工作的需求与期待，将便民利民措施运用到立案、审判、执行和信访等各个环节，为人民群众提供热情、便捷、高效的司法服务。在司法审判的全过程中，法官还要不断改进司法作风，要善于运用人民群众听得懂、易接受的语言和方式进行沟通交流，充分尊重公序良俗，坚决消除门难进、脸难看、话难听、事难办等不良作风，坚决杜绝任何刁难诉讼参与人的现象。

2. 注重司法审判工作与社会生活的融合

法官在司法审判工作中不仅要准确把握人民群众对法院工作的需求与期待，而且还要高度重视人民群众对法院工作的关切和评价，切实尊重人民群众对司法公正的普遍认知和共同感受。这就要求法官要不断地加强对社会生

活的调查研究，认真了解各类社会关系和社会交往的主要方式与规则习惯，善于总结和运用人民群众公认的常识与经验，努力使司法过程和处理结果在法律规定的范围内贴近人民群众的公平正义观念。

二、坚持党的领导，自觉维护人民群众的合法权益

习近平总书记指出：我们提出要努力让人民群众在每一个司法案件中都感受到公平正义，所有司法机关都要紧紧围绕这个目标来改进工作，重点解决影响司法公正和制约司法能力的深层次问题。要坚持司法为民，改进司法工作作风，通过热情服务，切实解决好老百姓打官司难问题，特别是要加大对困难群众维护合法权益的法律援助。司法工作者要密切联系群众，规范司法行为，加大司法公开力度，回应人民群众对司法公正公开的关注和期待。①

（一）坚持中国共产党对司法工作的全面领导

坚持党对司法工作的全面领导是坚持司法为民的前提和保障，法官必须做到以下两点。

1. 强化理论武装

要始终以习近平新时代中国特色社会主义思想武装头脑、指导实践、推动工作，坚持不懈强化理论武装，不断增强"四个意识"、坚定"四个自信"、做到"两个维护"，自觉在思想上政治上行动上同以习近平同志为核心的党中央保持高度一致，坚决把维护以习近平总书记为党中央的核心、全党的核心地位落到实处。

2. 确保党的领导

在工作中，严格执行《中国共产党政法工作条例》，切实把党的领导落实到人民法院工作各领域各方面各环节，确保在党的领导下依法独立公正行

---

① 2013年2月23日，习近平在主持中央政治局第四次集体学习时的讲话要点，参见《习近平谈治国理政》（第一卷），外文出版社2014年，第145页。

使审判权；坚持"不忘初心、牢记使命"，淬炼忠诚、干净、担当的政治品格，做到政治过硬、业务过硬、责任过硬、纪律过硬、作风过硬。

（二）自觉维护人民群众的合法权益

坚持司法为民就是要做到心为民所想，情为民所系，利为民所谋。法官要做到以下两点。

1. 方便人民群众诉讼

方便人民群众诉讼体现在司法审判的各个环节上，主要包括以下几点：

（1）要做好诉调对接、立案登记、诉讼风险提示、诉讼材料接转、诉讼费用缴纳、财产保全、案件流程查询、信访接待等各方面的工作，努力为当事人提供"一站式"和"全方位"的诉讼服务。

（2）要积极推进立案登记工作，根据人民群众的需求和审判工作的实际需要，对人民法院依法应该受理的案件，做到有案必立、有诉必理，切实保障当事人诉权。

（3）要做好预约立案工作，积极为行动不便的伤病患者、残疾人、老年人、未成年人等提供立案、送达、调解等方面的便民服务。

（4）开展巡回审判工作。对于边远地区等交通不便地区，要以方便人民群众诉讼为出发点，尽可能就地立案、就地开庭、就地审理、就地执行；要以便于解决社会矛盾纠纷为出发点，深入到企业、社区等群众集中、纠纷集中的地区进行巡回审判。

（5）对特别类型案件要"快立、快调、快审、快执"。对于追索工资报酬、工伤赔偿等涉及广大职工和农民工切身利益的案件以及追索赡养费、抚育费、扶养费等案件，尽快受理，适时调解，及时判决、执行。

（6）依法为当事人举证提供帮助。当事人申请人民法院调查取证，符合法律规定条件的，或者人民法院认为有必要调查的证据，人民法院应当及时调查取证；积极探索委托律师调查取证。

2. 尊重当事人和其他诉讼参与人的人格尊严

尊重当事人和其他诉讼参与人的人格尊严，也是法官践行司法为民的具体体现。

（1）尊重当事人和其他诉讼参与人的人格尊严。法官要尊重当事人和其他诉讼参与人的人格尊严，避免盛气凌人、"冷硬横推"等不良作风。在立案、审判、执行等各个环节，要规范自己的言行，坚决杜绝"冷横硬推""门难进、脸难看、话难听、事难办"的衙门作风。尊重和保障当事人庭审权利，让当事人依法充分表达诉求，完整陈述事实理由。对依法可以由当事人自主或者协商决定的程序事项，尽量让当事人自主或者协商确定。

（2）尊重律师，依法保障律师参与诉讼活动的权利。最高人民法院2015年12月29日印发《关于依法切实保障律师诉讼权利的规定》，对人民法院在诉讼中保障律师诉讼权利进行了明确的规定。根据该文件，法官在诉讼过程中，需要保障的律师诉讼权利有：

一是依法保障律师知情权。法官要通过不断完善的审判流程公开、裁判文书公开、执行信息公开"三大平台"，将诉讼程序、诉权保障、调解和解、裁判文书等重要事项及相关进展情况，依法及时告知律师，方便律师及时获取诉讼信息。

二是依法保障律师阅卷权。对律师申请阅卷的，法官应当在合理时间内安排。案卷材料被其他诉讼主体查阅的，应当协调安排各方阅卷时间。律师依法查阅、摘抄、复制有关卷宗材料或者查看庭审录音录像的，应当提供场所和设施。有条件的法院，可提供网上卷宗查阅服务。

三是依法保障律师出庭权。确定开庭日期时，法官应当为律师预留必要的出庭准备时间。因特殊情况更改开庭日期的，应当提前三日告知律师。律师因正当理由请求变更开庭日期的，法官可在征询其他当事人意见后准许。律师带助理出庭的，应当准许。

四是依法保障律师辩论、辩护权。法官在庭审过程中应合理分配诉讼各方发问、质证、陈述和辩论、辩护的时间，充分听取律师意见。除律师发言过于重复、与案件无关或者相关问题已在庭前达成一致等情况外，不应打断律师发言。

五是依法保障律师申请排除非法证据的权利。律师申请排除非法证据并提供相关线索或者材料，法官经审查对证据收集合法性有疑问的，应当召开庭前会议或者进行法庭调查。经审查确认存在法律规定的以非法方法收集证据情形的，对有关证据应当予以排除。

六是依法保障律师申请调取证据的权利。律师因客观原因无法自行收集证据的，可以依法向人民法院书面申请调取证据。律师申请调取证据符合法定条件的，法官应当准许。

七是依法保障律师的人身安全。案件审理过程中出现当事人矛盾激化，可能危及律师人身安全情形的，法官应当及时采取必要措施。对在法庭上发生的殴打、威胁、侮辱、诽谤律师等行为，法官应当及时制止，依法处置。

八是依法保障律师代理申诉的权利。对律师代理当事人对案件提出申诉的，法官要依照法律规定的程序认真处理。如果法官认为原案件处理正确的，要支持律师向申诉人做好释法析理、息诉息访工作。

九是为律师依法履职提供便利。要进一步完善网上立案、缴费、查询、阅卷、申请保全、提交代理词、开庭排期、文书送达等功能。有条件的法院要为参加庭审的律师提供休息场所，配备桌椅、饮水及其他必要设施。

十是完善保障律师诉讼权利的救济机制。要指定专门机构负责处理律师投诉，公开联系方式，畅通投诉渠道。对投诉要及时调查，依法处理，并将结果及时告知律师。对司法行政机关、律师协会就维护律师执业权利提出的建议，要及时予以答复。

三、不断提升工作能力，提高司法公信力

坚持司法为民是深化司法改革，加快建设公正高效权威的社会主义司法制度的重要环节。法官要不断提升工作能力，提高审判水平，把人民群众是否满意作为衡量司法改革成败的根本标准，把完善和落实司法便民利民举措作为深化司法改革的重要切入点，让司法改革成果更多更公平地惠及全体人民群众，努力提高司法公信力。

(一) 着力提升服务大局工作能力，积极服务保障经济社会发展

当今世界正经历百年未有之大变局，面对错综复杂的国际形势、艰巨繁重的国内改革发展稳定任务，特别是面对新冠肺炎疫情严重冲击下，以习近平同志为核心的党中央团结带领全党全国各族人民决胜全面建成小康社会取得了决定性成就。在全面建成小康社会的征程中，法官要做到以下几点：

(1) 通过具体案件的审理，强化服务保障，确保社会大局稳定，促进社会公平正义。如依法妥善审理金融纠纷案件，积极防范化解金融风险；审理好司法服务保障脱贫攻坚和乡村振兴战略的案件；深化和完善环境审判相关制度，更好的服务美丽中国建设；加大对行政行为合法性审查力度，推动法治政府建设；加大产权司法保护力度，推动健全产权保护法律制度体系，服务现代化经济体系建设，不断提升知识产权司法保护水平；推进涉外商事海事审判能力建设，依法平等保护中外当事人合法权益，完善国际商事纠纷多元化解决机制，服务共建"一带一路"和自贸试验区、自由贸易港建设，助力更高水平开放型经济新体制建设。

(2) 通过具体工作的推进，更好地发挥司法职能，贡献中国智慧。如坚持把非诉讼纠纷解决机制挺在前面，健全"分流、调解、速裁、快审"机制，全面推进一站式多元解纷和诉讼服务体系建设，为人民群众提供分层次、多途径、高效率、低成本的纠纷解决方案，将法院工作在党委领导下，主动融入社会治理体系，更好地发挥司法在社会治理中的参与、推动、规范、保

障作用；参与全球治理体系改革和国际法规则制定，依法全面平等保护港澳台同胞合法权益，深化国际司法交流合作机制，为维护多边贸易体制和国际法治贡献更多中国智慧。

（二）努力提升互联网司法治理能力，严格落实意识形态工作责任制

法官要坚持马克思主义在意识形态领域的指导地位，健全践行和弘扬社会主义核心价值观体制机制，严格落实意识形态工作责任制，坚决防范抵制西方错误思潮侵蚀影响。

（1）营造清朗有序的网络空间。法官要通过提升互联网司法治理能力，充分发挥审判职能作用，推动网络空间和平、安全、开放、合作、有序。

（2）树立鲜明正确道德导向。法官要通过依法妥善审理涉及社会道德和行为规范的案件，引导人们树立正确的价值判断标准，认真落实新时代公民道德建设实施纲要的具体要求。

（3）构建良好法治环境。法官要充分发挥司法解释、司法政策、裁判规则价值引领作用，坚持依法治国和以德治国相结合，完善推动社会主义核心价值观深度融入审判执行工作配套机制；以公正裁判树立行为规则、弘扬社会风尚，认真落实"谁执法谁普法"普法责任制，做好新闻舆论工作，提高司法公信力。

（三）全面提高依法防控依法治理能力，促进矛盾纠纷源头预防化解

在国家治理能力和治理体系现代化建设的过程中，提升防范风险和纠纷化解能力是法官践行司法为民的重要表现形式之一。

（1）防范"灰犀牛""黑天鹅"事件。法官要深刻认识和准确把握外部环境的深刻变化和我国改革发展稳定面临的新情况新问题新挑战，坚持底线思维，增强忧患意识，做到居安思危。

（2）充分发挥审判职能作用。法官在司法审判工作中要深入贯彻习近平总书记关于全面提高依法防控依法治理能力、健全国家公共卫生应急管理体系的一系列重要讲话精神，始终把人民群众生命安全和身体健康放在第一位。

例如，2020年新冠肺炎疫情防控逐渐常态化后，人民法院和法官特别要服务做好"六稳"工作、落实"六保"任务，为统筹推进常态化疫情防控和经济社会发展，确保完成决战决胜脱贫攻坚目标任务，全面建成小康社会提供有力司法服务和保障。因此，依法严惩妨害疫情防控、暴力伤医、制假售假、哄抬物价、诈骗、聚众哄抢、造谣传谣、防控失职渎职、破坏野生动物资源等各类违法犯罪，提升人民法院为应对重大突发事件提供服务保障的能力水平；依法处理在疫情防控期间产生的合同履行、医疗纠纷、产品质量、劳动争议等民事案件，充分发挥一站式多元解纷和诉讼服务体系作用，促进矛盾纠纷源头预防化解。

（四）强化涉诉信访工作能力，切实保护信访人合法权益

法官还应当进一步提升依法治访能力，提升涉诉信访工作质效，达到维护群众合法权益，满足人民群众的多元司法需求的目的。具体要求有：

（1）及时处理信访事项，努力做到来访有接待、来信有着落、申诉有回复。

（2）依法文明接待，维护人民法院良好形象。

（3）对来信的处理，要及时审阅并按规定登记，不得私自扣押或者拖延不办；需要回复和退回有关材料的，应当及时回复、退回；需要向有关部门和下级法院转办的，应当及时转办。

（4）对来访的接待，要及时接待，耐心听取来访人的意见并做好记录；能当场解答的，应当立即给予答复，不能当场解答的，收取材料并告知按约定期限等待处理结果。

（5）来访人系老弱病残孕者，要优先接待；来访人申请救助的，可以根据情况帮助联系社会救助站；在接待时来访人出现意外情况的，应当立即采取适当救护措施。

（6）对于集体来访的，向领导报告，及时安排接待并联系有关部门共同处理；视情况告知选派1至5名代表说明来访目的和理由；稳定来访人情绪，

并做好劝导工作。

（7）信访事项不属于法院职权范围，要告知法院无权处理并解释原因，根据信访事项内容指明有权处理机关。

（8）信访事项涉及国家秘密、商业秘密或者个人隐私的，要妥善保管涉及秘密和个人隐私的材料；自觉遵守有关规定，不披露、不使用在信访工作中获得的国家秘密、商业秘密或者个人隐私。

（9）信访人反映辖区法院裁判不公、执行不力、审判作风等问题的，要认真记录信访人所反映的情况；对法院裁判不服的，告知其可以依法上诉、申诉或者申请再审；反映其他问题的，及时将材料转交法院有关部门处理。

四、积极服务大局，努力实现法律效果、政治效果与社会效果的统一

服务大局是人民司法工作的重要特征之一，体现在法官职业道德上就是法官要增强大局意识，弘扬社会主义核心价值观，做好群众工作，搞好诉源治理，真正做到便民利民为民。

（一）增强大局意识，自觉把人民法院工作置于党和国家的工作大局之中

法官要通过个案裁判，审慎、妥善处理因经济社会发展失衡、社会建设滞后、社会管理缺失引发的各种纠纷，全面考量案件涉及的各种因素和裁判对各方面的影响，防止因个案处理失当激化社会矛盾，影响社会稳定。

（1）要深刻理解、准确把握公共秩序和善良风俗的时代内涵和建设重点。针对当前存在的见死不救、遇难不助、损人利己、不孝不仁等突出问题，法官在具体案件的审理中，要大力倡导"与人为善""以和为贵""宽容互让""尊老爱幼""助人为乐""见义勇为"等高尚行为，充分发挥调解、和解、协调等方式在纠纷解决中的重要作用，努力营造人与人之间相互尊重、相互理解、和谐相处、友善相待的社会氛围。

（2）要大力推进司法诚信和社会诚信建设。法官要利用诉讼活动和司法裁判，加大对诚信行为的保护力度和对失信行为的惩罚力度，提高诚信效益，增大失信成本,严格防范并依法制裁当事人利用诉讼手段逃避责任或谋取不正当利益。

(3)要坚决防止、依法惩处虚假诉讼、滥诉、缠诉等行为。法官要通过维护和奖掖诚信诉讼,树立国家司法的权威,提高司法的公信力。对于各种出于非法目的,虚构事实提起诉讼或滥用诉讼权利,故意逃避法律义务,损害国家利益、公共利益或他人合法权益的恶意诉讼和虚假诉讼等行为,伪造证据、当庭撒谎和滥诉、缠诉等行为,必须坚决防止,严肃处理。

(4)保障当事人在意思自治下作出行为的合法权利。在处理相关案件中,法官要按照意思自治、法律规定、交易习惯和公序良俗等不同效力和习惯顺序进行裁判,保障当事人在意思自治下作出的对实体权益的合法处分权和对程序权利的合法选择权,在坚持严格司法和保障程序公正的范围内,积极引导、鼓励当事人在诉讼程序和执行程序中自愿选择调解、和解等体现当事人自主解决纠纷的方式。

(二)注重矛盾多元化解方式,努力实现法律效果、政治效果与社会效果的统一

法官要充分发挥非讼纠纷解决机制的作用,合理正确地运用调解与判决方式,切实维护人民群众的合法权益。

1. 坚持把非诉讼纠纷解决机制挺在前面

这是从源头上减少诉讼数量,不断提升法院矛盾纠纷多元化解和现代化诉讼服务水平的一个重要举措。这就要求法官必须将这一理念贯穿到审判工作中,切实增强纠纷解决意识,将"能调则调,当判则判,调判结合,案结事了"审理原则贯穿于各类案件一审、二审、申诉申请再审、再审全过程。民商事案件除适用特别程序以及其他依案件性质不能进行调解的外,应当努力通过调解方式解决,特别是家事纠纷、群体性纠纷、容易引起矛盾激化的纠纷等应当着重调解。

2. 正确运用调解与判决方式

法官要正确处理调解与判决的关系,充分发挥两种方式的作用和优势:

对双方当事人均有调解意愿且有调解可能的纠纷、家庭与邻里纠纷、法律规定不够明确以及简单按照法律处理可能失之公平的纠纷，应当在充分尊重双方当事人意愿的情况下，优先用调解方式处理。在调解中，坚持贯彻合法自愿原则。对当事人不愿调解或者有必要为社会提供规则指引的案件纠纷，应当在尊重当事人处分权的前提下，注重采用判决的方式。防止不当调解、片面追求调解率；调解中讲究方式方法，提高调解能力，努力实现案结事了。具体要求包括：

（1）在调解过程中与当事人接触时，应当征询各方当事人的调解意愿；根据案件的具体情况，可以分别与各方当事人做调解工作；在与一方当事人接触时，应当保持公平，避免他方当事人对法官的中立性产生合理怀疑。

（2）只有当事人的代理人参加调解时，认真审查代理人是否有特别授权，有特别授权的，可以由其直接参加调解；未经特别授权的，可以参与调解，达成调解协议的，应当由当事人签字或者盖章，也可以由当事人补办特别授权追认手续，必要时，可以要求当事人亲自参加调解。

（3）一方当事人表示不愿意调解时，有调解可能的，应当采用多种方式，积极引导调解；当事人坚持不愿调解的，不得强迫调解。

（4）调解协议损害他人利益的时，告知参与调解的当事人应当对涉及他人权利、义务的约定进行修正；不得确认该调解协议内容的效力。

（5）调解过程中当事人要求对责任问题表态时，应当根据案件事实、法律规定以及调解的实际需要进行表态，注意方式方法，努力促成当事人达成调解协议。

（6）当事人对调解方案有分歧时，继续做好协调工作，尽量缩小当事人之间的分歧，以便当事人重新选择，争取调解结案；分歧较大且确实难以调解的，应当及时依法裁判。

五、创新和落实便民利民措施，增强司法为民的实际效果

法官要根据人民群众的需求和审判工作的实际需要，因地制宜地开展好各种便民利民举措,方便群众起诉、应诉及参与其他诉讼活动。

(一)方便群众诉讼,做好诉讼引导和风险提示

方便群众诉讼,做好诉讼引导和风险提示,可以使人民群众正确适用法律保护自身权益,减少不必要的损失。

1. 促进诉调对接实质化

由法官、法官助理、书记员及调解员组成的调解速裁团队,应当根据具体情况及时做好调解指导,强化诉调统筹衔接,做到能调则调,当判则判:对起诉到法院的纠纷,释明各类解纷方式优势特点,提供智能化风险评估服务,宣传诉讼费减免政策,按照自愿、合法原则,引导鼓励当事人选择非诉讼方式解决纠纷;对能够通过行政裁决解决的,引导当事人依法通过行政裁决解决;对适宜调解且当事人同意的,开展立案前先行调解。调解成功、需要出具法律文书的,由调解速裁团队法官依法办理;调解不成的,调解员应当固定无争议事实,协助做好送达地址确认等工作。

2. 提供简便方便的立案方式

为了方便当事人诉讼,法官要根据具体情况,确定立案方式:法官在当事人口头起诉的,告知应当递交书面诉状;当事人不能书写诉状且委托他人代写有困难的,要求其明确诉讼请求、如实提供案件情况和联络方式,记入笔录并向其宣读,确认无误后交其签名或者捺印。当事人要求上门立案或者远程立案的,如果当事人因肢体残疾行动不便或者身患重病卧床不起等原因,确实无法到法院起诉且没有能力委托代理人的,可以根据实际情况上门接收起诉材料;如果当事人所在地离受案法院距离远且案件事实清楚、法律关系明确、争议不大的,可以通过网络或者邮寄的方式接收起诉材料;对不符合上述条件的当事人,应当告知其到法院起诉。

3. 加强对当事人的诉讼指导

人民法院和法官要通过印制的诉讼费收费标准、案件审理期限、举证规则、诉讼风险等诉讼指导宣传材料,依法告知当事人的诉讼权利和义务,以

及诉讼中所必需的文书格式、要求等。同时，法官还要向当事人告知法院内部审判机构设置、职责分工等情况，方便当事人参与诉讼活动。

4. 作出法律风险提示

法官要通过法律风险提示，指导涉诉群众避免因不清楚涉诉的法律风险而产生损失，保护涉诉群众的利益。法律风险提示既适用于各级人民法院，包括普通法院和各类专门法院受理的刑事、民事、行政等各类案件，也适用于诉讼的立案、审判、审判监督、执行等各个阶段。法律风险提示的内容一般应当包括：向涉诉群众明确提示有关诉讼的主要法律法规、司法解释的规定；提示可能存在的诉讼请求不当、丧失诉讼时效、举证超过时限、拒不执行等方面的法律风险以及可能的法律后果。

(二) 切实提供司法救助和法律援助，保障当事人诉讼权利

在诉讼过程中保障经济困难的公民获得必要的司法救助和法律援助，并能够充分行使诉讼权利，是人民法院必须履行的职责，也是法官职业道德中对法官坚持司法为民的具体要求。

1. 切实执行诉讼费减、免、缓制度

这是确保经济确有困难的当事人打得起官司的有效措施。法官在司法审判中对于符合救助条件的当事人应当切实给予救助，即使是由司法行政部门已给予法律援助的，也应给予司法救助。但是要严格掌握救助标准，严格审批程序，既要保证经济确有困难的当事人得到救助，又要防止随意降低标准，杜绝不属救助对象的当事人得到救助，严禁借司法救助搞不正之风，确保司法救助真正发挥作用。

2. 依法提供法律援助

这是保障当事人诉讼权利，维护司法公正的重要途径。法官在案件的审理中要对符合条件的当事人依法提供法律援助：对于被告人是盲、聋、哑人或者限制行为能力的人，开庭审理时不满18周岁的未成年人，可能被判处死刑的人，没有委托辩护人的，应当为其指定辩护人；对于被告人符合当地政

府规定的经济困难标准或者本人确无经济来源的，被告人家庭经济状况无法查明，且其家属经多次劝说仍不愿为其承担辩护律师费用或者共同犯罪案件中其他被告人已委托辩护人的，被告人具有外国国籍的，案件有重大社会影响的，在没有委托辩护人的情形下，认为起诉意见和移送的案件证据材料可能影响正确定罪量刑的，可以为其指定辩护人。同时，对于法律援助机构决定提供法律援助的民事案件，经审查认为符合司法救助条件的，可以先行对受援人作出缓收案件受理费及其他诉讼费的司法救助决定，待案件审结后再根据案件的具体情况决定对受法律援助当事人一方诉讼费的减免。

第八章 维护司法形象

法官是人民法院履行司法职责、提供司法服务的主体。法官形象直接关系着人民法院依法履职尽责和提供司法服务的质量，关系到当事人对人民法院的看法、印象、感情和态度，影响着国家司法形象和司法公信力。在中国特色社会主义法律体系基本建成的新形势下，法治社会建设进程不断加快，社会期待司法解决的各种问题不断增加，人民群众的司法需求日益增长，为此，作为承担国家司法裁判工作的人民法院，自觉按照法官职业道德规范要求法官，自觉依据法官职业道德准则约束法官，对于维护人民法院整体形象和国家司法公信力的意义更加重大，影响更为长远。作为承担司法裁判责任的法官，建树法官良好形象，自觉置自己的言行于法官职业道德准则的框架之内，自觉将自己的举止纳入法官职业道德规范拘束之下，变个人形象为法院形象，树法院形象为司法形象，立司法形象为国家形象，其要义不言自明。

第一节 加强自身修养，维护法官形象

任何时候，法官只有自身遵纪守法，做遵规守纪的模范，作出的裁判才会有生命力，才能让当事人真正信服。法官们良好的自我约束是建树良好形象、确保裁判公正的一大前提。只有树立法官良好的司法形象，才能够通过法官的克己行为和良好形象让各方当事人更加容易地接受各种裁判结果，确保司法公信力的不断提升。

一、提高政治素质和业务素质

法官要树立公正的形象,必须坚持学习,精研业务,忠于职守,秉公办案,惩恶扬善,弘扬正义,保持昂扬的精神状态和良好的职业操守。

(一)坚持"五个过硬"是维护法官自身形象最重要的政治素质和业务素质

习近平总书记在同北京大学师生座谈时的重要讲话中指出:"道德之于个人、之于社会,都具有基础性意义,做人做事第一位的是崇德修身。"① 而"核心价值观,其实就是一种德,既是个人的德,也是一种大德,就是国家的德、社会的德。"② 加强法官自身修养,培育高尚道德操守和健康生活情趣,杜绝与法官职业形象不相称、与法官职业道德相违背的不良嗜好和行为,是提高司法公信力的前提,也是国家司法形象的正常要求。法官加强修养最主要的是强化个人素质的提高,符合"五个过硬"的条件。

"五个过硬"是习近平总书记在2014年中央政法工作会议上对政法干部提出的具体要求,即政治过硬、业务过硬、责任过硬、纪律过硬、作风过硬,努力建设一支信念坚定、执法为民、敢于担当、清正廉洁的政法队伍。在2015年中央政法工作会议上,习近平总书记再次提出"五个过硬"的要求,提出要培育造就一支忠于党、忠于国家、忠于人民、忠于法律的政法队伍,确保"刀把子"牢牢掌握在党和人民手中。由此,我们可以看出,法官提高自身素质最主要的方面就是要在思想上、言行上符合"五个过硬"。

(二)"五个过硬"的具体内容和要求

1. 政治过硬

政治过硬是对法官队伍最根本的要求,是衡量法官是否合格的最基本标准。

---

① 2014年5月4日,习近平在北京大学师生座谈会上的讲话,参见《习近平谈治国理政》(第一卷),外文出版社2014年版,第173页。

② 2014年5月4日,习近平在北京大学师生座谈会上的讲话,参见《习近平谈治国理政》(第一卷),外文出版社2014年版,第168页。

一是要坚持党的领导。在坚持党对政法工作的领导这样的大是大非面前,一定要保持政治清醒和政治自觉,不断提高政治判断力、政治领悟力、政治执行力,在任何情况下都不能有丝毫动摇。

二是要坚定理想信念。理想信念就是共产党人精神上的"钙",没有理想信念,理想信念不坚定,精神上就会"缺钙",就会得"软骨病"。因此,要听党指挥、忠诚使命,把坚定理想信念作为政治灵魂。必须把理想信念教育放在法官教育培训的第一位,不断打牢高举旗帜、听党指挥、忠诚使命的思想基础。

三是要提高党的领导能力。既要在思想上坚持党对司法工作的领导不动摇,又要在行动上加强和改善党对司法工作的领导,不断提高党领导政法工作能力和水平,不断提高法官队伍思想政治素质和履职能力,培育造就忠于党、忠于国家、忠于人民、忠于法律的法官。

2. 业务过硬

业务过硬是法官履行审判职责的基础条件,是实现公正高效司法的基本保证。

一是要公正司法,把审判办案作为中心任务。要增强忧患意识、责任意识,防控风险、服务发展,破解难题、补齐短板,提高维护国家安全和社会稳定的能力水平,履行好维护社会大局稳定、促进社会公平正义、保障人民安居乐业的职责使命。

二是要进一步提高审判执行工作执法能力。进一步增强人民群众安全感和满意度,进一步提高司法工作亲和力和公信力,努力让人民群众在每一个司法案件中都能感受到公平正义,保证中国特色社会主义事业在和谐稳定的社会环境中顺利推进。要提高法官本领,确保更好履行司法工作各项任务。要以最坚决的意志、最坚决的行动扫除司法领域的腐败现象,坚决清除害群之马。

三是要不断提高群众工作能力。要处理好维稳和维权的关系,要把群众合理合法的利益诉求解决好,完善对维护群众切身利益具有重大作用的制度,强化法律在化解矛盾中的权威地位,让群众由衷感到权益受到了公平对待、利益得到了有效维护。

四是不断提高舆论引导能力。做好网上舆论工作是一项长期任务,要创新改进网上宣传,运用网络传播规律,弘扬主旋律,激发正能量,大力培育和践行社会主义核心价值观,把握好网上舆论引导的时、度、效,使网络空间清朗起来。

3. 责任过硬

责任过硬是政治过硬的现实体现和实践要求。法官在政治上的忠诚和职业上的信念最终要体现为责任履行和使命担当。

一是要敢于担当,敬业奉献。好干部要敢于担当,法官队伍尤其要敢于担当,并将"为人民服务,担当起该担当的责任"作为自己的工作理念。要把人民群众的事当作自己的事,把人民群众的小事当作自己的大事,从让人民群众满意的事情做起,从人民群众不满意的问题改起,为人民群众安居乐业提供有力法律保障。

二是要把敢于担当作为党性原则,忠于职守、尽职尽责。俗话说"养兵千日,用兵一时",对法官队伍来说则是"养兵千日,用兵千日"。面对重大政治考验,必须旗帜鲜明、挺身而出,绝不能当"骑墙派";面对歪风邪气,必须敢于亮剑、坚决斗争,绝不能听之任之;面对急难险重任务,必须豁得出来、顶得上去,绝不能畏缩不前。要敢于在对敌斗争最前沿、维护稳定第一线去迎接挑战,到条件艰苦、情况复杂、矛盾集中的地方去破解难题,在奋斗和奉献中实现人生价值,赢得人民群众信任和支持。

4. 纪律过硬

纪律过硬是法官履行职责的重要保证,没有过硬的纪律,就会一盘散沙,失去战斗力。

一是要严于律己、清正廉洁,把清正廉洁作为本质要求。司法工作的性质决定了法官队伍必须严明纪律，要从严管理，严守党的政治纪律和组织纪律，坚决反对公器私用、司法腐败，着力维护社会大局稳定、促进社会公平正义、保障人民安居乐业。

二是要信仰法治、坚守法治，做知法、懂法、守法、护法的执法者，站稳脚跟，挺直脊梁，只服从事实，只服从法律，铁面无私，秉公执法。

三是要加强纪律教育，健全纪律执行机制，以铁的纪律带出一支铁的法官队伍。

5. 作风过硬

对人民法院来讲，作风就是司法公信力。作风过硬是人民法院赢得人民群众拥护和支持的重要前提。

一是落实"三严三实"要求。在审判实践中，切实落实"三严三实"要求，即严以修身、严以用权、严以律己，又谋事要实、创业要实、做人要实。

二是恪守司法良知。司法是维护社会公平正义的最后一道防线，司法公正对社会公正具有重要引领作用。"职业良知来源于职业道德"[①] 要不断强化对人民群众的深厚感情、对法律的忠诚和对公平正义的信仰与追求，遵循法律精神和原则，实行适应社会主义核心价值观要求的司法政策，增强适用法律法规的及时性、针对性、有效性，为惩治违背社会主义核心价值观、严重失德败德行为，提供具体、明确的司法政策支持。

三是牢记宗旨、司法为民。立足审判工作实际，针对群众反映强烈的"六难""三案"问题，即"门难进、脸难看、事难办"问题、"立案难、诉讼难、执行难"问题、"关系案、人情案、金钱案"问题，扎实开展专项整治，坚决反对特权思想和霸道作风。

[①] 2014年1月7日，习近平在中央政法工作会议上的讲话，参见中共中央文献研究室编：《习近平关于全面依法治国论述摘编》，中央文献出版社2015年版，第97页。

二、遵守社会公德和家庭美德

遵守社会公德和家庭美德，维护良好的个人声誉，是法官个人修养的表现，也是法官这一职业群体必备的个人素质。

（一）法官在参加社交活动时，要遵守社会公德，不得参加有损司法职业形象的活动

1. 不得参加或从事"黄赌毒"行为

黄赌毒，指卖淫嫖娼、贩卖或者传播黄色信息，赌博，买卖或吸食毒品的违法犯罪现象。在中国，黄赌毒是法律严令禁止的活动，是政府主要打击的对象。法官作为司法公正的形象代言人，杜绝与法官职业形象不相称、与法官职业道德相违背的不良嗜好和行为，不得参加或从事任何与黄赌毒有关的行为，具体包括：

（1）参加吸食、注射毒品或者参与嫖娼、卖淫、色情淫乱活动；

（2）参与赌博，不得为赌博活动提供场所或者其他便利条件。

2. 不得泄密或有损害法官形象的言行

法官在社交活动时，泄密或有损于法官形象的言行有以下几种。

（1）乘警车、穿制服出入营业性娱乐场所的。

（2）故意泄露国家秘密、工作秘密，或者故意泄露因履行职责掌握的商业秘密、个人隐私的。

（3）违反规定保管、使用枪支、弹药、警械等特殊物品，造成不良后果的。

（4）违反公务车管理使用规定，发生严重交通事故或者造成其他不良后果的。

（5）散布有损国家声誉的言论，参加旨在反对国家的集会、游行、示威等活动的。

（6）参加非法组织或者参加罢工的。

（7）违反国家的民族宗教政策，造成不良后果的。

（二）法官在日常生活中，要遵守家庭美德，维护良好的个人声誉

在日常生活中，法官应当严格自律，行为检点，家庭和睦，成为遵守家庭美德的弘扬者和倡导者。

1. 法官应当成为遵守家庭美德的楷模

法官不得有下列破坏家庭美德的行为：

（1）与他人通奸。

（2）与所承办案件的当事人或者当事人亲属发生不正当两性关系。

（3）重婚或者包养情人。

（4）拒不承担赡养、抚养、扶养义务，或者虐待、遗弃家庭成员。

（5）违反国家生育政策。

2. 法官要注意对共同生活的家庭成员的言行进行约束

法官在对自己的言行进行约束时，也要对其共同生活的家庭成员的言行提出要求：

（1）法官及其家庭成员的生活方式和水准，应当与他们的职位和收入相符。

（2）法官不得参加邪教组织或者参与封建迷信活动，并向家人和朋友宣传科学，引导他们相信科学、反对封建迷信；对利用封建迷信活动违法犯罪的，应当立即向有关组织和公安部门反映。

（三）法官出国（境）时，要注意维护法官形象，不得有损害国家利益的言行

法官因私出国（境）探亲、旅游时，要遵守当地法律，尊重当地民风民俗和宗教习惯；注意个人形象，维护国家尊严。法官不得有下列有损于国家利益和声望的行为。

（1）以不正当方式谋求本人或者特定关系人用公款出国，或者擅自延长在国外、境外期限，或者擅自变更路线。

（2）在对外交往中损害国家荣誉和利益。

(3) 非法出境，或者违反规定滞留境外不归。

(4) 未经批准获取境外永久居留资格，或者取得外国国籍。

（四）严格遵守法官离任后的限制性规定

法官在离任或退休后，仍然要遵守国家相关规定，以维护司法公正的形象。

1. 法官退休后的行为

法官退休后应当遵守国家相关规定，不利用自己的原有身份和便利条件过问、干预执法办案，避免因个人不当言行对法官职业形象造成不良影响。

2. 法官离任后的限制

《法官法》第 36 条规定：法官从人民法院离任后两年内，不得以律师身份担任诉讼代理人或者辩护人。法官从人民法院离任后，不得担任原任职法院办理案件的诉讼代理人或者辩护人，但是作为当事人的监护人或者近亲属代理诉讼或者进行辩护的除外。法官被开除后，不得担任诉讼代理人或者辩护人，但是作为当事人的监护人或者近亲属代理诉讼或者进行辩护的除外。

《最高人民法院关于贯彻执行〈关于规范公务员辞去公职后从业行为的意见〉的实施意见》中规定，最高人民法院的法官及处级以上审判辅助人员辞去公职后的从业限制时间为 3 年，其他审判辅助人员为 2 年。法官及审判辅助人员辞去公职后，终身不得担任原任职法院所审理案件的诉讼代理人或者辩护人，但是作为当事人的监护人或者近亲属代理诉讼或者进行辩护的除外。

《最高人民法院关于审判人员在诉讼活动中执行回避制度若干问题的规定》（法释〔2011〕12 号）第 8 条规定：审判人员及法院其他工作人员从人民法院离任后二年内，不得以律师身份担任诉讼代理人或者辩护人。审判人员及法院其他工作人员从人民法院离任后，不得担任原任职法院所审理案件的诉讼代理人或者辩护人，但是作为当事人的监护人或者近亲属代理诉讼或者进行辩护的除外。

第二节 遵守司法礼仪，提升法院司法公信力

遵守司法礼仪，能够进一步体现法律的权威，增强人们对法律尊严的认识，也有助于提升法院的司法公信力。遵守司法礼仪，也是实现文明司法的一个重要保证，展现了人民法院公正司法的过程。遵守司法礼仪的具体要求和做法如下。

一、遵守司法礼仪

《中共中央关于全面推进依法治国若干重大问题的决定》明确指出：坚决反对和克服特权思想、衙门作风、霸道作风，坚决反对和惩治粗暴执法、野蛮执法行为。这就要求法官在履行职责过程中行为规范、着装得体、语言文明、态度平和，保持良好的职业修养和司法作风。

（一）法官的司法礼仪之一——法官在庭审中的言行举止

遵守司法礼仪，举止得体，从言语上、行动上杜绝特权思想、衙门作风，是树立法官公正形象，提升司法公信力的一个前提条件。

1. 严守庭审时间

遵守庭审时间，是法官维护司法形象的主要表现，具体要求如下：

（1）法官不得无故更改开庭时间；因特殊情况确需延期的，应当立即通知当事人及其他诉讼参加人；无法通知的，应当安排人员在原定庭审时间和地点向当事人及其他诉讼参加人解释。

（2）出庭时注意：准时出庭，不迟到，不早退，不缺席；在进入法庭前必须更换好法官服或者法袍，并保持整洁和庄重，严禁着便装出庭；合议庭成员出庭的着装应当保持统一；设立法官通道的，应当走法官通道；一般在当事人、代理人、辩护人、公诉人等入庭后进入法庭，但前述人员迟到、拒

不到庭的除外；不得与诉讼各方随意打招呼，不得与一方有特别亲密的言行；严禁酒后出庭。

2. 规范庭审

规范的庭审行为举止是法官遵守司法礼仪的方法，具体要求如下：

（1）严禁酒后出庭。

（2）庭审时，坐姿端正，杜绝各种不雅动作。

（3）集中精力，专注庭审，不做与庭审活动无关的事；不得翻阅与庭审无关的卷宗、书籍、报刊、文件及其他文字或图像资料。

（4）不得在审判席上吸烟、闲聊或者打瞌睡，不得接打电话，不得随意离开审判席。

（5）平等对待与庭审活动有关的人员，不与诉讼中的任何一方有亲近的表示；不得对当事人及其他诉讼参与人有不屑或厌烦的表情。

3. 使用文明语言

使用文明语言，是法官顺利开展庭审的前提条件，具体要求如下：

（1）法官在庭审时一般应当使用普通话。有一方当事人不懂本地方言的，法官不得使用方言与另一方当事人交流。

（2）法官在庭审中，应当使用法言法语。对当事人及其他诉讼参与人不能理解的法律名词或者术语，法官应当使用通俗易懂的语言予以解释。

（3）法官在庭审中，称呼当事人及其他诉讼参与人时不得直呼其名，应当称"原告（上诉人、申诉人）×××""被告（被上诉人、被申诉人）×××""证人×××"等。对法人或其他组织使用简称时应当当庭说明。

（4）法官不得使用下列语言：谩骂、讥讽、哄骗、威胁、压制或乞求、讨好当事人等有损法官形象的语言；其他不文明、不礼貌、不规范有失法官身份的语言。

（5）不得用带有倾向性的语言进行提问，不得与当事人及其他诉讼参加人争吵。

(6) 礼貌示意当事人及其他诉讼参加人发言。

（二）法官的司法礼仪之二——法官对庭审的驾驭

1. 公平、合理地分配陈述及辩论时间

要根据案情和审理需要，公平、合理地分配诉讼各方在庭审中的陈述及辩论时间；不得随意打断当事人、代理人、辩护人等的陈述；当事人、代理人、辩护人发表意见重复或与案件无关的，要适当提醒制止，不得以生硬言辞进行指责。

2. 维持法庭正常秩序

正常的法庭秩序，是法官公正审理条件的前提和基础。

（1）出现当事人情绪激动，在法庭上喊冤或者鸣不平的情况：重申当事人必须遵守法庭纪律，法庭将会依法给其陈述时间；当事人不听劝阻的，应当及时制止；制止无效的，依照有关规定做出适当处置。

（2）诉讼各方发生争执或者进行人身攻击时，及时制止，并对各方进行批评教育，不得偏袒一方；告诫各方必须围绕案件依序陈述；对不听劝阻的，依照有关规定做出适当处置。

（三）法官的司法礼仪之三——严格遵守庭审程序

1. 平等保护当事人的诉讼权利

当事人使用方言或者少数民族语言时，诉讼一方只能讲方言的，应当准许；他方表示不通晓的，可以由懂方言的人用普通话进行复述，复述应当准确无误；使用少数民族语言陈述，他方表示不通晓的，应当为其配备翻译。

2. 提醒告知当事人注意事项

当事人在庭审笔录上签字时，应当告知当事人庭审笔录的法律效力，将庭审笔录交其阅读；无阅读能力的，应当向其宣读，确认无误后再签字、捺印；当事人指出记录有遗漏或者差错的，经核实后要当场补正并要求当事人在补正处签字、捺印；无遗漏或者差错不应当补正的，应当将其申请记录在案；未经当事人阅读核对，不得要求其签字、捺印；当事人放弃阅读核对的，应当要求其签字、捺印；当事人不阅读又不签字、捺印的，应当将情况记录在案。

3. 做好庭审引导和在线庭审提示

为保障庭审活动正常进行，法官需要做好庭审前准备工作。在线庭审的，应当提醒当事人等诉讼参与人和旁听人员文明着装，选择安静庄重、无他人干扰、视线和网络信号良好、相对封闭的场所参加庭审。条件允许的，可以与有关部门协调设置规范、安全、便民的在线庭审场所。严格执行庭审纪律告知程序。庭审活动开始前，应当严格依照《人民法院法庭规则》第14条、第17条的规定，向当事人等诉讼参与人和旁听人员宣布庭审纪律。在线诉讼的，要特别告知在线庭审中的注意事项、无正当理由不按时参加及庭审中擅自退出的法律后果。严格执行庭审仪式规则。应当将庭审活动中的人员出场顺序、发言顺序、重要仪式等细化落实到庭审的每个环节，促进各方自我约束、自我管理，互相监督，提升法庭规则意识，营造规范庭审氛围。

（四）法官的司法礼仪之四——在庭审中严格按照规定使用法槌

法槌的使用必须严格遵守有关规定，具体要求是：

（1）应当使用法槌的情形：宣布开庭、继续开庭；宣布休庭、闭庭；宣布判决、裁定。

（2）可以使用法槌的情形：诉讼参与人、旁听人员违反《人民法院法庭规则》，妨害审判活动，扰乱法庭秩序的；诉讼参与人的陈述与本案无关或者重复陈述的；审判长或者独任审判员认为有必要使用法槌的其他情形。

（3）法槌的摆放位置：应当放置在审判长或者独任审判员的法台前方。

（4）审判长、独任审判员使用法槌的程序如下：宣布开庭、继续开庭时，先敲击法槌，后宣布开庭、继续开庭；宣布休庭、闭庭时，先宣布休庭、闭庭，后敲击法槌；宣布判决、裁定时，先宣布判决、裁定，后敲击法槌；其他情形使用法槌时，应当先敲击法槌，后对庭审进程做出指令。审判长、独任审判员在使用法槌时，一般敲击一次。

法官职业道德

（5）法槌的敲击程度：敲击法槌的轻重应当以旁听区能够听见为宜。

（五）法官的司法礼仪之五——严格执行法官袍穿着规定

正确穿着法官袍，以增强法官的职业责任感进一步树立法官公正审判的形象，具体要求如下：

（1）法官应当穿着法官袍的场合：审判法庭开庭审判案件；出席法官任命或者授予法官等级仪式。

（2）法官可以穿着法官袍的场合：出席重大外事活动；出席重大法律纪念、庆典活动。

二、遵守司法文明用语规范

司法文明用语的使用，体现了法院的司法文明水平，也反映了人民法院为人民的工作目标。

（一）法院使用司法文明用语的原则

法院工作人员使用司法文明用语，是树立良好司法形象，提高司法公信力的重要手段。

（1）法院工作人员的工作用语，应当符合公正、廉洁、为民的要求，体现对当事人及其他诉讼参与人的尊重和关切。

（2）法院工作人员对待当事人及其他诉讼参与人，应当做到称谓恰当、语言得体、语气平和、态度公允。

（3）法院工作人员应当使用规范的法律用语，根据不同对象的实际情况，必要时应当把法律语言转换成符合法律规定的群众语言，让当事人及其他诉讼参与人清楚明白地参与诉讼。

（4）法院工作人员应当避免盛气凌人、语言生硬、态度粗暴，严禁使用伤害群众感情、可能激化矛盾的语言，防止因用语不当对司法公信力产生不良影响。

（二）接待来访用语规范

1. 接待来访用语的总要求

接待来访者，应当主动问候、语言礼貌、态度热情，解答问题清晰、准确，诉讼引导认真、耐心，不得对来访者的询问简单敷衍或者不予理睬，不得嘲讽、挖苦、训斥来访者。

2. 接待采访用语参考

在接待来访过程中，应当根据具体情况参考使用如下文明用语：

（1）你好！今天来访的人比较多，请你排队等候。

（2）你好，请问你来法院要办什么事情？

（3）请不要着急，有话慢慢讲，法院会依法处理的。

（4）如果你要起诉，请先看看诉讼须知，把有关材料准备齐全。如果有不清楚的地方，我们会为你提供帮助。

（5）起诉最好提交诉状，也可以口头起诉。如果你自己不会写诉状，可以委托他人代写。

（6）你要找的×××法官（同志）现在不在办公室。请你留下联系方式，我们将转交给他，请他和你联系。

（7）按照法院有关规定，当事人（代理人）不能到法官办公室。请你到××接待室等候，我们马上帮你约见法官。

（8）你反映的问题我们已经记录下来，请你留下联系方式，我们将按规定办理并及时给你答复。

（9）你提出的要求不符合法律规定，我们不能办理，请你理解。

（10）你提出的问题属于审判工作秘密，依照法律规定我们不能透露，请你理解。

（三）立案用语规范

1. 立案用语的总要求

认真听取当事人的诉求，耐心释明相关法律规定，做好诉讼风险、诉程序等相关提示，不得拒绝回答当事人的合理疑问或者以简单语句敷衍应付，不得不讲明理由而简单拒绝立案，不得就证据效力、案件结果等实体性问题作出主观判断或者向当事人提供倾向性意见。

2. 立案用语参考

在立案过程中，应当根据具体情况参考使用如下文明用语：

（1）请问你是要立案吗？请把起诉材料交给我看一下。

（2）你的诉状格式不够规范。请参照样本修改后再来递交。

（3）你的起诉（申诉）材料不全，还缺少××材料，请补齐后再来办理立案（申诉）手续。

（4）自己提出的诉求应当有证据予以支持。如果没有证据或证据不足，可能要承担败诉后果，希望你认真考虑。

（5）你的案件尚未立案，正在审查之中，我们会在××天内给你答复，请你耐心等待。

（6）你的起诉材料已齐全，经审查符合受理条件，请你到收费窗口缴纳案件受理费。

（7）经过认真审查，你的案件不属本院管辖（告知具体原因）。按照有关规定，应由××法院管辖，建议你到××法院起诉。

（8）你的案件本院已经受理，按规定将转交××庭审理，承办法官会及时与你联系。

（9）你反映的问题不属于法院职责范围，根据有关规定，应由××部门负责，建议你到××部门反映。

（四）庭外调查用语规范

1. 庭外调查用语的总要求

实施庭外调查，应当依法表明身份，告知被调查人的权利和义务，明确询问事由，做到语言得当、客观严谨，调查笔录应当送被调查人阅读或者当面宣读。

2. 庭外调查用语参考

在庭外调查过程中，应当根据具体情况参考使用如下文明用语：

（1）我们是××法院××庭的工作人员，今天依法就××一案向你调查有关情况，请你协助。

（2）根据法律规定，证人有如实作证的义务，如果作伪证将要负法律责任，请你如实提供证言。

（3）你刚才所作的证言，书记员已制作了笔录，请你仔细核对，如有遗漏或者差错，可以补正；如果没有错误，请你签名、捺印。

（4）谢谢你对法院工作的配合和支持，再见。

（五）庭审用语规范

1. 庭审用语的总要求

开庭审理案件，应当善听慎言、语言规范、语气庄重，语速适当，中立、公正地对待双方当事人，不得使用带有倾向性的语言进行提问或者表现出对双方当事人态度上的差异。制止庭审过程中诉讼参与人的不当言行，应当遵守相关规定、注意语言文明，避免简单指责、粗暴训斥。

2. 庭审用语参考

在庭审过程中，应当根据具体情况参考使用如下文明用语：

（1）请你围绕诉讼请求陈述案件事实和相关理由，正面回答法庭提出的问题。

（2）这些事情刚才你陈述过了，法庭已经认真听取并记录在案，由于时间关系，请不要再作重复。

（3）请根据你的诉讼请求（答辩意见），向法庭提供相关证据材料。

（4）请注意法庭秩序，遵守法庭纪律，让对方把话说完。未经法庭许可，请不要向对方发问。

（5）旁听人员请遵守法庭纪律，保持肃静。

（6）这是法庭审理笔录，请你认真阅看，如有遗漏或者错误，可以申请补正；如无异议，请在笔录上签名、捺印。

（7）你的证言法庭已经记录在案，谢谢你的配合。休庭后将请你阅看庭审笔录中的证言部分，现在请你到庭外休息。

（8）请你保持冷静。法庭已充分注意到你反映的情况，判决是根据事实、依照法律慎重作出的。如果你对本判决不服，可以在法定期限内向上级法院提起上诉。

（六）诉讼调解用语规范

1. 诉讼调解用语的总要求

进行诉讼调解，应当体现客观、公正的立场，以通俗易懂的语言释之以法，以平等协商的语言晓之以理，以真诚耐心的态度动之以情，不得使用威胁性的语言对当事人施加压力，以判压调。

2. 诉讼调解用语参考

在诉讼调解过程中，应当根据具体情况参考使用如下文明用语：

（1）根据本案的情况和双方的关系，建议你们通过协商来解决纠纷。请问你们是否同意进行调解？

（2）既然双方都同意调解，希望本着互谅互让的精神，认真考虑对方提出的方案。

（3）请你们相信，法庭会按照自愿、合法的原则公正地主持调解，不会偏向任何一方。

（4）如果调解不能成功，法庭会依法作出公正判决，请你们不要有思想顾虑。

（5）对方已经同意做出让步。你是否也作些适当让步，这样有利于问题的解决。

（6）今天的调解双方没有形成一致意见，请你们回去再作考虑。如果还有其他调解方案，请及时与我们联系。

（七）执行用语规范

1. 执行用语的总要求

承办执行案件，应当认真回答当事人关于执行问题的询问，以清晰、简明的语言进行相关提示、告知进展情况，通过讲理说法促使被执行人履行义务，采取执行措施时认真释明有关规定，不得对申请执行人推诿敷衍或者表现出厌烦情绪，不得训斥、责骂申请执行人或被执行人，不得使用威胁性语言强迫申请执行人接受和解。

2. 执行用语参考

在执行过程中，应当根据具体情况参考使用如下文明用语：

（1）你的案件由×××执行员（法官）办理，你可直接与他联系，办公电话是×××。

（2）你的案件正在执行中，执行情况我们会及时向你反馈。

（3）如果你知道被执行人的下落和财产情况，请你向法院提供，这样有利于尽早实现你的债权。

（4）目前被执行人下落不明，又无财产可供执行，你若有这方面的线索，请及时与执行人员联系。

（5）履行法院生效判决或裁定是公民的义务。如果拒不履行法院判决，要承担相应的法律责任。

（6）希望你按照判决配合法院执行。如果不按法律规定履行义务，法院将依法强制执行。

（7）我们是严格依法执行。如果你认为法院判决不公，可以通过申诉解决，但按照法律规定，申诉期间不能停止执行，请你理解和配合。

（8）现在我们依法开始强制执行，请案件无关人员离开现场。暴力抗拒执法是违法犯罪行为，妨碍法院执行将被追究法律责任。

（9）感谢你对法院执行工作的支持和协助。

（八）安全检查用语规范

1. 安全检查用语的总要求

实施安全检查，应当以礼貌的语言进行提示，引导当事人自觉配合，不得对当事人态度粗暴、语言强硬，避免使用命令性的语句要求其接受检查。

如发现违禁物品应当坚决禁止带入并依法予以没收，但应当耐心释明相关规定，避免与当事人发生冲突。

2. 安全检查用语参考

在安全检查过程中，应当根据具体情况参考使用如下文明用语：

（1）请你出示本人有效身份证件进行登记。这是法院的制度要求，请你理解，谢谢配合。

（2）请接受安全检查。安全检查是法院的制度规定，请你理解，谢谢配合。

（3）对不起，请你取出随身携带的物品进行检查。按照规定，管制刀具、药品、易燃易爆物品及其他危险品严禁带入。

（4）登记、检查完毕，你要去的第××审判庭在××楼××层。

（九）送达法律文书用语规范

1. 送达法律文书用语的总要求

送达法律文书，应当依法表明身份，对当事人称谓恰当、语言文明，按照规定进行相关程序性提示，但应当避免向当事人透露案情或者就实体性问题提供咨询意见。

2. 送达法律文书用语参考

在送达法律文书过程中，应当根据具体情况参考使用如下文明用语：

（1）你好，我是××法院的工作人员×××。现在把出庭传票送达给你，请你准时出庭。

（2）按照法律规定，被告无正当理由拒不到庭，法院可以依法缺席审判；原告无正当理由不到庭，法院可以按撤诉处理。

（3）你好，现在把判决书送达给你，请你签收。如果不服本院判决，可以在法定期限内提起上诉。

（4）案件当事人×××拒绝签收法院判决书，我们依法采取留置方式送达。现在请你见证，谢谢协助。

三、严格执行人民法院审判制服着装管理办法

人民法院实行统一着装,这是人民法院司法形象和干警精神风貌的综合反映,是维护法治尊严,依法行使审判权的需要。

(一) 人民法院审判制服着装的原则

(1) 人民法院工作人员在依法履行法律职务或在公共场合从事公务活动时应当穿着审判制服,佩戴法徽。非履行法律职务或在公共场合从事公务活动,原则上不得穿着审判制服。

(2) 审判制服应当按照规范配套穿着,审判制服不得与非审判服装混穿,两名以上工作人员共同执行任务时,制服的季节款式要保持一致。

(3) 着装换季日期视各地季节、气候、温度变化情况,由各级人民法院自行酌定,统一要求。

(4) 着装人员应爱护配发的审判制服及其配饰。

(二) 人民法院审判制服的种类和搭配要求

1. 人民法院审判制服的种类

人民法院审判制服包括夏服(含短袖、长袖)、春秋服、冬服、防寒服、法袍及制服配饰等。

2. 人民法院审判制服的搭配要求

(1) 着短袖夏服时,浅月白色短袖衬衣配夏裤(裙),上衣外穿,佩戴小法徽,不系审判专用制式领带。

(2) 着长袖夏服时,浅月白色长袖衬衣配夏裤(裙),上衣扎系于裤(裙)腰内,佩戴小法徽,系审判专用制式领带。

(3) 着春秋服、冬服时,上身内穿白色长袖衬衣,系审判专用制式领带,衬衣下摆扎系于裤腰内。领带下沿应与皮带扣位置大致相当。

(三) 法徽的佩戴要求

法徽是人民法院的标志,也是法官的身份标志,体现了法官应代表国家依法行使审判权,保障在全社会实现公平正义的深刻喻义。

（1）佩戴法徽仅限于审判制服，不得在其他服装上佩戴。穿着审判制服不得佩戴法徽以外的徽章。

（2）开庭审判必须佩戴法徽，其他因工作需要的场合亦应佩戴法徽。

（3）法徽佩戴位置为：夏服，法徽佩戴在上衣左胸口袋上沿上方正中，法徽下沿与口袋上沿平齐；春秋服、冬服，男式制服法徽佩戴于上衣左胸驳头装饰扣眼处，女式制服法徽佩戴于与男式制服相同位置；防寒服，法徽佩戴在左胸门襟与袖笼之间中央处，高度为第一纽扣与第二纽扣之间二分之一处。

（4）法袍在制作时法徽已绣好，不再单独佩戴。

（5）除法袍外，在其他场合执行公务、参加集体活动、会议及大型集会时均应佩戴小法徽。

（四）人民法院审判制服的着装要求

穿着审判制服，应当做到服装整齐洁净，仪表端庄得体，注重礼仪规范，严格遵守以下要求。

（1）不得披衣、敞胸露怀、趿鞋、挽袖、卷裤腿和外露长袖衬衣下摆。

（2）不得系扎围巾，不得染彩发，不得留怪异发型。男性人员不得留长发（发长侧面不过上耳沿，后面不过衣领）、蓄胡须，非特殊原因不得剃光头；女性人员留长发者不得披散发，不得染指甲、化浓妆，不得佩戴耳环、项链等首饰。

（3）不得在外露的腰带上系挂钥匙或者其他饰物。

（4）除工作需要或患有眼疾外，不得戴有色眼镜。

（5）不得穿着审判制服从事与法院工作性质和工作人员品行不符的活动。

（6）人民法院工作人员因违纪违法被停职或因涉嫌犯罪被采取强制措施及其他不适宜或不需要着装的情形，不得穿着审判制服、佩戴法徽。

附　　录

附录1　中华人民共和国法官职业道德基本准则

（最高人民法院2001年10月18日发布，
2010年12月6日修订后重新发布）

第一章　总　　则

第一条　为加强法官职业道德建设，保证法官正确履行法律赋予的职责，根据《中华人民共和国法官法》和其他相关规定，制定本准则。

第二条　法官职业道德的核心是公正、廉洁、为民。基本要求是忠诚司法事业、保证司法公正、确保司法廉洁、坚持司法为民、维护司法形象。

第三条　法官应当自觉遵守法官职业道德，在本职工作和业外活动中严格要求自己，维护人民法院形象和司法公信力。

第二章　忠诚司法事业

第四条　牢固树立社会主义法治理念，忠于党、忠于国家、忠于人民、忠于法律，做中国特色社会主义事业建设者和捍卫者。

第五条　坚持和维护中国特色社会主义司法制度，认真贯彻落实依法治国基本方略，尊崇和信仰法律，模范遵守法律，严格执行法律，自觉维护法律的权威和尊严。

第六条　热爱司法事业，珍惜法官荣誉，坚持职业操守，恪守法官良知，牢固树立司法核心价值观，以维护社会公平正义为己任，认真履行法官职责。

第七条　维护国家利益，遵守政治纪律，保守国家秘密和审判工作秘密，不从事或参与有损国家利益和司法权威的活动，不发表有损国家利益和司法权威的言论。

第三章　保证司法公正

第八条　坚持和维护人民法院依法独立行使审判权的原则，客观公正审理案件，在审判活动中独立思考、自主判断，敢于坚持原则，不受任何行政机关、社会团体和个人的干涉，不受权势、人情等因素的影响。

第九条　坚持以事实为根据，以法律为准绳，努力查明案件事实，准确把握法律精神，正确适用法律，合理行使裁量权，避免主观臆断、超越职权、滥用职权，确保案件裁判结果公平公正。

第十条　牢固树立程序意识，坚持实体公正与程序公正并重，严格按照法定程序执法办案，充分保障当事人和其他诉讼参与人的诉讼权利，避免执法办案中的随意行为。

第十一条　严格遵守法定办案时限，提高审判执行效率，及时化解纠纷，注重节约司法资源，杜绝玩忽职守、拖延办案等行为。

第十二条　认真贯彻司法公开原则，尊重人民群众的知情权，自觉接受法律监督和社会监督，同时避免司法审判受到外界的不当影响。

第十三条　自觉遵守司法回避制度，审理案件保持中立公正的立场，平等对待当事人和其他诉讼参与人，不偏袒或歧视任何一方当事人，不私自单独会见当事人及其代理人、辩护人。

第十四条　尊重其他法官对审判职权的依法行使，除履行工作职责或者通过正当程序外，不过问、不干预、不评论其他法官正在审理的案件。

第四章　确保司法廉洁

第十五条　树立正确的权力观、地位观、利益观，坚持自重、自省、自警、自励，坚守廉洁底线，依法正确行使审判权、执行权，杜绝以权谋私、贪赃枉法行为。

第十六条　严格遵守廉洁司法规定，不接受案件当事人及相关人员的请客送礼，不利用职务便利或者法官身份谋取不正当利益，不违反规定与当事人或者其他诉讼参与人进行不正当交往，不在执法办案中徇私舞弊。

第十七条　不从事或者参与营利性的经营活动，不在企业及其他营利性组织中兼任法律顾问等职务，不就未决案件或者再审案件给当事人及其他诉讼参与人提供咨询意见。

第十八条　妥善处理个人和家庭事务，不利用法官身份寻求特殊利益。按规定如实报告个人有关事项，教育督促家庭成员不利用法官的职权、地位谋取不正当利益。

第五章　坚持司法为民

第十九条　牢固树立以人为本、司法为民的理念，强化群众观念，重视群众诉求，关注群众感受，自觉维护人民群众的合法权益。

第二十条　注重发挥司法的能动作用，积极寻求有利于案结事了的纠纷解决办法，努力实现法律效果与社会效果的统一。

第二十一条　认真执行司法便民规定，努力为当事人和其他诉讼参与人提供必要的诉讼便利，尽可能降低其诉讼成本。

第二十二条　尊重当事人和其他诉讼参与人的人格尊严，避免盛气凌人、"冷硬横推"等不良作风；尊重律师，依法保障律师参与诉讼活动的权利。

第六章　维护司法形象

第二十三条　坚持学习，精研业务，忠于职守，秉公办案，惩恶扬善，弘扬正义，保持昂扬的精神状态和良好的职业操守。

第二十四条　坚持文明司法，遵守司法礼仪，在履行职责过程中行为规范、着装得体、语言文明、态度平和，保持良好的职业修养和司法作风。

第二十五条　加强自身修养，培育高尚道德操守和健康生活情趣，杜绝与法官职业形象不相称、与法官职业道德相违背的不良嗜好和行为，遵守社会公德和家庭美德，维护良好的个人声誉。

第二十六条　法官退休后应当遵守国家相关规定，不利用自己的原有身份和便利条件过问、干预执法办案，避免因个人不当言行对法官职业形象造成不良影响。

第七章　附　　则

第二十七条　人民陪审员依法履行审判职责期间，应当遵守本准则。人民法院其他工作人员参照执行本准则。

第二十八条　各级人民法院负责督促实施本准则，对于违反本准则的行为，视情节后果予以诫勉谈话、批评通报；情节严重构成违纪违法的，依照相关纪律和法律规定予以严肃处理。

第二十九条　本准则由最高人民法院负责解释。

第三十条　本准则自发布之日起施行。最高人民法院 2001 年 10 月 18 日发布的《中华人民共和国法官职业道德基本准则》同时废止。

附录 2　法官行为规范

（最高人民法院 2005 年 11 月 4 日发布试行，
2010 年 12 月 6 日修订后发布正式施行）

为大力弘扬"公正、廉洁、为民"的司法核心价值观，规范法官基本行为，树立良好的司法职业形象，根据《中华人民共和国法官法》和《中华人民共和国公务员法》等法律，制度本规范。

一、一般规定

第一条　忠诚坚定。坚持党的事业至上、人民利益至上、宪法法律至上，在思想上和行动上与党中央保持一致，不得有违背党和国家基本政策以及社会主义司法制度的言行。

第二条　公正司法。坚持以事实为根据、以法律为准绳，平等对待各方当事人，确保实体公正、程序公正和形象公正，努力实现办案法律效果和社会效果的有机统一，不得滥用职权、枉法裁判。

第三条　高效办案。树立效率意识，科学合理安排工作，在法定期限内及时履行职责，努力提高办案效率，不得无故拖延、贻误工作、浪费司法资源。

第四条　清正廉洁。遵守各项廉政规定，不得利用法官职务和身份谋取不正当利益，不得为当事人介绍代理人、辩护人以及中介机构，不得为律师、其他人员介绍案源或者给予其他不当协助。

第五条　一心为民。落实司法为民的各项规定和要求，做到听民声、察民情、知民意，坚持能动司法，树立服务意识，做好诉讼指导、风险提示、法律释明等便民服务，避免"冷硬横推"等不良作风。

第六条 严守纪律。遵守各项纪律规定，不得泄露在审判工作中获取的国家秘密、商业秘密、个人隐私等，不得过问、干预和影响他人正在审理的案件，不得随意发表有损生效裁判严肃性和权威性的言论。

第七条 敬业奉献。热爱人民司法事业，增强职业使命感和荣誉感，加强业务学习，提高司法能力，恪尽职守，任劳任怨，无私奉献，不得麻痹懈怠、玩忽职守。

第八条 加强修养。坚持学习，不断提高自身素质；遵守司法礼仪，执行着装规定，言语文明，举止得体，不得浓妆艳抹，不得佩带与法官身份不相称的饰物，不得参加有损司法职业形象的活动。

二、立案

第九条 基本要求

（一）保障当事人依法行使诉权，特别关注妇女、儿童、老年人、残疾人等群体的诉讼需求；

（二）便利人民群众诉讼，减少当事人诉累；

（三）确保立案质量，提高立案效率。

第十条 当事人来法院起诉

（一）加强诉讼引导，提供诉讼指导材料；

（二）符合起诉条件的，在法定时间内及时立案；

（三）不符合起诉条件的，不予受理并告知理由，当事人坚持起诉的，裁定不予受理；

（四）已经立案的，不得强迫当事人撤诉；

（五）当事人自愿放弃起诉的，除法律另有规定外，应当准许。

第十一条 当事人口头起诉

（一）告知应当递交书面诉状；

（二）当事人不能书写诉状且委托他人代写有困难的，要求其明确诉讼请求、如实提供案件情况和联络方式，记入笔录并向其宣读，确认无误后交其签名或者捺印。

第十二条 当事人要求上门立案或者远程立案

（一）当事人因肢体残疾行动不便或者身患重病卧床不起等原因，确实无法到法院起诉且没有能力委托代理人的，可以根据实际情况上门接收起诉材料；

（二）当事人所在地离受案法院距离远且案件事实清楚、法律关系明确、争议不大的，可以通过网络或者邮寄的方式接收起诉材料；

（三）对不符合上述条件的当事人，应当告知其到法院起诉。

第十三条 当事人到人民法庭起诉

人民法庭有权受理的，应当接受起诉材料，不得要求当事人到所在基层人民法院立案庭起诉。

第十四条 案件不属于法院主管或者本院管辖

（一）告知当事人不属于法院主管或者本院没有管辖权的理由；

（二）根据案件实际情况，指明主管机关或者有管辖权的法院；

（三）当事人坚持起诉的，裁定不予受理，不得违反管辖规定受理案件。

第十五条 依法应当公诉的案件提起自诉

（一）应当在接受后移送主管机关处理，并且通知当事人；

（二）情况紧急的，应当先采取紧急措施，然后移送主管机关并告知当事人。

第十六条 诉状内容和形式不符合规定

（一）告知按照有关规定进行更正，做到一次讲清要求；

（二）不得因法定起诉要件以外的瑕疵拒绝立案。

第十七条 起诉材料中证据不足

原则上不能以支持诉讼请求的证据不充分为由拒绝立案。

第十八条 遇到疑难复杂情况，不能当场决定是否立案

（一）收下材料并出具收据，告知等待审查结果；

（二）及时审查并在法定期限内将结果通知当事人。

第十九条 发现涉及群体的、矛盾易激化的纠纷

及时向领导汇报并和有关部门联系，积极做好疏导工作，防止矛盾激化。

第二十条 当事人在立案后询问证据是否有效、能否胜诉等实体问题

（一）不得向其提供倾向性意见；

（二）告知此类问题只有经过审理才能确定，要相信法院会公正裁判。

第二十一条 当事人在立案后询问案件处理流程或时间

告知案件处理流程和法定期限，不得以与立案工作无关为由拒绝回答。

第二十二条 当事人预交诉讼费

（一）严格按规定确定数额，不得额外收取或者随意降低；

（二）需要到指定银行交费的，及时告知账号及地点；

（三）确需人民法庭自行收取的，应当按规定出具收据。

第二十三条 当事人未及时交纳诉讼费

（一）符合司法救助条件的，告知可以申请缓交或者减免诉讼费；

（二）不符合司法救助条件的，可以书面形式通知其在规定期限内交费，并告知无正当理由逾期不交诉讼费的，将按撤诉处理。

第二十四条 当事人申请诉前财产保全、证据保全等措施

（一）严格审查申请的条件和理由，及时依法作出裁定；

（二）裁定采取保全等措施的，及时依法执行；不符合申请条件的，耐心解释原因；

（三）不得滥用诉前财产保全、证据保全等措施。

第二十五条 当事人自行委托或者申请法院委托司法鉴定

（一）当事人协商一致自行委托的，应当认真审查鉴定情况，对程序合法、结论公正的鉴定意见应当采信；对不符合要求的鉴定意见可以要求重新鉴定，并说明理由；

（二）当事人申请法院委托的，应当及时做出是否准许的决定，并答复当事人；准许进行司法鉴定的，应当按照规定委托鉴定机构及时进行鉴定。

三、庭审

第二十六条　基本要求

（一）规范庭审言行，树立良好形象；

（二）增强庭审驾驭能力，确保审判质量；

（三）严格遵循庭审程序，平等保护当事人诉讼权利；

（四）维护庭审秩序，保障审判活动顺利进行。

第二十七条　开庭前的准备

（一）在法定期限内及时通知诉讼各方开庭时间和地点；

（二）公开审理的，应当在法定期限内及时公告；

（三）当事人申请不公开审理的，应当及时审查，符合法定条件的，应当准许；不符合法定条件的，应当公开审理并解释理由；

（四）需要进行庭前证据交换的，应当及时提醒，并主动告知举证时限；

（五）当事人申请法院调取证据的，如确属当事人无法收集的证据，应当及时调查收集，不得拖延；证据调取不到的，应当主动告知原因；如属于当事人可以自行收集的证据，应当告知其自行收集；

（六）自觉遵守关于回避的法律规定和相关制度，对当事人提出的申请回避请求不予同意的，应当向当事人说明理由；

（七）　审理当事人情绪激烈、矛盾容易激化的案件，应当在庭前做好工作预案，防止发生恶性事件。

第二十八条　原定开庭时间需要更改

（一）不得无故更改开庭时间；

（二）因特殊情况确需延期的，应当立即通知当事人及其他诉讼参加人；

（三）无法通知的，应当安排人员在原定庭审时间和地点向当事人及其他诉讼参加人解释。

第二十九条 出庭时注意事项

（一）准时出庭，不迟到，不早退，不缺席；

（二）在进入法庭前必须更换好法官服或者法袍，并保持整洁和庄重，严禁着便装出庭；合议庭成员出庭的着装应当保持统一；

（三）设立法官通道的，应当走法官通道；

（四）一般在当事人、代理人、辩护人、公诉人等入庭后进入法庭，但前述人员迟到、拒不到庭的除外；

（五）不得与诉讼各方随意打招呼，不得与一方有特别亲密的言行；

（六）严禁酒后出庭。

第三十条 庭审中的言行

（一）坐姿端正，杜绝各种不雅动作；

（二）集中精力，专注庭审，不做与庭审活动无关的事；

（三）不得在审判席上吸烟、闲聊或者打瞌睡，不得接打电话，不得随意离开审判席；

（四）平等对待与庭审活动有关的人员，不与诉讼中的任何一方有亲近的表示；

（五）礼貌示意当事人及其他诉讼参加人发言；

（六）不得用带有倾向性的语言进行提问，不得与当事人及其他诉讼参加人争吵；

（七）严格按照规定使用法槌，敲击法槌的轻重应当以旁听区能够听见为宜。

第三十一条 对诉讼各方陈述、辩论时间的分配与控制

（一）根据案情和审理需要，公平、合理地分配诉讼各方在庭审中的陈述及辩论时间；

（二）不得随意打断当事人、代理人、辩护人等的陈述；

(三) 当事人、代理人、辩护人发表意见重复或与案件无关的, 要适当提醒制止, 不得以生硬言辞进行指责。

第三十二条 当事人使用方言或者少数民族语言

(一) 诉讼一方只能讲方言的, 应当准许; 他方表示不通晓的, 可以由懂方言的人用普通话进行复述, 复述应当准确无误;

(二) 使用少数民族语言陈述, 他方表示不通晓的, 应当为其配备翻译。

第三十三条 当事人情绪激动, 在法庭上喊冤或者鸣不平

(一) 重申当事人必须遵守法庭纪律, 法庭将会依法给其陈述时间;

(二) 当事人不听劝阻的, 应当及时制止;

(三) 制止无效的, 依照有关规定作出适当处置。

第三十四条 诉讼各方发生争执或者进行人身攻击

(一) 及时制止, 并对各方进行批评教育, 不得偏袒一方;

(二) 告诫各方必须围绕案件依序陈述;

(三) 对不听劝阻的, 依照有关规定作出适当处置。

第三十五条 当事人在庭审笔录上签字

(一) 应当告知当事人庭审笔录的法律效力, 将庭审笔录交其阅读; 无阅读能力的, 应当向其宣读, 确认无误后再签字、捺印;

(二) 当事人指出记录有遗漏或者差错的, 经核实后要当场补正并要求当事人在补正处签字、捺印; 无遗漏或者差错不应当补正的, 应当将其申请记录在案;

(三) 未经当事人阅读核对, 不得要求其签字、捺印;

(四) 当事人放弃阅读核对的, 应当要求其签字、捺印; 当事人不阅读又不签字、捺印的, 应当将情况记录在案。

第三十六条 宣判时注意事项

(一) 宣告判决, 一律公开进行;

(二) 宣判时, 合议庭成员或者独任法官应当起立, 宣读裁判文书声音

要洪亮、清晰、准确无误；

（三）当庭宣判的，应当宣告裁判事项，简要说明裁判理由并告知裁判文书送达的法定期限；

（四）定期宣判的，应当在宣判后立即送达裁判文书；

（五）宣判后，对诉讼各方不能赞赏或者指责，对诉讼各方提出的质疑，应当耐心做好解释工作。

第三十七条 案件不能在审限内结案

（一）需要延长审限的，按照规定履行审批手续；

（二）应当在审限届满或者转换程序前的合理时间内，及时将不能审结的原因告知当事人及其他诉讼参加人。

第三十八条 人民检察院提起抗诉

（一）依法立案并按照有关规定进行审理；

（二）应当为检察人员和辩护人、诉讼代理人查阅案卷、复印卷宗材料等提供必要的条件和方便。

四、诉讼调解

第三十九条 基本要求

（一）树立调解理念，增强调解意识，坚持"调解优先、调判结合"，充分发挥调解在解决纠纷中的作用；

（二）切实遵循合法、自愿原则，防止不当调解、片面追求调解率；

（三）讲究方式方法，提高调解能力，努力实现案结事了。

第四十条 在调解过程中与当事人接触

（一）应当征询各方当事人的调解意愿；

（二）根据案件的具体情况，可以分别与各方当事人做调解工作；

（三）在与一方当事人接触时，应当保持公平，避免他方当事人对法官的中立性产生合理怀疑。

第四十一条 只有当事人的代理人参加调解

（一）认真审查代理人是否有特别授权，有特别授权的，可以由其直接参加调解；

（二）未经特别授权的，可以参与调解，达成调解协议的，应当由当事人签字或者盖章，也可以由当事人补办特别授权追认手续，必要时，可以要求当事人亲自参加调解。

第四十二条 一方当事人表示不愿意调解

（一）有调解可能的，应当采用多种方式，积极引导调解；

（二）当事人坚持不愿调解的，不得强迫调解。

第四十三条 调解协议损害他人利益

（一）告知参与调解的当事人应当对涉及到他人权利、义务的约定进行修正；

（二）发现调解协议有损他人利益的，不得确认该调解协议内容的效力。

第四十四条 调解过程中当事人要求对责任问题表态

应当根据案件事实、法律规定以及调解的实际需要进行表态，注意方式方法，努力促成当事人达成调解协议。

第四十五条 当事人对调解方案有分歧

（一）继续做好协调工作，尽量缩小当事人之间的分歧，以便当事人重新选择，争取调解结案；

（二）分歧较大且确实难以调解的，应当及时依法裁判。

五、文书制作

第四十六条 基本要求

（一）严格遵守格式和规范，提高裁判文书制作能力，确保裁判文书质量，维护裁判文书的严肃性和权威性；

（二）普通程序案件的裁判文书应当内容全面、说理透彻、逻辑严密、用语规范、文字精炼；

（三）简易程序案件的裁判文书应当简练、准确、规范；

（四）组成合议庭审理的案件的裁判文书要反映多数人的意见。

第四十七条 裁判文书质量责任的承担

（一）案件承办法官或者独任法官对裁判文书质量负主要责任，其他合议庭成员对裁判文书负有次要责任；

（二）对裁判文书负责审核、签发的法官，应当做到严格审查、认真把关。

第四十八条 对审判程序及审判全过程的叙述

（一）准确叙述当事人的名称、案由、立案时间、开庭审理时间、诉讼参加人到庭等情况；

（二）简易程序转为普通程序的，应当写明转换程序的时间和理由；

（三）追加、变更当事人的，应当写明追加、变更的时间、理由等情况；

（四）应当如实叙述审理管辖异议、委托司法鉴定、评估、审计、延期审理等环节的流程等一些重要事项。

第四十九条 对诉讼各方诉状、答辩状的归纳

（一）简要、准确归纳诉讼各方的诉、辩主张；

（二）应当公平、合理分配篇幅。

第五十条 对当事人质证过程和争议焦点的叙述

（一）简述开庭前证据交换和庭审质证阶段各方当事人质证过程；

（二）准确概括各方当事人争议的焦点；

（三）案件事实、法律关系较复杂的，应当在准确归纳争议焦点的基础上分段、分节叙述。

第五十一条 普通程序案件的裁判文书对事实认定部分的叙述

（一）表述客观，逻辑严密，用词准确，避免使用明显的褒贬词汇；

（二）准确分析说明各方当事人提交证据采信与否的理由以及被采信的

证据能够证明的事实;

(三) 对证明责任、证据的证明力以及证明标准等问题应当进行合理解释。

第五十二条 对普通程序案件定性及审理结果的分析论证

(一) 应当进行准确、客观、简练的说理,对答辩意见、辩护意见、代理意见等是否采纳要阐述理由;

(二) 审理刑事案件,应当根据法律、司法解释的有关规定并结合案件具体事实做出有罪或者无罪的判决,确定有罪的,对法定、酌定的从重、从轻、减轻、免除处罚情节等进行分析认定;

(三) 审理民事案件,应当根据法律、法规、司法解释的有关规定,结合个案具体情况,理清案件法律关系,对当事人之间的权利义务关系、责任承担及责任大小等进行详细的归纳评判;

(四) 审理行政案件,应当根据法律、法规、司法解释的有关规定,结合案件事实,就行政机关及其工作人员所作的具体行政行为是否合法,原告的合法权益是否被侵害,与被诉具体行政行为之间是否存在因果关系等进行分析论证。

第五十三条 法律条文的引用

(一) 在裁判理由部分应当引用法律条款原文,必须引用到法律的条、款、项;

(二) 说理中涉及多个争议问题的,应当一论一引;

(三) 在判决主文理由部分最终援引法律依据时,只引用法律条款序号。

第五十四条 裁判文书宣告或者送达后发现文字差错

(一) 对一般文字差错或者病句,应当及时向当事人说明情况并收回裁判文书,以校对章补正或者重新制作裁判文书;

(二) 对重要文字差错或者病句,能立即收回的,当场及时收回并重新制作;无法立即收回的,应当制作裁定予以补正。

六、执行

第五十五条 基本要求

（一）依法及时有效执行，确保生效法律文书的严肃性和权威性，维护当事人的合法权益；

（二）坚持文明执行，严格依法采取执行措施，坚决避免不作为和乱作为；

（三）讲求方式方法，注重执行的法律效果和社会效果。

第五十六条 被执行人以特别授权为由要求执行人员找其代理人协商执行事宜

（一）应当从有利于执行考虑，决定是否与被执行人的代理人联系；

（二）确有必要与被执行人本人联系的，应当告知被执行人有义务配合法院执行工作，不得推托。

第五十七条 申请执行人来电或者来访查询案件执行情况

（一）认真做好记录，及时说明执行进展情况；

（二）申请执行人要求查阅有关案卷材料的，应当准许，但法律规定应予保密的除外。

第五十八条 有关当事人要求退还材料原件

应当在核对当事人提交的副本后将原件退还，并由该当事人签字或者盖章后归档备查。

第五十九条 被执行财产的查找

（一）申请执行人向法院提供被执行财产线索的，应当及时进行调查，依法采取相应的执行措施，并将有关情况告知申请执行人；

（二）应当积极依职权查找被执行人财产，并及时依法采取相应执行措施。

第六十条 执行当事人请求和解

（一）及时将和解请求向对方当事人转达，并以适当方式客观说明执行的难度和风险，促成执行当事人达成和解；

（二）当事人拒绝和解的，应当继续依法执行；

（三）申请执行人和被执行人达成和解的，应当制作书面和解协议并归档，或者将口头达成的和解协议内容记入笔录，并由双方当事人签字或者盖章。

第六十一条　执行中的暂缓、中止、终结

（一）严格依照法定条件和程序采取暂缓、中止、终结执行措施；

（二）告知申请执行人暂缓、中止、终结执行所依据的事实和相关法律规定，并耐心做好解释工作；

（三）告知申请执行人暂缓、中止执行后恢复执行的条件和程序；

（四）暂缓、中止、终结执行确有错误的，应当及时依法纠正。

第六十二条　被执行人对受委托法院执行管辖提出异议

（一）审查案件是否符合委托执行条件，不符合条件的，及时向领导汇报，采取适当方式纠正；

（二）符合委托执行条件的，告知被执行人受委托法院受理执行的依据并依法执行。

第六十三条　案外人对执行提出异议

（一）要求案外人提供有关异议的证据材料，并及时进行审查；

（二）根据具体情况，可以对执行财产采取限制性措施，暂不处分；

（三）异议成立的，采取适当方式纠正；异议不成立的，依法予以驳回。

第六十四条　对被执行人财产采取查封、扣押、冻结、拍卖、变卖等措施

（一）严格依照规定办理手续，不得超标的、超金额查封、扣押、冻结被执行人财产；

（二）对采取措施的财产要认真制作清单，记录好种类、数量，并由当

法官职业道德

事人签字或者盖章予以确认;

(三)严格按照拍卖、变卖的有关规定,依法委托评估、拍卖机构,不得损害当事人合法利益。

第六十五条 执行款的收取

(一)执行款应当直接划入执行款专用账户;

(二)被执行人即时交付现金或者票据的,应当会同被执行人将现金或者票据交法院财务部门,并及时向被执行人出具收据;

(三)异地执行、搜查扣押、小额标的执行或者因情况紧急确需执行人员直接代收现金或者票据的,应当即时向交款人出具收据,并及时移交法院财务部门;

(四)严禁违规向申请执行人和被执行人收取费用。

第六十六条 执行款的划付

(一)应当在规定期限内办理执行费用和执行款的结算手续,并及时通知申请执行人办理取款手续;

(二)需要延期划付的,应当在期限届满前书面说明原因,并报有关领导审查批准;

(三)申请执行人委托或者指定他人代为收款的,应当审查其委托手续是否齐全、有效,并要求收款人出具合法有效的收款凭证。

第六十七条 被执行人以生效法律文书在实体或者程序上存在错误而不履行

(一)生效法律文书确有错误的,告知当事人可以依法按照审判监督程序申请再审或者申请有关法院补正,并及时向领导报告;

(二)生效法律文书没有错误的,要及时做好解释工作并继续执行。

第六十八条 有关部门和人员不协助执行

(一)应当告知其相关法律规定,做好说服教育工作;

(二)仍拒不协助的,依法采取有关强制措施。

七、涉诉信访处理

第六十九条 基本要求

（一）高度重视并认真做好涉诉信访工作，切实保护信访人合法权益；

（二）及时处理信访事项，努力做到来访有接待、来信有着落、申诉有回复；

（三）依法文明接待，维护人民法院良好形象。

第七十条 对来信的处理

（一）及时审阅并按规定登记，不得私自扣押或者拖延不办；

（二）需要回复和退回有关材料的，应当及时回复、退回；

（三）需要向有关部门和下级法院转办的，应当及时转办。

第七十一条 对来访的接待

（一）及时接待，耐心听取来访人的意见并做好记录；

（二）能当场解答的，应当立即给予答复，不能当场解答的，收取材料并告知按约定期限等待处理结果。

第七十二条 来访人系老弱病残孕者

（一）优先接待；

（二）来访人申请救助的，可以根据情况帮助联系社会救助站；

（三）在接待时来访人出现意外情况的，应当立即采取适当救护措施。

第七十三条 集体来访

（一）向领导报告，及时安排接待并联系有关部门共同处理；

（二）视情况告知选派 1 至 5 名代表说明来访目的和理由；

（三）稳定来访人情绪，并做好劝导工作。

第七十四条 信访事项不属于法院职权范围

告知法院无权处理并解释原因，根据信访事项内容指明有权处理机关。

第七十五条 信访事项涉及国家秘密、商业秘密或者个人隐私

法官职业道德

（一）妥善保管涉及秘密和个人隐私的材料；

（二）自觉遵守有关规定，不披露、不使用在信访工作中获得的国家秘密、商业秘密或者个人隐私。

第七十六条　信访人反映辖区法院裁判不公、执行不力、审判作风等问题

（一）认真记录信访人所反映的情况；

（二）对法院裁判不服的，告知其可以依法上诉、申诉或者申请再审；

（三）反映其他问题的，及时将材料转交法院有关部门处理。

第七十七条　信访人反复来信来访催促办理结果

（一）告知规定的办理期限，劝其耐心等待处理结果；

（二）情况紧急的，及时告知承办人或者承办部门；

（三）超过办理期限的，应当告知超期的理由。

第七十八条　信访人对处理结果不满，要求重新处理

（一）处理确实不当的，及时报告领导，按规定进行纠正；

（二）处理结果正确的，应当做好相关解释工作，详细说明处理程序和依据。

第七十九条　来访人表示不解决问题就要滞留法院或者采取其他极端方式

（一）及时进行规劝和教育，避免使用不当言行刺激来访人；

（二）立即向领导报告，积极采取适当措施，防止意外发生。

八、业外活动

第八十条　基本要求

（一）遵守社会公德，遵纪守法；

（二）加强修养，严格自律；

（三）约束业外言行，杜绝与法官形象不相称的、可能影响公正履行职

责的不良嗜好和行为，自觉维护法官形象。

第八十一条 受邀请参加座谈、研讨活动

（一）对与案件有利害关系的机关、企事业单位、律师事务所、中介机构等的邀请应当谢绝；

（二）对与案件无利害关系的党、政、军机关、学术团体、群众组织的邀请，经向单位请示获准后方可参加。

第八十二条 受邀请参加各类社团组织或者联谊活动

（一）确需参加在各级民政部门登记注册的社团组织的，及时报告并由所在法院按照法官管理权限审批；

（二）不参加营利性社团组织；

（三）不接受有违清正廉洁要求的吃请、礼品和礼金。

第八十三条 从事写作、授课等活动

（一）在不影响审判工作的前提下，可以利用业余时间从事写作、授课等活动；

（二）在写作、授课过程中，应当避免对具体案件和有关当事人进行评论，不披露或者使用在工作中获得的国家秘密、商业秘密、个人隐私及其他非公开信息；

（三）对于参加司法职务外活动获得的合法报酬，应当依法纳税。

第八十四条 接受新闻媒体与法院工作有关的采访

（一）接受新闻媒体采访必须经组织安排或者批准；

（二）在接受采访时，不发表有损司法公正的言论，不对正在审理中的案件和有关当事人进行评论，不披露在工作中获得的国家秘密、商业秘密、个人隐私及其他非公开信息。

第八十五条 本人或者亲友与他人发生矛盾

（一）保持冷静、克制，通过正当、合法途径解决；

（二）不得利用法官身份寻求特殊照顾，不得妨碍有关部门对问题的

解决。

第八十六条 本人及家庭成员遇到纠纷需通过诉讼方式解决

（一）对本人的案件或者以直系亲属代理人身份参加的案件，应当依照有关法律规定，平等地参与诉讼；

（二）在诉讼过程中不以法官身份获取特殊照顾，不利用职权收集所需证据；

（三）对非直系亲属的其他家庭成员的诉讼案件，一般应当让其自行委托诉讼代理人，法官本人不宜作为诉讼代理人参与诉讼。

第八十七条 出入社交场所注意事项

（一）参加社交活动要自觉维护法官形象；

（二）严禁乘警车、穿制服出入营业性娱乐场所。

第八十八条 家人或者朋友约请参与封建迷信活动

（一）不得参加邪教组织或者参与封建迷信活动；

（二）向家人和朋友宣传科学，引导他们相信科学、反对封建迷信；

（三）对利用封建迷信活动违法犯罪的，应当立即向有关组织和公安部门反映。

第八十九条 因私出国（境）探亲、旅游

（一）如实向组织申报所去的国家、地区及返回的时间，经组织同意后方可出行；

（二）准时返回工作岗位；

（三）遵守当地法律，尊重当地民风民俗和宗教习惯；

（四）注意个人形象，维护国家尊严。

九、监督和惩戒

第九十条 各级人民法院要严格要求并督促本院法官遵守本规范，具体由各级法院的政治部门和纪检监察部门负责。

第九十一条 上级人民法院指导、监督下级人民法院对本规范的贯彻执行，最高人民法院指导和监督地方各级人民法院对本规范的贯彻执行。

第九十二条 地方各级人民法院应当结合本院实际，研究制定具体的实施细则或实施办法，切实加强本规范的培训与考核。

第九十三条 各级人民法院广大法官要自觉遵守和执行本规范，对违反本规范的人员，情节较轻且没有危害后果的，进行诫勉谈话和批评教育；构成违纪的，根据人民法院有关纪律处分的规定进行处理；构成违法的，根据法律规定严肃处理。

十、附则

第九十四条 人民陪审员以及人民法院其他工作人员参照本规范执行，法官退休后应当参照本规范有关要求约束言行。

第九十五条 本规范由最高人民法院负责解释。

第九十六条 本规范自发布之日起施行，最高人民法院 2005 年 11 月 4 日发布的《法官行为规范（试行）》同时废止。

附录3 人民法院文明用语基本规范

(最高人民法院2010年12月6日发布)

为规范法院工作人员工作用语,提高文明司法水平,树立法院工作人员良好职业形象,维护人民法院司法公信力,根据《中华人民共和国法官职业道德基本准则》和《法官行为规范》,制定本规范。

一、基本要求

(一)法院工作人员应当树立以人为本、司法为民的理念,增强群众感情,增强工作责任心,加强职业素质修养,在审判、执行及其他工作中,自觉使用文明规范的工作用语。

(二)法院工作人员的工作用语,应当符合"公正、廉洁、为民"司法核心价值观的要求,体现对当事人及其他诉讼参与人的尊重和关切。

(三)法院工作人员对待当事人及其他诉讼参与人,应当做到称谓恰当、语言得体、语气平和、态度公允。

(四)法院工作人员应当使用规范的法律用语,根据不同对象的实际情况,必要时应当把法律语言转换成符合法律规定的群众语言,让当事人及其他诉讼参与人清楚明白地参与诉讼。

(五)法院工作人员应当避免盛气凌人、语言生硬、态度粗暴,严禁使用伤害群众感情、可能激化矛盾的语言,防止因用语不当对司法公信力产生不良影响。

二、接待来访用语规范

接待来访者,应当主动问候、语言礼貌、态度热情,解答问题清晰、准确，诉讼引导认真、耐心，不得对来访者的询问简单敷衍或者不予理睬，不得嘲讽、挖苦、训斥来访者。

在接待来访过程中，应当根据具体情况参考使用如下文明用语：

（一）你好！今天来访的人比较多，请你排队等候。

（二）你好，请问你来法院要办什么事情？

（三）请不要着急，有话慢慢讲，法院会依法处理的。

（四）如果你要起诉，请先看看诉讼须知，把有关材料准备齐全。如果有不清楚的地方，我们会为你提供帮助。

（五）起诉最好提交诉状，也可以口头起诉。如果你自己不会写诉状，可以委托他人代写。

（六）你要找的×××法官（同志）现在不在办公室。请你留下联系方式，我们将转交给他，请他和你联系。

（七）按照法院有关规定，当事人（代理人）不能到法官办公室。请你到××接待室等候，我们马上帮你约见法官。

（八）你反映的问题我们已经记录下来，请你留下联系方式，我们将按规定办理并及时给你答复。

（九）你提出的要求不符合法律规定，我们不能办理，请你理解。

（十）你提出的问题属于审判工作秘密，依照法律规定我们不能透露，请你理解。

三、立案用语规范

认真听取当事人的诉求，耐心释明相关法律规定，做好诉讼风险、诉讼程序等相关提示，不得拒绝回答当事人的合理疑问或者以简单语句敷衍应付，不得不讲理由而简单拒绝立案，不得就证据效力、案件结果等实体性问题作出主观判断或者向当事人提供倾向性意见。

在立案过程中，应当根据具体情况参考使用如下文明用语：

（一）请问你是要立案吗？请把起诉材料交给我看一下。

（二）你的诉状格式不够规范。请参照样本修改后再来递交。

（三）你的起诉（申诉）材料不全，还缺少××材料，请补齐后再来办理立案（申诉）手续。

（四）自己提出的诉求应当有证据予以支持。如果没有证据或证据不足，可能要承担败诉后果，希望你认真考虑。

（五）你的案件尚未立案，正在审查之中，我们会在××天内给你答复，请你耐心等待。

（六）你的起诉材料已齐全，经审查符合受理条件，请你到收费窗口缴纳案件受理费。

（七）经过认真审查，你的案件不属本院管辖（告知具体原因）。按照有关规定，应由××法院管辖，建议你到××法院起诉。

（八）你的案件本院已经受理，按规定将转交××庭审理，承办法官会及时与你联系。

（九）你反映的问题不属于法院职责范围，根据有关规定，应由××部门负责，建议你到××部门反映。

四、庭外调查用语规范

实施庭外调查，应当依法表明身份，告知被调查人的权利和义务，明确询问事由，做到语言得当、客观严谨，调查笔录应当送被调查人阅读或者当面宣读。

在庭外调查过程中，应当根据具体情况参考使用如下文明用语：

（一）我们是××法院××庭的工作人员，今天依法就××一案向你调查有关情况，请你协助。

（二）根据法律规定，证人有如实作证的义务，如果作伪证将要负法律责任，请你如实提供证言。

（三）你刚才所作的证言，书记员已制作了笔录，请你仔细核对，如有遗漏或者差错，可以补正；如果没有错误，请你签名、捺印。

（四）谢谢你对法院工作的配合和支持，再见。

五、庭审用语规范

开庭审理案件，应当善听慎言、语言规范、语气庄重，语速适当，中立、公正地对待双方当事人，不得使用带有倾向性的语言进行提问或者表现出对双方当事人态度上的差异。制止庭审过程中诉讼参与人的不当言行，应当遵守相关规定、注意语言文明，避免简单指责、粗暴训斥。

在庭审过程中，应当根据具体情况参考使用如下文明用语：

（一）请你围绕诉讼请求陈述案件事实和相关理由，正面回答法庭提出的问题。

（二）这些事情刚才你陈述过了，法庭已经认真听取并记录在案，由于时间关系，请不要再作重复。

（三）请根据你的诉讼请求（答辩意见），向法庭提供相关证据材料。

（四）请注意法庭秩序，遵守法庭纪律，让对方把话说完。未经法庭许可，请不要向对方发问。

（五）旁听人员请遵守法庭纪律，保持肃静。

（六）这是法庭审理笔录，请你认真阅看，如有遗漏或者错误，可以申请补正；如无异议，请在笔录上签名、捺印。

（七）你的证言法庭已经记录在案，谢谢你的配合。休庭后将请你阅看庭审笔录中的证言部分，现在请你到庭外休息。

（八）请你保持冷静。法庭已充分注意到你反映的情况，判决是根据事实、依照法律慎重作出的。如果你对本判决不服，可以在法定期限内向上级法院提起上诉。

六、诉讼调解用语规范

进行诉讼调解，应当体现客观、公正的立场，以通俗易懂的语言释之以法，以平等协商的语言晓之以理，以真诚耐心的态度动之以情，不得使用威胁性的语言对当事人施加压力，以判压调。

在诉讼调解过程中，应当根据具体情况参考使用如下文明用语：

（一）根据本案的情况和双方的关系，建议你们通过协商来解决纠纷。请问你们是否同意进行调解？

（二）既然双方都同意调解，希望本着互谅互让的精神，认真考虑对方提出的方案。

（三）请你们相信，法庭会按照自愿、合法的原则公正地主持调解，不会偏向任何一方。

（四）如果调解不能成功，法庭会依法作出公正判决，请你们不要有思想顾虑。

（五）对方已经同意做出让步。你是否也作些适当让步，这样有利于问题的解决。

（六）今天的调解双方没有形成一致意见，请你们回去再作考虑。如果还有其他调解方案，请及时与我们联系。

七、执行用语规范

承办执行案件，应当认真回答当事人关于执行问题的询问，以清晰、简明的语言进行相关提示、告知进展情况，通过讲理说法促使被执行人履行义务，采取执行措施时认真释明有关规定，不得对申请执行人推诿敷衍或者表现出厌烦情绪，不得训斥、责骂申请执行人或被执行人，不得使用威胁性语言强迫申请执行人接受和解。

在执行过程中，应当根据具体情况参考使用如下文明用语：

（一）你的案件由×××执行员（法官）办理，你可直接与他联系，办公电话是×××。

（二）你的案件正在执行中，执行情况我们会及时向你反馈。

（三）如果你知道被执行人的下落和财产情况，请你向法院提供，这样有利于尽早实现你的债权。

（四）目前被执行人下落不明，又无财产可供执行，你若有这方面的线索，请及时与执行人员联系。

（五）履行法院生效判决或裁定是公民的义务。如果拒不履行法院判决，要承担相应的法律责任。

（六）希望你按照判决配合法院执行。如果不按法律规定履行义务，法院将依法强制执行。

（七）我们是严格依法执行。如果你认为法院判决不公，可以通过申诉解决，但按照法律规定，申诉期间不能停止执行，请你理解和配合。

（八）现在我们依法开始强制执行，请案件无关人员离开现场。暴力抗拒执法是违法犯罪行为，妨碍法院执行将被追究法律责任。

（九）感谢你对法院执行工作的支持和协助。

八、安全检查用语规范

实施安全检查，应当以礼貌的语言进行提示，引导当事人自觉配合，不得对当事人态度粗暴、语言强硬，避免使用命令性的语句要求其接受检查。如发现违禁物品应当坚决禁止带入并依法予以没收，但应当耐心释明相关规定，避免与当事人发生冲突。

在安全检查过程中，应当根据具体情况参考使用如下文明用语：

（一）请你出示本人有效身份证件进行登记。这是法院的制度要求，请你理解，谢谢配合。

（二）请接受安全检查。安全检查是法院的制度规定，请你理解，谢谢

法官职业道德

配合。

（三）对不起，请你取出随身携带的物品进行检查。按照规定，管制刀具、药品、易燃易爆物品及其他危险品严禁带入。

（四）登记、检查完毕，你要去的第××审判庭在××楼××层。

九、送达法律文书用语规范

送达法律文书，应当依法表明身份，对当事人称谓恰当、语言文明，按照规定进行相关程序性提示，但应当避免向当事人透露案情或者就实体性问题提供咨询意见。

在送达法律文书过程中，应当根据具体情况参考使用如下文明用语：

（一）你好，我是××法院的工作人员×××。现在把出庭传票送达给你，请你准时出庭。

（二）按照法律规定，被告无正当理由拒不到庭，法院可以依法缺席审判；原告无正当理由不到庭，法院可以按撤诉处理。

（三）你好，现在把判决书送达给你，请你签收。如果不服本院判决，可以在法定期限内提起上诉。

（四）案件当事人×××拒绝签收法院判决书，我们依法采取留置方式送达。现在请你见证，谢谢协助。

本规范适用于全国各级人民法院全体工作人员。地方各级人民法院可以结合本地实际，在本规范基础上作出更加具体的文明用语相关规定。

附录4　中华人民共和国人民法院法庭规则

（1993年11月26日最高人民法院审判委员会第617次会议通过，根据2015年12月21日最高人民法院审判委员会第1673次会议通过的《最高人民法院关于修改〈中华人民共和国人民法院法庭规则〉的决定》修正，最高人民法院2016年4月13日公告发布）

第一条　为了维护法庭安全和秩序，保障庭审活动正常进行，保障诉讼参与人依法行使诉讼权利，方便公众旁听，促进司法公正，彰显司法权威，根据《中华人民共和国人民法院组织法》《中华人民共和国刑事诉讼法》《中华人民共和国民事诉讼法》《中华人民共和国行政诉讼法》等有关法律规定，制定本规则。

第二条　法庭是人民法院代表国家依法审判各类案件的专门场所。

法庭正面上方应当悬挂国徽。

第三条　法庭分设审判活动区和旁听区，两区以栏杆等进行隔离。

审理未成年人案件的法庭应当根据未成年人身心发展特点设置区域和席位。

有新闻媒体旁听或报道庭审活动时，旁听区可以设置专门的媒体记者席。

第四条　刑事法庭可以配置同步视频作证室，供依法应当保护或其他确有保护必要的证人、鉴定人、被害人在庭审作证时使用。

第五条　法庭应当设置残疾人无障碍设施；根据需要配备合议庭合议室，检察人员、律师及其他诉讼参与人休息室，被告人羁押室等附属场所。

第六条　进入法庭的人员应当出示有效身份证件，并接受人身及携带物品的安全检查。

持有效工作证件和出庭通知履行职务的检察人员、律师可以通过专门通道进入法庭。需要安全检查的，人民法院对检察人员和律师平等对待。

第七条　除经人民法院许可，需要在法庭上出示的证据外，下列物品不得携带进入法庭：

（一）枪支、弹药、管制刀具以及其他具有杀伤力的器具；

（二）易燃易爆物、疑似爆炸物；

（三）放射性、毒害性、腐蚀性、强气味性物质以及传染病病原体；

（四）液体及胶状、粉末状物品；

（五）标语、条幅、传单；

（六）其他可能危害法庭安全或妨害法庭秩序的物品。

第八条　人民法院应当通过官方网站、电子显示屏、公告栏等向公众公开各法庭的编号、具体位置以及旁听席位数量等信息。

第九条　公开的庭审活动，公民可以旁听。

旁听席位不能满足需要时，人民法院可以根据申请的先后顺序或者通过抽签、摇号等方式发放旁听证，但应当优先安排当事人的近亲属或其他与案件有利害关系的人旁听。

下列人员不得旁听：

（一）证人、鉴定人以及准备出庭提出意见的有专门知识的人；

（二）未获得人民法院批准的未成年人；

（三）拒绝接受安全检查的人；

（四）醉酒的人、精神病人或其他精神状态异常的人；

（五）其他有可能危害法庭安全或妨害法庭秩序的人。

依法有可能封存犯罪记录的公开庭审活动，任何单位或个人不得组织人员旁听。

依法不公开的庭审活动，除法律另有规定外，任何人不得旁听。

第十条　人民法院应当对庭审活动进行全程录像或录音。

第十一条　依法公开进行的庭审活动，具有下列情形之一的，人民法院可以通过电视、互联网或其他公共媒体进行图文、音频、视频直播或录播：

（一）公众关注度较高；

（二）社会影响较大；

（三）法治宣传教育意义较强。

第十二条 出庭履行职务的人员，按照职业着装规定着装。但是，具有下列情形之一的，着正装：

（一）没有职业着装规定；

（二）侦查人员出庭作证；

（三）所在单位系案件当事人。

非履行职务的出庭人员及旁听人员，应当文明着装。

第十三条 刑事在押被告人或上诉人出庭受审时，着正装或便装，不着监管机构的识别服。

人民法院在庭审活动中不得对被告人或上诉人使用戒具，但认为其人身危险性大，可能危害法庭安全的除外。

第十四条 庭审活动开始前，书记员应当宣布本规则第十七条规定的法庭纪律。

第十五条 审判人员进入法庭以及审判长或独任审判员宣告判决、裁定、决定时，全体人员应当起立。

第十六条 人民法院开庭审判案件应当严格按照法律规定的诉讼程序进行。

审判人员在庭审活动中应当平等对待诉讼各方。

第十七条 全体人员在庭审活动中应当服从审判长或独任审判员的指挥，尊重司法礼仪，遵守法庭纪律，不得实施下列行为：

（一）鼓掌、喧哗；

（二）吸烟、进食；

（三）拨打或接听电话；

（四）对庭审活动进行录音、录像、拍照或使用移动通信工具等传播庭审活动；

（五）其他危害法庭安全或妨害法庭秩序的行为。

检察人员、诉讼参与人发言或提问，应当经审判长或独任审判员许可。

旁听人员不得进入审判活动区，不得随意站立、走动，不得发言和提问。

媒体记者经许可实施第一款第四项规定的行为，应当在指定的时间及区域进行，不得影响或干扰庭审活动。

第十八条　审判长或独任审判员主持庭审活动时，依照规定使用法槌。

第十九条　审判长或独任审判员对违反法庭纪律的人员应当予以警告；对不听警告的，予以训诫；对训诫无效的，责令其退出法庭；对拒不退出法庭的，指令司法警察将其强行带出法庭。

行为人违反本规则第十七条第一款第四项规定的，人民法院可以暂扣其使用的设备及存储介质，删除相关内容。

第二十条　行为人实施下列行为之一，危及法庭安全或扰乱法庭秩序的，根据相关法律规定，予以罚款、拘留；构成犯罪的，依法追究其刑事责任：

（一）非法携带枪支、弹药、管制刀具或者爆炸性、易燃性、放射性、毒害性、腐蚀性物品以及传染病病原体进入法庭；

（二）哄闹、冲击法庭；

（三）侮辱、诽谤、威胁、殴打司法工作人员或诉讼参与人；

（四）毁坏法庭设施，抢夺、损毁诉讼文书、证据；

（五）其他危害法庭安全或扰乱法庭秩序的行为。

第二十一条　司法警察依照审判长或独任审判员的指令维持法庭秩序。

出现危及法庭内人员人身安全或者严重扰乱法庭秩序等紧急情况时，司法警察可以直接采取必要的处置措施。

人民法院依法对违反法庭纪律的人采取的扣押物品、强行带出法庭以及罚款、拘留等强制措施，由司法警察执行。

第二十二条　人民检察院认为审判人员违反本规则的，可以在庭审活动结束后向人民法院提出处理建议。

诉讼参与人、旁听人员认为审判人员、书记员、司法警察违反本规则的，可以在庭审活动结束后向人民法院反映。

第二十三条　检察人员违反本规则的，人民法院可以向人民检察院通报情况并提出处理建议。

第二十四条　律师违反本规则的，人民法院可以向司法行政机关及律师协会通报情况并提出处理建议。

第二十五条　人民法院进行案件听证、国家赔偿案件质证、网络视频远程审理以及在法院以外的场所巡回审判等，参照适用本规则。

第二十六条　外国人、无国籍人旁听庭审活动，外国媒体记者报道庭审活动，应当遵守本规则。

第二十七条　本规则自2016年5月1日起施行；最高人民法院此前发布的司法解释及规范性文件与本规则不一致的，以本规则为准。

附录5　领导干部干预司法活动、插手具体案件处理的记录、通报和责任追究规定

（中共中央办公厅、国务院办公厅
2015年3月18日发布并实施）

第一条　为贯彻落实《中共中央关于全面推进依法治国若干重大问题的决定》有关要求，防止领导干部干预司法活动、插手具体案件处理，确保司法机关依法独立公正行使职权，根据宪法法律规定，结合司法工作实际，制定本规定。

第二条　各级领导干部应当带头遵守宪法法律，维护司法权威，支持司法机关依法独立公正行使职权。任何领导干部都不得要求司法机关违反法定职责或法定程序处理案件，都不得要求司法机关做有碍司法公正的事情。

第三条　对司法工作负有领导职责的机关，因履行职责需要，可以依照工作程序了解案件情况，组织研究司法政策，统筹协调依法处理工作，督促司法机关依法履行职责，为司法机关创造公正司法的环境，但不得对案件的证据采信、事实认定、司法裁判等作出具体决定。

第四条　司法机关依法独立公正行使职权，不得执行任何领导干部违反法定职责或法定程序、有碍司法公正的要求。

第五条　对领导干部干预司法活动、插手具体案件处理的情况，司法人员应当全面、如实记录，做到全程留痕，有据可查。

以组织名义向司法机关发文发函对案件处理提出要求的，或者领导干部身边工作人员、亲属干预司法活动、插手具体案件处理的，司法人员均应当如实记录并留存相关材料。

第六条　司法人员如实记录领导干部干预司法活动、插手具体案件处理

情况的行为，受法律和组织保护。领导干部不得对司法人员打击报复。非因法定事由，非经法定程序，不得将司法人员免职、调离、辞退或者作出降级、撤职、开除等处分。

第七条 司法机关应当每季度对领导干部干预司法活动、插手具体案件处理情况进行汇总分析，报送同级党委政法委和上级司法机关。必要时，可以立即报告。

党委政法委应当及时研究领导干部干预司法活动、插手具体案件处理的情况，报告同级党委，同时抄送纪检监察机关、党委组织部门。干预司法活动、插手具体案件处理的领导干部属于上级党委或者其他党组织管理的，应当向上级党委报告或者向其他党组织通报情况。

第八条 领导干部有下列行为之一的，属于违法干预司法活动，党委政法委按程序报经批准后予以通报，必要时可以向社会公开：

（一）在线索核查、立案、侦查、审查起诉、审判、执行等环节为案件当事人请托说情的；

（二）要求办案人员或办案单位负责人私下会见案件当事人或其辩护人、诉讼代理人、近亲属以及其他与案件有利害关系的人的；

（三）授意、纵容身边工作人员或者亲属为案件当事人请托说情的；

（四）为了地方利益或者部门利益，以听取汇报、开协调会、发文件等形式，超越职权对案件处理提出倾向性意见或者具体要求的；

（五）其他违法干预司法活动、妨碍司法公正的行为。

第九条 领导干部有本规定第八条所列行为之一，造成后果或者恶劣影响的，依照《中国共产党纪律处分条例》、《行政机关公务员处分条例》、《检察人员纪律处分条例（试行）》、《人民法院工作人员处分条例》、《中国人民解放军纪律条令》等规定给予纪律处分；造成冤假错案或者其他严重后果，构成犯罪的，依法追究刑事责任。

领导干部对司法人员进行打击报复的，依照《中国共产党纪律处分条例》、《行政机关公务员处分条例》、《检察人员纪律处分条例（试行）》、《人民法院工作人员处分条例》、《中国人民解放军纪律条令》等规定给予纪律处分；构成犯罪的，依法追究刑事责任。

第十条 司法人员不记录或者不如实记录领导干部干预司法活动、插手具体案件处理情况的，予以警告、通报批评；有两次以上不记录或者不如实记录情形的，依照《中国共产党纪律处分条例》、《行政机关公务员处分条例》、《检察人员纪律处分条例（试行）》、《人民法院工作人员处分条例》、《中国人民解放军纪律条令》等规定给予纪律处分。主管领导授意不记录或者不如实记录的，依纪依法追究主管领导责任。

第十一条 领导干部干预司法活动、插手具体案件处理的情况，应当纳入党风廉政建设责任制和政绩考核体系，作为考核干部是否遵守法律、依法办事、廉洁自律的重要依据。

第十二条 本规定所称领导干部，是指在各级党的机关、人大机关、行政机关、政协机关、审判机关、检察机关、军事机关以及公司、企业、事业单位、社会团体中具有国家工作人员身份的领导干部。

第十三条 本规定自 2015 年 3 月 18 日起施行。

附录6　司法机关内部人员过问案件的记录和责任追究规定

（2015年3月26日中央政法委员会第十六次会议审议通过）

第一条　为贯彻落实《中共中央关于全面推进依法治国若干重大问题的决定》有关要求，防止司法机关内部人员干预办案，确保公正廉洁司法，根据宪法法律规定，结合司法工作实际，制定本规定。

第二条　司法机关内部人员应当依法履行职责，严格遵守纪律，不得违反规定过问和干预其他人员正在办理的案件，不得违反规定为案件当事人转递涉案材料或者打探案情，不得以任何方式为案件当事人说情打招呼。

第三条　司法机关办案人员应当恪守法律，公正司法，不徇私情。对于司法机关内部人员的干预、说情或者打探案情，应当予以拒绝；对于不依正当程序转递涉案材料或者提出其他要求的，应当告知其依照程序办理。

第四条　司法机关领导干部和上级司法机关工作人员因履行领导、监督职责，需要对正在办理的案件提出指导性意见的，应当依照程序以书面形式提出，口头提出的，由办案人员记录在案。

第五条　其他司法机关的工作人员因履行法定职责需要，向办案人员了解正在办理的案件有关情况的，应当依照法律程序或者工作程序进行。

第六条　对司法机关内部人员过问案件的情况，办案人员应当全面、如实记录，做到全程留痕，有据可查。

第七条　办案人员如实记录司法机关内部人员过问案件的情况，受法律和组织保护。

司法机关内部人员不得对办案人员打击报复。办案人员非因法定事由，非经法定程序，不得被免职、调离、辞退或者给予降级、撤职、开除等处分。

第八条 司法机关纪检监察部门应当及时汇总分析司法机关内部人员过问案件的情况,并依照以下方式对司法机关内部人员违反规定干预办案的线索进行处置:

(一)机关内部人员违反规定干预办案的,由本机关纪检监察部门调查处理;

(二)本机关领导干部违反规定干预办案的,向负有干部管理权限的机关纪检监察部门报告情况;

(三)上级司法人员违反规定干预下级司法机关办案的,向干预人员所在司法机关纪检监察部门报告情况;

(四)其他没有隶属关系的司法机关人员违反规定干预办案的,向干预人员所在司法机关纪检监察部门通报情况。

干预人员所在司法机关纪检监察部门接到报告或者通报后,应当及时调查处理,并将结果通报办案单位所属司法机关纪检监察部门。

第九条 司法机关内部人员有下列行为之一的,属于违反规定干预办案,负有干部管理权限的司法机关按程序报经批准后予以通报,必要时可以向社会公开:

(一)在线索核查、立案、侦查、审查起诉、审判、执行等环节为案件当事人请托说情的;

(二)邀请办案人员私下会见案件当事人或其辩护人、诉讼代理人、近亲属以及其他与案件有利害关系的人的;

(三)违反规定为案件当事人或其辩护人、诉讼代理人、亲属转递涉案材料的;

(四)违反规定为案件当事人或其辩护人、诉讼代理人、亲属打探案情、通风报信的;

(五)其他影响司法人员依法公正处理案件的行为。

第十条 司法机关内部人员有本规定第九条所列行为之一,构成违纪的,依照《中国共产党纪律处分条例》、《行政机关公务员处分条例》、《人民法院工作人员处分条例》、《检察人员纪律处分条例（试行）》、《公安机关人民警察纪律条令》等规定给予纪律处分；构成犯罪的，依法追究刑事责任。

司法机关内部人员对如实记录过问案件情况的办案人员进行打击报复的，依照《中国共产党纪律处分条例》、《行政机关公务员处分条例》、《人民法院工作人员处分条例》、《检察人员纪律处分条例（试行）》、《公安机关人民警察纪律条令》等规定给予纪律处分；构成犯罪的，依法追究刑事责任。

第十一条　办案人员不记录或者不如实记录司法机关内部人员过问案件情况的，予以警告、通报批评；两次以上不记录或者不如实记录的，依照《中国共产党纪律处分条例》、《行政机关公务员处分条例》、《人民法院工作人员处分条例》、《检察人员纪律处分条例（试行）》、《公安机关人民警察纪律条令》等规定给予纪律处分。主管领导授意不记录或者不如实记录的，依法依纪追究主管领导责任。

第十二条　司法机关内部人员违反规定过问和干预办案的情况和办案人员记录司法机关内部人员过问案件的情况，应当纳入党风廉政建设责任制和政绩考核体系，作为考核干部是否遵守法律、依法办事、廉洁自律的重要依据。

第十三条　本规定所称司法机关内部人员，是指在法院、检察院、公安机关、国家安全机关、司法行政机关工作的人员。

司法机关离退休人员违反规定干预办案的，适用本规定。

第十四条　最高人民法院、最高人民检察院、公安部、国家安全部、司法部应当结合工作实际，制定本规定的实施办法，确保有关规定落到实处。

第十五条　本规定自下发之日起施行。

附录7　关于进一步规范司法人员与当事人、律师、特殊关系人、中介组织接触交往行为的若干规定

（最高人民法院、最高人民检察院、公安部、国家安全部、司法部2015年9月6日联合印发）

第一条　为规范司法人员与当事人、律师、特殊关系人、中介组织的接触、交往行为，保证公正司法，根据有关法律和纪律规定，结合司法工作实际，制定本规定。

第二条　司法人员与当事人、律师、特殊关系人、中介组织接触、交往，应当符合法律纪律规定，防止当事人、律师、特殊关系人、中介组织以不正当方式对案件办理进行干涉或者施加影响。

第三条　各级司法机关应当建立公正、高效、廉洁的办案机制，确保司法人员与当事人、律师、特殊关系人、中介组织无不正当接触、交往行为，切实防止利益输送，保障案件当事人的合法权益，维护国家法律统一正确实施，维护社会公平正义。

第四条　审判人员、检察人员、侦查人员在诉讼活动中，有法律规定的回避情形的，应当自行回避，当事人及其法定代理人也有权要求他们回避。

审判人员、检察人员、侦查人员的回避，应当依法按程序批准后执行。

第五条　严禁司法人员与当事人、律师、特殊关系人、中介组织有下列接触交往行为：

（一）泄露司法机关办案工作秘密或者其他依法依规不得泄露的情况；

（二）为当事人推荐、介绍诉讼代理人、辩护人，或者为律师、中介组织介绍案件，要求、建议或者暗示当事人更换符合代理条件的律师；

（三）接受当事人、律师、特殊关系人、中介组织请客送礼或者其他利益；

（四）向当事人、律师、特殊关系人、中介组织借款、租借房屋，借用交通工具、通讯工具或者其他物品；

（五）在委托评估、拍卖等活动中徇私舞弊，与相关中介组织和人员恶意串通、弄虚作假、违规操作等行为；

（六）司法人员与当事人、律师、特殊关系人、中介组织的其他不正当接触交往行为。

第六条 司法人员在案件办理过程中，应当在工作场所、工作时间接待当事人、律师、特殊关系人、中介组织。因办案需要，确需与当事人、律师、特殊关系人、中介组织在非工作场所、非工作时间接触的，应依照相关规定办理审批手续并获批准。

第七条 司法人员在案件办理过程中因不明情况或者其他原因在非工作时间或非工作场所接触当事人、律师、特殊关系人、中介组织的，应当在三日内向本单位纪检监察部门报告有关情况。

第八条 司法人员从司法机关离任后，不得担任原任职单位办理案件的诉讼代理人或者辩护人，但是作为当事人的监护人或者近亲属代理诉讼或者进行辩护的除外。

第九条 司法人员有违反本规定行为的，当事人、律师、特殊关系人、中介组织和其他任何组织和个人可以向有关司法机关反映情况或者举报。

第十条 对反映或者举报司法人员违反本规定的线索，司法机关纪检监察部门应当及时受理，全面、如实记录，认真进行核查。对实名举报的，自受理之日起一个月内进行核查并将查核结果向举报人反馈。

不属于本单位纪检监察部门管辖的司法人员违反本规定的，将有关线索移送有管辖权的纪检监察部门处理。

第十一条 司法人员违反本规定，依照《中国共产党纪律处分条例》、

《行政机关公务员处分条例》、《人民法院工作人员处分条例》、《检察人员纪律处分条例（试行）》、《公安机关人民警察纪律条令》等规定给予纪律处分，并按程序报经批准后予以通报，必要时可以向社会公开；造成冤假错案或者其他严重后果，构成犯罪的，依法追究刑事责任。

第十二条 司法机关应当将司法人员执行本规定的情况记入个人廉政档案。单位组织人事部门将执行本规定情况作为司法人员年度考核和晋职晋级的重要依据。

第十三条 司法机关应当每季度对司法人员与当事人、律师、特殊关系人、中介组织的不正当接触、交往情况进行汇总分析，报告同级党委政法委和上级司法机关。

第十四条 本规定所称"司法人员"，是指在法院、检察院、公安机关、国家安全机关、司法行政机关依法履行审判、执行、检察、侦查、监管职责的人员。

本规定所称"特殊关系人"，是指当事人的父母、配偶、子女、同胞兄弟姊妹和与案件有利害关系或可能影响案件公正处理的其他人。

本规定所称"中介组织"，是指依法通过专业知识和技术服务，向委托人提供代理性、信息技术服务性等中介服务的机构，主要包括受案件当事人委托从事审计、评估、拍卖、变卖、检验或者破产管理等服务的中介机构。公证机构、司法鉴定机构参照"中介组织"适用本规定。

第十五条 本规定自印发之日起施行。